Charles J. Ball

The Book of Genesis

Critical edition of the Hebrews text printed in colors exhibiting the

composite structure of the book

Charles J. Ball

The Book of Genesis
Critical edition of the Hebrews text printed in colors exhibiting the composite structure of the book

ISBN/EAN: 9783337251987

Printed in Europe, USA, Canada, Australia, Japan

Cover: Foto ©Lupo / pixelio.de

More available books at **www.hansebooks.com**

Explanation of Colors

HE combination of *red* and *blue*: PURPLE (*e.g.* **15**,**13**) indicates the composite document (JE), commonly known as the *Prophetic Narrative* of the Hexateuch, compiled by an editor or redactor (RJE) about 640 from two independent sources: *viz*. (1) the *Judaic* document (J) whose various strata seem to have originated in the Southern Kingdom after 850 B. C., and (2) the *Ephraimitic* document (E), written by a native of the Northern Kingdom prior to 650 B. C. The older strata of J (J¹, about 850 B. C.) are printed in DARK RED (*e.g.* **6**,**1**), and the later strata (J², about 650) in LIGHT RED (*e.g.* **7**,**1**). E is printed in BLUE (*e.g.* **20**,**1**). GREEN (*e.g.* **26**,**5**) is used for the *Deuteronomistic* expansions (D²) which were added to JE during the second half of the Exile (560—540), while BROWN (*e.g.* **46**,**8**) marks later strata (440—400) of the *Priestly Code* (P), the main body of which (compiled in Babylonia about 500 B. C.) is printed black without any additional coloring. C. 14, which seems to be derived from what might be termed an Exilic Midrash, has been printed in ORANGE. In the passages printed at the bottom of the pages (*e.g.* p. 29) the colors do not exactly indicate the source from which these glosses are derived, but simply call attention to the sections to which they were added. OVERLINED PASSAGES represent redactional additions, OVERLINING has also been used to mark tertiary strata of J (J³, about B. C. 640, *e.g.* **2**,**10**) in distinction from J². The arguments for these distinctions are given in the introductory remarks prefixed to the explanatory notes on the English translation of the Book.

List of Contributors

Genesis: C. J. Ball (London).
Exodus: Herbert E. Ryle (Cambridge).
Leviticus: S. R. Driver and H. A. White (Oxford).
Numbers: J. A. Paterson (Edinburgh).
Deuteronomy: Geo. A. Smith (Glasgow).
Joshua: W. H. Bennett (London).
Judges: Geo. F. Moore (Andover).
Samuel: K. Budde (Strassburg).
Kings: B. Stade (Giessen) and F. Schwally (Strassburg).
Isaiah: T. K. Cheyne (Oxford).
Jeremiah: C. H. Cornill (Königsberg).
Ezekiel: C. H. Toy (Cambridge, Mass.).
Hosea: A. Socin (Leipzig).
Joel: Francis Brown (New York).
Amos: John Taylor (Winchcombe).
Obadiah: Andrew Harper (Melbourne).
Jonah: Friedrich Delitzsch (Breslau).
Micah: J. F. McCurdy (Toronto).
Nahum: Alfred Jeremias (Leipzig).
Habakkuk: W. H. Ward (New York).
Zephaniah: E. L. Curtis (New Haven).
Haggai: G. A. Cooke (Oxford).
Zechariah: W. R. Harper (Chicago).
Malachi: C. G. Montefiore and I. Abrahams (London).
Psalms: J. Wellhausen (Göttingen).
Proverbs: A. Müller* and E. Kautzsch (Halle).
Job: C. Siegfried (Jena).
Song of Songs: Russell Martineau (London).
Ruth: C. A. Briggs (New York).
Lamentations: M. Jastrow, Jr. (Philadelphia).†
Ecclesiastes: Paul Haupt (Baltimore).
Esther: T. K. Abbott (Dublin).
Daniel: A. Kamphausen (Bonn).
Ezra: } H. Guthe (Leipzig).
Nehemiah: }
Chronicles: R. Kittel (Breslau).

* Died September 12th 1892.
† Professor A. Kuenen who had agreed to do the Book died December 10th 1891.

בראשית

בראשית ברא אלהים את השמים ואת הארץ: והארץ היתה תהו I, 2. א
ובהו וחשך על פני תהום ורוח אלהים מרחפת על פני המים:
ויאמר אלהים יהי אור ויהי אור: וירא אלהים את האור כי טוב 4. 3
ויבדל אלהים בין האור ובין החשך: ויקרא אלהים לאור יום ולחשך ה
קרא לילה ויהי ערב ויהי בקר יום אחד:
ויאמר אלהים יהי רקיע בתוך המים ויהי מבדיל בין מים למים 6
·ויהי כן·: ויעש אלהים את הרקיע ויבדל בין המים אשר מתחת 7
לרקיע ובין המים אשר מעל לרקיע [] ויקרא אלהים לרקיע שמים 8
ויהי ערב ויהי בקר יום שני:
ויאמר אלהים יקוו המים מתחת השמים אל מקו·ה· אחד ותראה 9
היבשה ויהי כן: ·ויקוו המים מתחת השמים אל מקויהם ותרא היבשה· ויקרא י
אלהים ליבשה ארץ ולמקוה המים קרא ימים וירא אלהים כי טוב:
ויאמר אלהים תדשא הארץ דשא עשב מזריע זרע ·למינהו ו·עץ[1] עשה פרי[2] 11
אשר זרעו בו ·למינהו· על הארץ ויהי כן: ותדשא הארץ דשא עשב מזריע זרע 12
למינהו ועץ עשה פרי אשר זרעו בו למינהו וירא אלהים כי טוב: ויהי ערב ויהי 13
בקר יום שלישי:
ויאמר אלהים יהי מארת ברקיע השמים להבדיל בין היום ובין הלילה והיו 14
לאתת ולמועדים ולימים ושנים: והיו למאורת ברקיע השמים להאיר על הארץ טו
ויהי כן: ויעש אלהים את שני המארת הגדלים את המאור הגדל לממשלת היום 16
ואת המאור הקטן לממשלת הלילה ואת הכוכבים: ויתן אתם אלהים ברקיע 17
השמים להאיר על הארץ: ולמשל ביום ובלילה ולהבדיל בין האור ובין החשך 18
וירא אלהים כי טוב: ויהי ערב ויהי בקר יום רביעי: 19
ויאמר אלהים ישרצו המים שרץ נפש חיה ועוף יעופף על הארץ על כ
פני רקיע השמים ·ויהי כן·: ויברא אלהים את התנינם הגדלים ואת כל נפש 21
החיה הרמשת אשר שרצו המים למינהם ואת כל עוף כנף למינהו וירא אלהים
כי טוב: ויברך אתם אלהים לאמר פרו ורבו ומלאו את המים בימים והעוף ירב 22
בארץ: ויהי ערב ויהי בקר יום חמישי: 23
ויאמר אלהים תוצא הארץ נפש חיה למינה בהמה ורמש וחיתו ארץ למינה 24
ויהי כן: ויעש אלהים את חית הארץ למינה ואת הבהמה למינה ואת כל רמש כה
האדמה למינהו וירא אלהים כי טוב:
ויאמר אלהים נעשה אדם בצלמנו ·ו·כדמותנו וירדו בדגת הים ובעוף השמים 26
ובבהמה ובכל ·חית· הארץ ובכל הרמש הרמש על הארץ: ויברא אלהים את 27
האדם בצלמו בצלם אלהים ברא אתו זכר ונקבה ברא אתם: ויברך אתם אלהים 28

(1) 1, 11 פרי • (2) למיני

28 ויאמר להם אלהים פרו ורבו ומלאו את הארץ וכבשׁה ורדו בדגת הים ובעוף
השמים ·ובבהמה· ובכל ·ה·חיה הרמשת על הארץ:
29 ויאמר אלהים הנה נתתי לכם את כל עשב זרע זרע אשר על פני כל הארץ
ל ואת כל העץ אשר בו פרי[2] זרע זרע לכם יהיה לאכלה: ולכל חית הארץ ולכל
עוף השמים ולכל ·הרמש ה·רומש על הארץ אשר בו נפש חיה ·נתתי· את כל
31 ירק עשב לאכלה ויהי כן: וירא אלהים את כל אשר עשה והנה טוב מאד ויהי
ערב ויהי בקר יום הששי:
2,2.א ויכֻלו השמים והארץ וכל צבָאם: ויכַל אלהים ביום הש·ש·י מלַאכתו אשר
3 עשה וישבת ביום השביעי מכל מלאכתו אשר עשה: ויבָרך אלהים את יום
השביעי ויקַדש אתו כי בו שבת מכל מלאכתו אשר ברא אלהים לעשות:

4 ·זה ספר· תולדות השמים והארץ בהבראם
ה ביום עשות יהוה אלהים ·ה·שמים ·ו·הארץ: וכל שיח השדה טרם יהיה בארץ וכל
עשב השדה טרם יצמח כי לא המטיר יהוה אלהים על הארץ ואדם אין לעבד
6 את האדמה: ואֵד יעלה מן הארץ והשקה את כל פני האדמה:
7 וייצר יהוה אלהים את האדם עפר מן האדמה ויפח באפיו נשמת חיים ויהי
8 האדם לנפש חיה: ויטע יהוה אלהים גן בעדן מקדם וישם שם את האדם אשר
9 יצר: ויַצמח יהוה אלהים מן האדמה כל עץ נחמד למראה וטוב למאכל ועץ
י החיים בתוך הגן ועץ הדעת טוב ורע: ונהר יצא מעדן להשקות את הגן ומשם
11 יפרד והיה לארבעה ראשים: שם האחד פישון הא הסבב את כל ארץ ·ה·חוילה
13.12 אשר שם הזהב: וזהב הארץ ההא טוב ·מאד· שם הבדלח ואבן השהם: ושם
14 הנהר השני גיחון הא הסובב את כל ארץ כוש: ושם הנהר השלישי חדקל הוא
טו ההלך קדמת אשור והנהר הרביעי הא פרָת: ויקח יהוה אלהים את האדם
וינִחהו בגן עדן לעבדה ולשמרה:
17.16 ויצו יהוה אלהים על האדם לאמר מכל עץ הגן אכל תאכֵל: ומעץ הדעת
טוב ורע לא תאכַל ממנו כי ביום אכלך ממנו מות תמות:
19.18 ויאמר יהוה אלהים לא טוב היות האדם לבַדו אעשה לו עזר כנגדו: ויִצר
יהוה אלהים ·עוד· מן האדמה ·את· כל חית השדה ואת כל עוף השמים ויבֵא
כ אל האדם לראות מה יקרא לו וכל אשר יקרא לו האדם[3] הא שמו: ויקרא האדם
שמות לכל הבהמה ול·כל· עוף השמים ולכל חית השדה ·ו·לאדם לא מצא עזר
21 כנגדו: ויפל יהוה אלהים תרדֵמה על האדם ויישן ויקח אחת מצלעתיו ויסגר בשר
22 תחתנה: ויִבן יהוה אלהים את הצֵלע אשר לקח מן האדם לאשה ויבִאֶהָ אל
23 האדם: ויאמר האדם זאת הפעם עצם מעצמַי ובשר מבשרי לזאת יקרא אשה
24 כי מאיש·ה· לֻקחה זאת: על כן יעזב א·ש את אביו ואת אמו ודבק באשתו והיו
כה ·שניהם· לבשר אחד: ויהיו שניהם ·ע·רומים האדם ואשתו ולא יתבששו:
3,א והנחש היה ערום מכל חית השדה אשר עשה יהוה אלהים ויאמר ·הנחש·
2 אל האשה אף כי אמר אלהים לא תאכלו מכל עץ הגן: ותאמר האשה אל
3 הנחש מפרי ·כל· עץ הגן נאכל: ומפרי העץ ·הזה· אשר בתוך הגן אמר אלהים
4 לא תאכלו ממנו ולא תגעו בו פן תמֻתון: ויאמר הנחש אל האשה לא מות
ה תמֻתון: כי ידע אלהים כי ביום אכלכם ממנו ונפקחו עיניכם וִהייתם כאלהים
6 ידעי טוב ורע: ותֵרא האשה כי טוב העץ למאכל וכי תאֲוה הא לעינים ונחמד

(2) 1,29 עץ

(3) 2,19 נפש חיה

3.7 העץ להשכיל ותקח מפריו ותאכל ותתן גם לאישה ·ע· ויאכל יעמה: ותפקחנה עיני
שניהם וידעו כי עירמם הם ויתפרו עלה תאנה ויעשו להם חגרת:
8 וישמעו את קול יהוה אלהים מתהלך בגן לרוח היום ויתחבא האדם ואשתו
9 מפני יהוה אלהים בתוך עץ הגן: ויקרא יהוה אלהים אל האדם ויאמר לו איכה:
11.10 ויאמר את קלך שמעתי בגן ואירא כי עירם אנכי ואחבא: ויאמר מי הגיד לך
12 כי עירם אתה המן העץ אשר צויתיך לבלתי אכל ממנו אכלת: ויאמר האדם
13 האשה אשר נתתה עמדי הא נתנה לי מן העץ ואכל: ויאמר יהוה אלהים לאשה
מה זאת עשית ותאמר האשה הנחש השיאני ואכל:
14 ויאמר יהוה אלהים אל הנחש כי עשית זאת ארור אתה מכל הבהמה ומכל
15 חית השדה על גחנך תלך ועפר תאכל כל ימי חייך: ואיבה אשית בינך ובין
16 האשה ובין זרעך ובין זרעה הא ישופך ראש ואתה תשופנו עקב: ·י·אל האשה
אמר הרבה ארבה עצבונך והרי·נך בעצב·ון· תלדי בנים ואל אישך תשו·ב·תך
17 והא ימשל בך: ולאדם אמר כי שמעת לקול אשתך ותאכל מן העץ אשר
צויתיך לאמר לא תאכל ממנו ארורה האדמה בעבורך בעצבון תאכלנה כל ימי
19.18 חייך: וקוץ ודרדר תצמיח לך ואכלת את עשב השדה: בזעת אפיך תאכל לחם
עד שובך אל האדמה כי ממנה לקחת כי עפר אתה ואל עפר תשוב:
21.20 ויקרא האדם שם אשתו חוה כי הא היתה אם כל חי: ויעש יהוה אלהים
לאדם ולאשתו כתנות עור וילבשם:
22 ויאמר יהוה אלהים הן האדם היה כאחד ממנו לדעת טוב ורע ועתה פן
23 ישלח ידו ולקח גם מעין החיים ואכל וחי לעלם: וישלחהו יהוה אלהים מגן עדן
24 לעבד את האדמה אשר לקח משם: ויגרש את האדם וישכן ·אתו· מקדם לגן
עדן ·וישם· את הכרבים ואת להט החרב המתהפכת לשמר את דרך עץ החיים:
4.1 והאדם ידע את חוה אשתו ותהר ותלד את קין והאמר קניתי איש את
2 יהוה: ותסף ללדת את אחיו את הבל ·ותאמר · · · · · · · · · ויהי הבל
רעה צאן וקין היה עבד אדמה:
4.3 ויהי מקץ ימים ויבא קין מפרי האדמה מנחה ליהוה: והבל הביא גם הא
5 מבכרות צאנו ומחלב·י·הן וישע יהוה אל הבל ואל מנחתו: ואל קין ואל מנחתו
6 לא שעה ויחר לקין מאד ויפלו פניו: ויאמר יהוה אל קין למה חרה לך ולמה
נפלו פניך: הלוא אם תיטיב ·ל·שאת ואם לא תיטיב ·ל·ב·ית·י·ר· ·חטאת רבין
ואליך תשו·ב·תו ואתה תמשל בו:
8 ויאמר קין אל הבל אחיו ·נלכה השדה· ויהי בהיותם בשדה ויקם קין ·ע·ל
9 הבל אחיו ויהרגהו: ויאמר יהוה אל קין אי·ה· הבל אחיך ויאמר לא ידעתי השמר
11.10 אחי אנכי: ויאמר מה עשית קול דמי אחיך צעקים אלי מן האדמה: ועתה ארור
12 אתה מן האדמה אשר פצתה את פיה לקחת את דמי אחיך מידך: כי תעבד
13 את האדמה לא תסף תת כחה לך נע ונד תהיה בארץ: ויאמר קין אל יהוה
14 גדול עוני מנשוא: הן גרשת אתי היום מעל פני האדמה ומפניך אסתר והייתי
15 נע ונד בארץ והיה כל מצאי יהרגני: ויאמר לו יהוה לכן כל הרג קין שבעתים
יקם וישם יהוה לקין אות לבלתי הכות אתו כל מצאו:
17.16 ויצא קין מלפני יהוה וישב בארץ נוד קדמת עדן: וידע קין את אשתו ותהר
18 ותלד את חנוך ויהי בנה עיר ויקרא שם העיר כשם בנו חנוך: ויולד לחנוך את
עירד ועירד ילד את מחויאל ומחו·יאל ילד את מתושאל ומתושאל ילד
את למך:
20.19 ויקח לו למך שתי נשים שם האחת עדה ושם השנית צלה: ותלד עדה את
21 יבל הא היה אבי ·כל· ישב אהל·י· מקנה: ושם אחיו יובל הא היה אבי כל

4,22 תפש כנור ועוגב: וצִלה גם הא ילדה את תובל קין* ·הא היה אבי· כל חרש
23 נחשת וברזל ואחות תובל קין נַעֲמה: ויאמר למך לנשיו

עָרה וצִלה שמַען קולי
נשי למך האֲזִנה אמרתי
כי איש הרגתי לפצעי
וילד לחבֻרתי:
24 כי שבעתַים יֻקַם קין
ולמך שבעים ושבעה:

כה וידע ·ה·אדם עוד את ·חוה· אשתו ·ותהר· ותלד בן ותקרא את שמו שֵת כי
26 שָת לי אלהים זרע אחר תחת הבל כי הרגו קין: ולשת גם הא יֻלד בן ויקרא
את שמו אנוש ·ה·ו·א הֵחֵ·ל לקרא בשם יהוה:

5,א זה ספר תולדת אדם

2 ביום ברֹא אלהים אדם בדמות אלהים עשה אתו: זכר ונקבה בראם ויברך
אתם ויקרא את שמם אדם ביום הִבָּראם:
3 ויחי אדם שלשים ומאת שנה ויולד ·בן· ·ג·כ·דמותו ·ב·צלמו ויקרא את שמו
4 שת: ו·יחי·· אדם אחרי הולידו את שת שמנה מאת שנה ויולד בנים ובנות:
ה ויהיו כל ימי אדם אשר חי תשע מאות שנה ושלשים שנה וימת:
7.6 ויחי שת חמש שנים ומאת שנה ויולד את אנוש: ויחי שת אחרי הולידו
8 את אנוש שבע שנים ושמנה מאות שנה ויולד בנים ובנות: ויהיו כל ימי שת
שתים עשרה שנה ותשע מאות שנה וימת:
י.9 ויחי אנוש תשעים שנה ויולד את קינן: ויחי אנוש אחרי הולידו את קינן
11 חמש עשרה שנה ושמנה מאות שנה ויולד בנים ובנות: ויהיו כל ימי אנוש חמש
שנים ותשע מאות שנה וימת:
13.12 ויחי קינן שבעים שנה ויולד את מהלַלאל: ויחי קינן אחרי הולידו את
14 מהללאל ארבעים שנה ושמנה מאות שנה ויולד בנים ובנות: ויהיו כל ימי קינן
עשר שנים ותשע מאות שנה וימת:
16.טו ויחי מהלַלאל חמש שנים וששים שנה ויולד את ירד: ויחי מהללאל אחרי
17 הולידו את ירד שלשים שנה ושמנה מאות שנה ויולד בנים ובנות: ויהיו כל ימי
מהללאל חמש ותשעים שנה ושמנה מאות שנה וימת:
19.18 ויחי ירד שתַים וששים שנה ומאת שנה ויולד את חנוך: ויחי ירד אחרי
כ הולידו את חנוך שמנה מאות שנה ויולד בנים ובנות: ויהיו כל ימי ירד שתַים
וששים שנה ותשע מאות שנה וימת:
22.21 ויחי חנוך חמש וששים שנה ויולד את מתושלח: ויתהלך חנוך את האלהים
23 אחרי הולידו את מתושלח שלש מאות שנה ויולד בנים ובנות: ויהי·ו· כל ימי
24 חנוך חמש וששים שנה ושלש מאות שנה: ויתהלך חנוך את האלהים ואיננו כי
לקח אתו אלהים:
26.כה ויחי מתושלח שבע ושמנים שנה ומאת שנה ויולד את למך: ויחי מתושלח
אחרי הולידו את למך שתַים ושמונים שנה ושבע מאות שנה ויולד בנים ובנות:
27 ויהיו כל ימי מתושלח תשע וששים שנה ותשע מאות שנה וימת:

(1) 4,22 למש

ויחי למך שתים ושמנים שנה ומאת שנה ויולד בן׃ ויקרא את שמו נח 5. כח
לאמר זה ינ־־חמנו ממעשנו ומעצבון ידינו מן האדמה אשר אררה יהוה ־אלהים־׃
ויחי למך אחרי הולידו את נח חמש ותשעים שנה וחמש מאת שנה ויולד בנים ל
ובנות׃ ויהיו כל ימי למך שבע ושבעים שנה ושבע מאות שנה וימת׃ 31
ויהי נח בן חמש מאות שנה ויולד נח את שם את חם ואת יפת׃ 32

ויהי כי החל האדם לרב על פני האדמה ובנות ילדו להם׃ ויראו בני 6. א
האלהים את בנות האדם כי טבת הנה ויקחו להם נשים מכל אשר בחרו׃ ויאמר 3
יהוה לא י־ב־ון רוחי באדם לעלם ב־שגם הא בשר והיו ימיו מאה ועשרים
שנה׃

הנפלים היו בארץ בימים ההם[a] אשר יבאו בני האלהים אל בנות האדם 4
וילדו להם המה הגברים אשר מעולם אנשי השם׃
וירא יהוה כי רבה רעת האדם בארץ וכל יצר מחשבת לבו רק רע כל ה
היום׃ וינחם יהוה כי עשה את האדם בארץ ויתעצב אל לבו׃ ויאמר יהוה ו, ז
אמחה את האדם אשר בראתי מעל פני האדמה מאדם עד בהמה עד רמש ועד
עוף השמים כי נחמתי כי עשיתם׃ ונח מצא חן בעיני יהוה׃ ח

אלה תולדת נח 9

נח איש צדיק תמים היה בדרתיו את האלהים התהלך נח׃ ויולד נח שלשה י
בנים את שם את חם ואת יפת׃ ותשחת הארץ לפני האלהים ותמלא הארץ 11
חמס׃

וירא אלהים את הארץ והנה נשחתה כי השחית כל בשר את דרכו על 12
הארץ׃ ויאמר אלהים לנח קץ כל בשר בא לפני כי מלאה הארץ חמס מפניהם 13
והנני משחית א־תם ־ואת הארץ׃ עשה לך תבת עצי גפר קנים ־קנים־ תעשה את 14
התבה וכפרת אתה מבית ומחוץ בכפר׃ וזה אשר תעשה אתה שלש מאות אמה טו
ארך התבה חמשים אמה רחבה ושלשים אמה קומתה׃ צהר תעשה לתבה ואל 16
־א־רכה־ תכ־סנה מלמעלה ופתח התבה בצדה תשים תחתים שנים ושלשים
תעשה׃

ואני הנני מביא את המבול[b] על הארץ לשחת כל בשר אשר בו רוח חיים 17
מתחת השמים כל אשר בארץ יגוע׃ והקמתי את בריתי אתך ובאת אל התבה 18
אתה ובניך ואשתך ונשי בניך אתך׃ ומכל החי־ה־ מכל בשר שנים מכל תביא 19
אל התבה להחית אתך זכר ונקבה יהיו׃ מהעוף למינהו ומן הבהמה למינה כ
־ו־מכל רמש האדמה למינהו שנים מכל יבאו אליך להחיות׃ ואתה קח לך מכל 21
מאכל אשר יאכל ואספת אליך והיה לך ולהם לאכלה׃ ויעש נח ככל אשר צוה 22
אתו אלהים כן עשה׃

ויאמר יהוה לנח בא אתה וכל ביתך אל התבה כי אתך ראיתי צדיק לפני 7. א
בדור הזה׃ מכל הבהמה הטהורה תקח לך שבעה שבעה איש ואשתו ומן 2
הבהמה אשר לא טהרה הא שנים ־שנים־ איש ואשתו׃ גם מעוף השמים ־הטהור־ 3
שבעה שבעה זכר ונקבה ־ומכל העוף אשר לא טהור הא שנים שנים זכר ונקבה־
ליה־חיות זרע על פני כל הארץ׃ כי לימים עוד שבעה אנכי ממטיר על הארץ 4

(a) 6.4 וגם אחרי כן

(b) 17 מים

7 ארבעים יום וארבעים לילה ומחיתי את כל היקום אשר עשיתי מעל פני
האדמה:
6,5 ויעש נח ככל אשר צוהו יהוה: ונח בן שש מאות שנה והמבול היה׳ על
8.7 הארץ: ויבא נח ובניו ואשתו ונשי בניו אתו אל התבה מפני מי המבול: מן
הבהמה הטהורה ומן הבהמה אשר איננה טהרה ומן העוף ו‹מ›כל אשר רמש על
9 האדמה: שנים שנים באו אל נח אל התבה זכר ונקבה כאשר צוה ‹יהוה›
את נח:
11.10 ויהי לשבעת הימים ומי המבול היו על הארץ: בשנת שש מאות שנה לחיי
נח בחדש השני בשבעה עשר יום לחדש ביום הזה נבקעו כל מעינות תהום
12 רבה וארבת השמים נפתחו: ויהי הגשם על הארץ ארבעים יום וארבעים לילה:
13 בעצם היום הזה בא נח ושם וחם ויפת בני נח ואשת נח ושלשת נשי בניו
14 את‹ו› אל התבה: המה וכל החיה למינה וכל הבהמה למינה וכל הרמש הרמש
15 על הארץ למינהו וכל העוף למינהו כל צפור כל כנף: ויבאו אל נח אל התבה
16 שנים שנים מכל ‹ה›בשר אשר בו רוח חיים: והבאים זכר ונקבה מכל בשר באו
17 כאשר צוה אתו אלהים ויסגר יהוה בעדו: ויהי המבול ארבעים יום על הארץ
18 וירבו המים וישאו את התבה ותרם מעל הארץ: ויגברו המים וירבו מאד על
הארץ ותלך התבה על פני המים:
19 והמים גברו מאד מאד על הארץ ויכסו כל ההרים הגבהים אשר תחת כל
20 השמים: חמש עשרה אמה מלמעלה גברו המים ויכסו ההרים:
21 ויגוע כל בשר הרמש על הארץ בעוף ובבהמה ובחיה ובכל השרץ השרץ על
22 הארץ וכל האדם: כל אשר נשמת רוח חיים באפיו מכל אשר בחרבה מתו:
23 וימח את כל היקום אשר על פני האדמה מאדם עד בהמה עד רמש ועד עוף
24 השמים וימחו מן הארץ וישאר אך נח ואשר אתו בתבה: ויגברו המים על הארץ
חמשים ומאת יום:
8,1 ויזכר אלהים את נח ואת כל החיה ואת כל הבהמה אשר אתו בתבה ויעבר
2 אלהים רוח על הארץ וישכו המים: ויסכרו מעינת תהום וארבת השמים ויכלא
3 הגשם מן השמים: וישבו המים מעל הארץ הלוך ושוב ויחסרו המים מקץ
4 חמשים ומאת יום: ותנח התבה בחדש השביעי בשבעה עשר יום לחדש על הרי
5 אררט: והמים היו הלוך וחסור עד החדש העשירי בעשירי באחד לחדש נראו
ראשי ההרים:
8.6 ויהי מקץ ארבעים יום ויפתח נח את חלון התבה אשר עשה: [] וישלח
9 את היונה מאתו לראות הקלו המים מעל פני האדמה: ולא מצאה היונה מנוח
לכף רגלה ותשב אליו אל התבה כי מים על פני כל הארץ וישלח ידו ויקחה
7 ויבא אתה אליו אל התבה: ‹ויחל שבעת ימים› ‹[וישלח את הערב ויצא ו‹לא› שב
10 עד יבשת המים מעל הארץ]›: ויחל עוד שבעת ימים אחרים ויסף שלח את
11 היונה מן התבה: ותבא אליו היונה לעת ערב והנה עלה זית טרף בפיה וידע
12 נח כי קלו המים מעל הארץ: ו‹י›יחל עוד שבעת ימים אחרים וישלח את היונה
13 ולא יספה שוב אליו עוד: ויהי באחת ושש מאות שנה ‹לחיי נח› בראשון באחד
לחדש חרבו המים מעל הארץ ויסר נח את מכסה התבה וירא והנה חרבו פני
14 האדמה: ובחדש השני בשבעה ועשרים יום לחדש יבשה הארץ:
16.15 וידבר אלהים אל נח לאמר: צא מן התבה אתה ואשתך ובניך ונשי בניך
17 אתך: כל החיה אשר אתך מכל בשר בעוף ובבהמה ובכל הרמש הרמש על

(ז) 7,6 מים

הארץ הוצא אתך ושרצו בארץ ופרו ורבו על הארץ: ויצא נח ובניו ואשתו ונשי 8,18
בניו אתו: כל החיה כל הבהמה וכל העוף כל הרמש על הארץ למשפחתיהם 19
יצאו מן התבה:

ויבן נח מזבח ליהוה ויקח מכל הבהמה הטהרה ומכל העוף הטהור ויעל 20
עלת במזבח: וירח יהוה את ריח הניחח ויאמר יהוה אל לבו לא אסף לקלל 21
עוד את האדמה בעבור האדם כי יצר לב האדם רע מנעריו ולא אסף עוד
להכות את כל חי כאשר עשיתי: עד כל ימי הארץ זרע וקציר וקר וחם וקיץ 22
וחרף ויום ולילה לא ישבתו:

ויברך אלהים את נח ואת בניו ויאמר להם פרו ורבו ומלאו את הארץ: 9,1
ומוראכם וחתכם יהיה על כל חית הארץ ועל כל עוף השמים בכל אשר תרמש 2
האדמה ובכל דגי הים בידכם נתנו: כל רמש אשר הוא חי לכם יהיה לאכלה 3
כירק עשב נתתי לכם את כל: אך בשר בנפשו דמו לא תאכלו: ואך את דמכם 4.5
לנפשתיכם אדרש מיד כל חיה אדרשנו ומיד האדם מיד איש אחיו אדרש את
נפש האדם: שפך דם האדם באדם דמו ישפך כי בצלם אלהים עשה את האדם: 6
ואתם פרו ורבו שרצו בארץ ורבו בה: 7

ויאמר אלהים אל נח ואל בניו אתו לאמר: ואני הנני מקים את בריתי 8.9
אתכם ואת זרעכם אחריכם: ואת כל נפש החיה אשר אתכם בעוף בבהמה ובכל 10
חית הארץ אתכם מכל יצאי התבה לכל חית הארץ: והקמתי את בריתי אתכם 11
ולא יכרת כל בשר עוד ממי המבול ולא יהיה עוד מבול לשחת הארץ: ויאמר 12
אלהים זאת אות הברית אשר אני נתן ביני וביניכם ובין כל נפש חיה אשר
אתכם לדרת עולם: את קשתי נתתי בענן והיתה לאות ברית ביני ובין הארץ: 13
והיה בענני ענן על הארץ ונראתה הקשת בענן: וזכרתי את בריתי אשר ביני 14.15
וביניכם ובין כל נפש חיה בכל בשר ולא יהיה עוד המים למבול לשחת כל
בשר: והיתה הקשת בענן וראיתיה לזכר ברית עולם בין אלהים ובין כל נפש 16
חיה בכל בשר אשר על הארץ: ויאמר אלהים אל נח זאת אות הברית אשר 17
הקמתי ביני ובין כל בשר אשר על הארץ:

ויהיו בני נח היצאים מן התבה שם וחם ויפת וחם הוא אבי כנען: שלשה 18.19
אלה בני נח ומאלה נפצה כל הארץ:

ויחל נח ‹להיות› איש האדמה ויטע כרם: וישת מן היין וישכר ויתגל בתוך 20.21
אהלה: וירא חם אבי כנען את ערות אביו ‹ויצא› ויגד לשני אחיו בחוץ: ויקח 22.23
שם ויפת את השמלה וישימו על שכם שניהם וילכו אחרנית ויכסו את ערות
אביהם ופניהם אחרנית וערות אביהם לא ראו: וייקץ נח מיינו וידע את אשר 24
עשה לו בנו הקטן: ויאמר

ארור כנען 25
עבד עבדים יהיה לאחיו:

(a)ברוך יהוה(b) שם 26
ויהי כנען עבד למו:
יפת אלהים ליפת 27
וישכן באהלי שם
ויהי כנען עבד למו:

(a) 9,26 ויאמר — (b) אלהי

9,29.28 ויחי נח אחר המבול שלש מאות שנה וחמשים שנה: ויהיו כל ימי נח
תשע מאות שנה וחמשים שנה וימת:

10,א ואלה תולדת בני נח שם חם ויפת
ויִולדו להם בנים אחר המבול:
2 בני יפת
גמר ומגוג ומדי ויָון ותֻבל ומשֶׁךְ ותירס:
3 ובני גמר אשכנז וריפת ותגרמה:
4 ובני יָון אלישה ותרשיש כִתים ורדנים:
ה מאלה נפרדו איי הגוים ·אלה בני יפת· בארצֹתם איש ללשנו למשפחתם בגוֵיהם:

6 ובני חם
כוש ומצרַים ופוט וכנען:
7 ובני כוש סבא וחוילה וסבתה ורעמה וסבתכא
ובני רעמה שבא ודדן:
9.8 וכוש ילד את נמרד הא הֵחל להיות גבֹר בארץ: הא היה גבר ציד לפני
י יהוה על כן יֵאמר כנמרד גבור ציד לפני יהוה: ותהי ראשית ממלכתו בבל וארך
11 ואכַד וכַלְנֵה בארץ שִׁנְער: מן הארץ ההא יצא אשור ויִבן את נינוֵה ואת רחבֹת
12 עיר ואת כלח: ואת רֶסן בין נינוֵה ובין כלח הא העיר הגדלה:
14.13 ומצרים ילד את לודים ואת ענמים ואת להבים ואת נפתֻחים: ואת פתרֻסים
ואת כסלֻחים ‹[ואת כפתֹרים]› אשר יצאו משם פלשתים []:
16.טו וכנען ילד את צידן בכרו ואת חֵת: ואת היבוסי ואת האמרי ואת הגרגשי:
18.17 ואת החִוי ואת הערקי ואת הסיני: ואת הארְודי ואת הצמרי ואת החמתי
19 ואחר נפֹצו משפחות הכנעני: ויהי גבול הכנעני מצידן באכה גְרָרה עד עזה
באכה סדמה(a) עד לשע:
כ אלה בני חם למשפחתם ללשנתם בארצתם בגויהם:

21 ולשם יֻלד גם הא אבי כל בני עֵבר אחי יֶפת הגדול:
22 בני שם
עילם ואשור וארפכשד ולוד וארָם:
23 ובני ארם עוץ וחול וגתר ומַש:
24 וארפכשד ילד את שלח ושלח ילד את עֵבר:
כה ולעבר ילדו שני בנים שם האחד פלג כי בימיו נפלגה הארץ ושם אחיו יקטן:
27.26 ויקטן ילד את אלמודד ואת שלף ואת חצרמות ואת ירח: ואת הדורם ואת
29.28 אוזל ואת דִקלה: ואת עובל ואת אבימאל ואת שְׁבא: ואת אופר ואת חוילה
ואת יובב כל אלה בני יקטן:
ל ויהי מושבם ממשא באכה ספרה הר הקדם:
31 אלה בני שם למשפחתם ללשנתם בארצתם בגויֵהם:
32 אלה משפחת בני נח לתולדתם בגויֵהם ומאלה נפרדו הגוים בארץ אחר המבול:

11,2.א ויהי כל הארץ שפה אחת ודברים אחדים: ויהי בנָסעם מקדם וימצאו בִקעה
3 בארץ שִׁנְעָר וישבו שם: ויאמרו איש אל רעֵהו הבה נלבנה לְבֵנים ונשרפה

(a) 10,19 ועמרה ואדמה וצבים

11,4 לשרפה ותהי להם הלבנה לאבן והחמר היה להם לחמר: ויאמרו הבה נבנה
לנו עיר ומגדל וראשו בשמים ונעשה לנו שם פן נפוץ על פני כל הארץ:
6.ה וירד יהוה לראת את העיר¹ אשר בנו בני האדם: ויאמר יהוה הן עם אחד
ושפה אחת לכלם וזה החלו לעשות ועתה לא יבצר מהם כל אשר יזמו לעשות:
8.ז הבה נרדה ונבלה שם שפתם אשר לא ישמעו איש שפת רעהו: ויפץ יהוה אתם
9 משם על פני כל הארץ ויחדלו לבנת העיר: על כן קרא שמה בבל כי שם בלל
יהוה שפת כל הארץ ומשם הפיצם יהוה על פני כל הארץ:

י

אלה תולדת שם

11 שם בן מאת שנה ויולד את ארפכשד שנתים אחר המבול: ויחי שם אחרי
הולידו את ארפכשד חמש מאות שנה ויולד בנים ובנות:
13.12 וארפכשד חי חמש ושלשים שנה ויולד את שלח: ויחי ארפכשד אחרי הולידו
את שלח שלש שנים וארבע מאות שנה ויולד בנים ובנות:
15.14 ושלח חי שלשים שנה ויולד את עבר: ויחי שלח אחרי הולידו את עבר
שלש שנים וארבע מאות שנה ויולד בנים ובנות:
17.16 ויחי עבר ארבע ושלשים שנה ויולד את פלג: ויחי עבר אחרי הולידו את
פלג שבעים שנה ושלש מאות שנה ויולד בנים ובנות:
19.18 ויחי פלג שלשים שנה ויולד את רעו: ויחי פלג אחרי הולידו את רעו תשע
שנים ומאתים שנה ויולד בנים ובנות:
21.כ ויחי רעו שתים ושלשים שנה ויולד את שרוג: ויחי רעו אחרי הולידו את
שרוג שבע שנים ומאתים שנה ויולד בנים ובנות:
23.22 ויחי שרוג שלשים שנה ויולד את נחור: ויחי שרוג אחרי הולידו את נחור
מאתים שנה ויולד בנים ובנות:
25.24 ויחי נחור תשע ועשרים שנה ויולד את תרח: ויחי נחור אחרי הולידו את
תרח תשע עשרה שנה ומאת שנה ויולד בנים ובנות:
26 ויחי תרח שבעים שנה ויולד את אברם את נחור ואת הרן:

27

ואלה תולדת תרח

28 תרח הוליד את אברם את נחור ואת הרן והרן הוליד את לוט: וימת הרן
29 על פני תרח אביו בארץ מולדתו באור כשדים: ויקח אברם ונחור להם נשים
שם אשת אברם שרי ושם אשת נחור מלכה בת הרן אבי מלכה ואבי יסכה:
ל ותהי שרי עקרה אין לה ולד:
31 ויקח תרח את אברם בנו ואת לוט בן הרן בן בנו ואת שרי כלתו אשת
אברם בנו ויצאו אתו מאור כשדים ללכת ארצה כנען ויבאו עד חרן וישבו שם:
32 ויהיו ימי תרח חמש שנים ומאתים שנה וימת תרח בחרן:

12,א ויאמר יהוה אל אברם לך לך מארצך וממולדתך ומבית אביך אל הארץ
3.ב אשר אראך: ואעשך לגוי גדול ואברכך ואגדלה שמך והיה ברכה: ואברכה מברכיך
ומקללך אאר ונברכו בך כל משפחת האדמה:
4 ויעש אברם כאשר דבר אליו יהוה וילך אתו לוט ואברם בן חמש שנים

(¹) 11,3 ואת המגדל

12,ה ושבעים שנה בצאתו מחרן: ויקח אברם את שרי אשתו ואת לוט בן אחיו ואת
כל רכושם אשר רכשו ואת הנפש אשר עשו בחרן ויצאו ללכת ארצה כנען ויבאו
ארצה כנען:
6 ויעבר אברם בארץ עד מקום שכם עד אלון מורה והכנעני אז ·ישב· בארץ:
7 וירא יהוה אל אברם ויאמר ·לו· לזרעך אתן את הארץ הזאת ויבן שם מזבח
ליהוה הנראה אליו:
8 ויעתק משם ההרה מקדם לביתאל ויט אהלה ביתאל מים והעי מקדם ויבן
שם מזבח ליהוה ויקרא בשם יהוה:
9 ויסע אברם הלוך ונסוע הנגבה: ויהי רעב בארץ וירד אברם מצרימה לגור
11 שם כי כבד הרעב בארץ: ויהי כאשר הקריב לבוא מצרימה ויאמר אל שרי אשתו
12 הנה נא ידעתי כי אשה יפת מראה את: והיה כי יראו אתך המצרים ואמרו
13 אשתו זאת והרגו אתי ואתך יחיו: אמרי נא אחתי את למען ייטב לי בעבורך
וחיתה נפשי בגללך:
14 ויהי כבוא אברם מצרימה ויראו המצרים את האשה כי יפה הא מאד:
15 ויראו אתה שרי פרעה ויהללו אתה אל פרעה ותקח האשה בית·הי פרעה:
16 ולאברם היטיב בעבורה ויהי לו צאן ובקר ·מקנה כבד מאד· ·ועבדים ושפחת
·וחמרים ואתנת וגמלים:
17,18 וינגע יהוה את פרעה נגעים גדלים* על דבר שרי אשת אברם: ויקרא
19 פרעה לאברם ויאמר מה זאת עשית לי למה לא הגדת לי כי אשתך הא: למה
20 אמרת אחתי הא ואקח אתה לי לאשה ועתה הנה אשתך ·לפניך· קח ולך: ויצו
13,א עליו פרעה אנשים וישלחו אתו ואת אשתו ואת כל אשר לו: ויעל אברם ממצרים
הא ואשתו וכל אשר לו ולוט עמו הנגבה:

2,3 ואברם כבד מאד במקנה בכסף ובזהב: וילך למסעיו מנגב ועד ביתאל עד
4 המקום אשר היה שם אהלה בתחלה בין ביתאל ובין העי: אל מקום המזבח
אשר עשה שם בראשנה ויקרא שם אברם בשם יהוה:
ה,6 וגם ללוט ההלך את אברם היה צאן ובקר ואהלים: ולא נשא·הי אתם
7 הארץ לשבת יחדו כי היה רכושם רב ולא יכלו לשבת יחדו: ויהי ריב בין רעי
8 מקנה אברם ובין רעי מקנה לוט והכנעני והפרזי אז ישב בארץ: ויאמר אברם
אל לוט אל נא תהי מריבה ביני ובינך ובין רעי ובין רעיך כי אנשים אחים
9 אנחנו: הלא כל הארץ לפניך הפרד נא מעלי אם השמאל ואימנה ואם הימין
ואשמאילה:
י וישא לוט את עיניו וירא את כל ככר הירדן כי כלה משקה[β] כגן יהוה ·וּ·כארץ
11 מצרים באכה צע·ן·: ויבחר לו לוט את כל ככר הירדן ויסע לוט מקדם ויפרדו
12 איש מעל אחיו: אברם ישב בארץ כנען ולוט ישב בערי הככר ויאהל עד סדם:
13 ואנשי סדם רעים וחטאים ליהוה מאד:
14 ויהוה אמר אל אברם אחרי הפרד לוט מעמו שא נא עיניך וראה מן המקום
טו אשר אתה שם צפנה ונגבה וקדמה וימה: כי את כל הארץ אשר אתה ראה לך
16 אתננה ולזרעך עד עולם: ושמתי את זרעך כעפר הארץ אשר אם יוכל איש
17 למנות את עפר הארץ גם זרעך ימנה: קום התהלך בארץ לארכה ולרחבה כי
18 לך אתננה ·ולזרעך עד עולם·: ויאהל אברם ויבא וישב באלני ממרא אשר
בחברון ויבן שם מזבח ליהוה:

(*) 12,17 ואת ביתו • (β) 13,10 לפני שחת יהוה את סדם ואת עמרה

ויהי בימי אמרפל מלך שנער אריוך מלך אלסר כדרלעמר מלך עילם 14.א
ותדעל מלך גוים׃ עשו מלחמה את ברע מלך סדם ואת ב·לשע מלך עמרה 2
שנאב מלך אדמה ושמאבר מלך צביים ומלך בלע הא צער׃ כל אלה חברו אל 3
עמק השדים הא ים המלח׃ שתים עשרה שנה עבדו את כדרלעמר ו·ב·שלש 4
עשרה שנה מרדו׃

ובארבע עשרה שנה בא כדרלעמר והמלכים אשר אתו ויכו את ·ה·רפאים ה
בעשתרת קרנים ואת הזוזים בהם ואת האימים בשוה קריתים׃ ואת החרי בהרר·י· 6
שעיר עד איל פארן אשר על המדבר׃ וישבו ויבאו אל עין משפט הא קדש ויכו 7
את כל שדה העמלקי וגם את האמרי הישב בחצצן תמר׃

ויצא מלך סדם ומלך עמרה ומלך אדמה ומלך צביים ומלך בלע הא צער ח
ויערכו אתם מלחמה בעמק השדים׃ את כדרלעמר מלך עילם ותדעל מלך גוים 9
ואמרפל מלך שנער ואריוך מלך אלסר ארבעה מלכים את החמשה׃ ועמק השדים
בארת בארת חמר וינסו* סדם ועמרה ויפלו שמה והנשארים ·ה·הרה נסו׃ ויקחו 11
את כל רכש סדם ועמרה ואת כל אכלם וילכו׃ ויקחו את לוט ואת ·כל· רכשו(β) 12
וילכו והא ישב בסדם׃

ויבא הפליט ויגד לאברם העברי והא שכן באלני ממרא האמרי אחי אשכל 13
ואחי ·ענר·ם· והם בעלי ברית אברם׃ וישמע אברם כי נשבה אחיו וי·פ·ק·ד· 14
את חניכיו ילידי ביתו שמנה עשר ושלש מאות וירדף עד דן׃ וי·רב·ק עליהם 15
לילה הא ועבדיו ויכם וירדפם עד חובה אשר משמאל לדמשק׃ וישב את כל 16
הרכש וגם את לוט אחיו ורכשו השיב וגם את הנשים ואת העם׃

ויצא מלך סדם לקראתו אחרי שובו מהכות את כדרלעמר ואת המלכים אשר 17
אתו אל עמק שוה הא עמק המלך׃ ומלכי צדק מלך שלם הוציא לחם ויין והא 18
כהן לאל עליון׃ ויברכהו ויאמר 19

ברוך אברם לאל עליון
קנה שמים וארץ׃
וברוך אל עליון 20
·ש·מגן צריך בידך

ויתן לו מעשר מכל׃ ויאמר מלך סדם אל אברם תן לי הנפש והרכש קח לך׃ 21
ויאמר אברם אל מלך סדם הרמתי ידי אל יהוה אל עליון קנה שמים וארץ׃ 22
אם מחוט ועד שרוך נעל ואם אקח מכל אשר לך ולא תאמר אני העשרתי 23
את אברם׃ בלעדי רק אשר אכלו הנערים וחלק האנשים אשר הלכו אתי 24
ענר·ם· אשכל וממרא הם יקחו חלקם׃

אחר הדברים האלה היה דבר יהוה אל אברם במחזה לאמר אל תירא 15.א
אברם אנכי מגן לך שכרך הרבה מאד׃ ויאמר אברם אדני יהוה מה תתן לי 2
ואנכי הולך ערירי ו·מ·שק ·ביתי ·הא ·בן דמשק אליעזר׃ ויאמר אברם הן לי 3
לא נתתה זרע והנה בן ביתי יורש אתי׃ ו·י·ה·י· דבר יהוה אליו לאמר לא יירשך 4
זה כי אם אשר יצא ממעיך הא יירשך׃ ויוצא אתו החוצה ויאמר הבט נא ה
השמימה וספר הכוכבים אם תוכל לספר אתם ויאמר לו כה יהיה זרעך׃ ו·י·אמן 6
·אברם· ביהוה ויחשבה לו ·ל·צדקה׃

(α) 14,1 מלך • (β) 12 בן אחי אברם

12 בראשית 15,7—17,7

15,7 ויאמר אליו אני יהוה אשר הוצאתיך מאור כשדים לתת לך את הארץ
ט,8 הזאת לרשתה: ויאמר אדני יהוה במה אדע כי אירשנה: ויאמר אליו קחה לי
י עגלה משלשת ועז משלשת ואיל משלש ותר וגוזל: ויקח לו את כל אלה ויבתר
11 אתם בתוך ויתן איש בתרו לקראת רעהו ואת הצפר לא בתר: וירד העיט על
הפגרים וישב אתם אברם:
12 ויהי השמש לבוא ותרדמה נפלה על אברם והנה אימה חשכה גדלה נפלת
13 עליו: ויאמר לאברם ידע תדע כי גר יהיה זרעך בארץ לא להם ועבדום וענו
14 אתם ארבע מאות שנה: וגם את הגוי אשר יעבדו דן אנכי ואחרי כן יצאו ברכש
16,טו גדול: ואתה תאסף אל אבתיך בשלום תקבר בשיבה טובה: ודור רביעי ישובו
הנה כי לא שלם עון האמרי עד הנה:
17 ויהי השמש באה ועלטה היה והנה תנור עשן ולפיד אש אשר עבר בין
18 הגזרים האלה: ביום ההוא כרת יהוה את אברם ברית לאמר לזרעך נתתי את
19 הארץ הזאת מנחל מצרים עד הנהר הגדל נהר פרת: את הקיני ואת הקנזי ואת
21,כ הקדמני: ואת החתי ואת הפרזי ואת הרפאים: ואת האמרי ואת הכנעני ואת
הגרגשי ואת החוי ואת היבוסי:

16,2,א ושרי אשת אברם לא ילדה לו ולה שפחה מצרית ושמה הגר: ותאמר שרי
אל אברם הנה נא עצרני יהוה מלדת בא נא אל שפחתי אולי אבנה ממנה
3 וישמע אברם לקול שרי: ותקח שרי אשת אברם את הגר המצרית שפחתה מקץ
4 עשר שנים לשבת אברם בארץ כנען ותתן אתה לאברם אישה לו לאשה: ויבא
אל הגר ותהר ותרא כי הרתה ותקל גברתה בעיניה:
ה ותאמר שרי אל אברם חמסי עליך אנכי נתתי שפחתי בחיקך ותרא כי
6 הרתה ואקל בעיניה ישפט יהוה ביני וביניך: ויאמר אברם אל שרי הנה שפחתך
בידך עשי לה הטוב בעיניך ותענה שרי ותברח מפניה:
8,7 וימצאה מלאך יהוה על עין המים במדבר על העין בדרך שור: ויאמר הגר
שפחת שרי אי מזה באת ואנה תלכי ותאמר מפני שרי גברתי אנכי ברחת:
10,9 ויאמר לה מלאך יהוה שובי אל גברתך והתעני תחת ידיה: ויאמר לה מלאך
11 יהוה הרבה ארבה את זרעך ולא יספר מרב: ויאמר לה מלאך יהוה הנך הרה
12 וילדת בן וקראת שמו ישמעאל כי שמע יהוה אל עניך: והוא יהיה פרא אדם
13 ידו בכל ויד כל בו ועל פני כל אחיו ישכן: ותקרא שם יהוה הדבר(a) אתה אל
14 ראי כי אמרה הגם את האלהים ראיתי ואחרי: על כן קרא לבאר באר לחי
ראי הנה בין קדש ובין ברד:
טו ותלד הגר לאברם בן ויקרא אברם שם בנו הנולד לו אשר ילדה לו
16 הגר ישמעאל: ואברם בן שמנים שנה ושש שנים בלדת הגר את ישמעאל
לאברם:
17,א ויהי אברם בן תשעים שנה ותשע שנים וירא יהוה אל אברם ויאמר אליו
2 אני אל שדי התהלך לפני והיה תמים: ואתנה בריתי ביני ובינך וארבה אותך
במאד מאד:
4,3 ויפל אברם על פניו וידבר אתו אלהים לאמר: אני הנה בריתי אתך והיית
ה לאב המון גוים: ולא יקרא עוד את שמך אברם והיה שמך אברהם כי אב המון
7,6 גוים נתתיך: והפרתי אתך במאד מאד ונתתיך לגוים ומלכים ממך יצאו: והקמתי
את בריתי ביני ובינך ובין זרעך אחריך לדרתם לברית עולם להיות לך לאלהים

(a) 16,13 אליה

ולזרעך אחריך: ונתתי לך ולזרעך אחריך את ארץ מגריך את כל ארץ כנען 17,8
לאחזת עולם והייתי להם לאלהים:
ויאמר אלהים אל אברהם ואתה את בריתי תשמר אתה וזרעך אחריך 9
לדרתם: זאת ‹אות› בריתי אשר תשמרו ביני וביניכם‹ המול לכם כל זכר: ונמלתם 10.11
את בשר ערלתכם והי‹ת›ה לאות ברית ביני וביניכם: ובן שמנת ימים ימול לכם 12
כל זכר לדרתיכם יליד בית ומקנת כסף מכל בן נכר אשר לא מזרעך הא: המול 13
ימול יליד ביתך ומקנת כספך והיתה בריתי בבשרכם לברית עולם: וערל זכר 14
אשר לא ימול את בשר ערלתו ‹ביום השמיני› ונכרתה הנפש ההא מעמיה את
בריתי הפר:
ויאמר אלהים אל אברהם שרי אשתך לא תקרא את שמה שרי כי שרה 15
שמה: וברכתי אתה וגם נתתי ממנה לך בן וברכתיה והיתה לגוים מלכי עמים 16
ממנה יהיו:
ויפל אברהם על פניו ויצחק ויאמר בלבו הלבן מאה שנה יולד ואם שרה 17
הבת תשעים שנה תלד: ויאמר אברהם אל האלהים לו ישמעאל יחיה לפניך: 18
ויאמר אלהים אבל שרה אשתך ילדת לך בן וקראת את שמו יצחק והקמתי את 19
בריתי אתו לברית עולם ‹להיות לו לאלהים ו›לזרעו אחריו: ולישמעאל שמעתיך 20
הנה ברכתי אתו והפריתי אתו והרביתי אתו במאד מאד שנים עשר נשיאם יוליד
ונתתיו לגוי גדול: ואת בריתי אקים את יצחק אשר תלד לך שרה למועד הזה 21
בשנה האחרת: ויכל לדבר אתו ויעל אלהים מעל אברהם: 22
ויקח אברהם את ישמעאל בנו ואת כל ילידי ביתו ואת כל מקנת כספו כל 23
זכר באנשי בית אברהם וימל את בשר ערלתם בעצם היום הזה כאשר דבר אתו
אלהים: ואברהם בן תשעים ‹שנה› ותשע שנ‹ים› בהמלו ‹את› בשר ערלתו: 24
וישמעאל בנו בן שלש עשרה שנה בהמלו את בשר ערלתו: בעצם היום הזה 25.26
נמול אברהם וישמעאל בנו: וכל אנשי ביתו יליד בית ומקנת כסף מאת בן נכר 27
נמלו אתו:

18,1.2 ויךא אליו יהוה באלני ממרא והא ישב פתח האהל כחם היום: וישא עיניו
וירא והנה שלשה אנשים נצבים עליו וירא וירץ לקראתם מפתח האהל וישתחו
ארצה: ויאמר אד‹נ›י אם נא מצאתי חן בעינ‹יכ›ם‹ אל נא תעבר‹ו› מעל עבד‹כ›ם: 3
יקח נא מעט מים ורחצו רגליכם והשענו תחת העץ: ואקחה פת לחם וסעדו 4.5
לב‹ב›כם אחר תעברו כי על כן ‹ע›ברתם ‹א›ל עבדכם ויאמרו כן תעשה כאשר
דברת:
וימהר אברהם האהלה אל שרה ויאמר מהרי שלש סאים קמח[א] לושי ועשי 6
עגות: ואל הבקר רץ אברהם ויקח בן בקר רך וטוב ויתן אל הנער וימהר לעשות 7
אתו: ויקח חמאה וחלב ובן הבקר אשר עשה ויתן לפניהם והא עמד עליהם 8
תחת העץ ויאכלו:
ויאמר‹ו› אליו איה שרה אשתך ‹ויען› ויאמר הנה באהל: ויאמר שוב אשוב 9.10
אליך כעת חיה והי‹ה› בן לשרה אשתך ושרה שמעת פתח האהל והא אחריו:
ואברהם ושרה זקנים באים בימים חדל להיות לשרה ‹כ›ארח נשים: ותצחק שרה 11.12
בקרבה לאמר אחרי בלתי היתה לי עדנה וארני זקן: ויאמר יהוה אל אברהם 13
למה זה צחקה שרה לאמר האף אמנם אלד ואני זקנתי: היפלא מיהוה דבר 14

(א) 17,7 ‹ו›בין זרעך אחריך
(ב) 18,6 סלת

18,טו למועד ·הוה· אשוב אליך כעת חיה ולשרה בן: ותכחש שרה לאמר לא צחקתי
כי יראה ויאמר לא כי צחקת:
16 ויקמו משם האנשים וישקפו על פני סדם ואברהם הלך עמם לשלחם:
18.17 ויהוה אמר המכסה אני מאברהם ·עבדי· אשר אני עשה: ואברהם היו יהיה לגוי
19 גדול ועצום ונברכו בו כל גויי הארץ: כי ידעתיו למען אשר יצוה את בניו ואת
ביתו אחריו ושמרו דרך יהוה לעשות צדקה ומשפט למען הביא יהוה על אברהם
כ את ·כל· אשר דבר עליו: ויאמר יהוה ·צ·עקת סדם ועמרה כי רבה וחטאתם כי
21 כבדה מאד: ארדה נא ואראה הכצעקת·ם· הבאה אלי עשו ·כל·ם· ואם לא ארעה:
22 ויפנו ·ש·נ·· האנשים וילכו סדמה ·ו·יהוה ·עודנו ·עמד ·לפני ·אברהם:
21.23 ויגש אברהם ויאמר האף תספה צדיק עם רשע ·והיה כצדיק כרשע·: אולי
יש חמשים צדיקם בתוך העיר האף תספה ·אתם· ולא תשא למקום למען חמשים
כה הצדיקם אשר בקרבה: חללה לך מעשת כדבר הזה להמית צדיק עם רשע והיה
26 כצדיק כרשע חללה לך השפט כל הארץ לא יעשה משפט: ויאמר יהוה אם
27 אמצא בסדם חמשים צדיקם בתוך העיר ונשאתי לכל המקום בעבורם: ויען
28 אברהם ויאמר הנה נא הואלתי לדבר אל ארני ואנכי עפר ואפר: אולי יחסרון
חמשים הצדיקם חמשה התשחית בחמשה את כל העיר ויאמר לא אשחית אם
29 אמצא שם ארבעים וחמשה: ויסף עוד לדבר אליו ויאמר אולי ימצאון שם ארבעים
ל ויאמר לא אעשה בעבור הארבעים: ויאמר אל נא יחר לאדני ואדברה אולי
31 ימצאון שם שלשים ויאמר לא אעשה אם אמצא שם שלשים: ויאמר הנה נא
הואלתי לדבר אל אדני אולי ימצאון שם עשרים ויאמר לא אשחית בעבור
32 העשרים: ויאמר אל נא יחר לאדני ואדברה אך הפעם אולי ימצאון שם עשרה
33 ויאמר לא אשחית בעבור העשרה: וילך יהוה כאשר כלה לדבר אל אברהם
ואברהם שב למקמו:
19,א ויבאו שני האנשים סדמה בערב ולוט ישב בשער סדם וירא לוט ויקם
2 לקראתם וישתחו אפים ארצה: ויאמר הנה נא ארני סורו נא אל בית עבדכם
3 ולינו ורחצו רגליכם והשכמתם והלכתם לדרככם ויאמרו לא כי ברחוב נלין: ויפצר
בם מאד ויסרו אליו ויבאו אל ביתו ויעש להם משתה ומצות אפה ויאכלו:
4 טרם ישכבו ואנשי העיר· נסבו על הבית מנער ועד זקן כל העם
ה מקצה: ויקראו אל לוט ויאמרו לו איה האנשים אשר באו אליך הלילה הוציאם
7.6 אלינו ונדעה אתם: ויצא אלהם לוט הפתחה והדלת סגר אחריו: ויאמר אל נא
8 אחי תרעו: הנה נא לי שתי בנות אשר לא ידעו איש אוציאה נא אתהן אליכם
ועשו להן כטוב בעיניכם רק לאנשים האל אל תעשו דבר כי על כן באו בצל
9 קרתי: ויאמרו גש הלאה ויאמרו האחד בא לגור וישפט ·גם· שפוט עתה נרע לך
י מהם ויפצרו באיש[3] מאד ויגשו לשבר הדלת: וישלחו האנשים את ידם ויביאו
11 את לוט אליהם הביתה ואת הדלת סגרו: ואת האנשים אשר פתח הבית הכו
בסנורים מקטן ועד גדול וילאו למצא ה·ד·ל·ת:
12 ויאמרו האנשים אל לוט עד מי לך פה· בניך ובנתיך וכל אשר לך בעיר
13 הוצא מן המקום ·הזה·: כי משחתים אנחנו את המקום הזה כי גדלה צעקתם
14 את פני יהוה וישלחנו יהוה לשחת·ם·: ויצא לוט וידבר אל חתניו לקחי בנתיו
ויאמר קומו צאו מן המקום הזה כי משחית יהוה את העיר ויהי כמצחק בעיני
חתניו:
טו וכמו השחר עלה ויאיצו האנשים בלוט לאמר קום קח את אשתך ואת שתי

(α) 19,4 אנשי סדם • (β) 10 בלוט • (γ) 12 חתן ו(בניך)

בנתיך הנמצאת ·וצא· פן תספה בעון העיר: ויתמהמה ויחזיקו האנשים בידו 19,16
וביד אשתו וביד שתי בנתיו בחמלת יהוה עליו ויצאהו וינחהו מחוץ לעיר:
ויהי כהוציאם אתם החוצה ויאמר המלט על נפשך אל תביט אחריך ואל 17
תעמד בכל הככר ההרה המלט פן תספה: ויאמר לוט אלהם אל נא אדני: הנה 19,18
נא מצא עבדך חן בעיניך ותגדל חסדך אשר עשית עמדי להחיות את נפשי
ואנכי לא אוכל להמלט ההרה פן תדבקני הרעה ומתי: הנה נא העיר הזאת 20
קרבה לנוס שמה והא מצער אמלטה נא שמה הלא מצער הא ותחי נפשי:
ויאמר אליו הנה נשאתי פניך גם לדבר הזה לבלתי הפכי את העיר אשר דברת: 21
מהר המלט שמה כי לא אוכל לעשות דבר עד באך שמה על כן קרא שם 22
העיר צוער:
השמש יצא·ה· על הארץ ולוט בא צערה: ויהוה המטיר על סדם ועל עמרה 24.23
גפרית ואש מאת יהוה מן השמים: ויהפך את הערים האל ואת כל הככר ואת 25
כל ישבי הערים וצמח הארמה:
ותבט אשתו מאחריו ותהי נציב מלח: 26
וישכם אברהם בבקר ·וילך· אל המקום אשר עמד שם את פני יהוה: וישקף 28.27
על פני סדם ועמרה ועל ··פני ·כל ·· הככר וירא והנה עלה קיטר הארץ כקיטר
הכבשן:
ויהי בשחת אלהים את ערי הככר ויזכר אלהים את אברהם וישלח את לוט 29
מתוך ההפכה בהפך את הערים אשר ישב בהן לוט:
ויעל לוט מצוער וישב בהר ושתי בנתיו עמו כי ירא לשבת בצוער וישב 30
במערה הא ושתי בנתיו ·עמו·: ותאמר הבכירה אל הצעירה אבינו זקן ואיש אין 31
בארץ לבוא ·א·לינו כדרך כל הארץ: לכ·י· נשקה את אבינו יין ונשכבה עמו 32
ונחיה מאבינו זרע: ותשקין את אביהן יין בלילה ·ה·הא ותבא הבכירה ותשכב 33
את אביה ולא ידע בשכבה ובקומה: ויהי ממחרת ותאמר הבכירה אל הצעירה 34
הן שכבתי אמש את אבי·נו· נשקנו יין גם הלילה ובאי שכבי עמו ונחיה מאבינו
זרע: ותשקין גם בלילה ההא את אביהן יין ותקם הצעירה ·ותבא· ותשכב עמו 35
ולא ידע בשכבה ובקמה: ותהרין שתי בנות לוט מאביהן: ותלד הבכירה בן 37.36
ותקרא שמו מואב ·לאמר מאבי· ·הא· הא אבי מואב עד היום ·הזה·: והצעירה 38
גם הא ילדה בן ותקרא שמו ·עמון· ·לאמר· בן עמי ·הא· הא אבי בני עמון עד
היום ·הזה·:

ויסע משם אברהם ארצה הנגב וישב בין קדש ובין שור ויגר בגרר: ויאמר 20,1.2
אברהם אל שרה אשתו אחתי הא וישלח אבימלך מלך גרר ויקח את שרה:
ויבא אלהים אל אבימלך בחלום הלילה ויאמר לו הנך מת על ·אדות· 3
האשה אשר לקחת והא בעלת בעל: ואבימלך לא קרב אליה ויאמר אדני הגוי 4
גם צדיק תהרג: הלא הא אמר לי אחתי הא והא גם הא אמרה אחי הא בתם 5
לבבי ובנקין כפי עשיתי זאת: ויאמר אליו האלהים בחלם גם אנכי ידעתי כי 6
בתם לבבך עשית זאת ואחשך גם אנכי אותך מחטו לי על כן לא נתתיך לנגע
אליה: ועתה השב אשת האיש כי נביא הא ויתפלל בעדך ותיה ואם אינך משיב 7
רע כי מות תמות אתה וכל אשר לך:
וישכם אבימלך בבקר ויקרא לכל עבדיו וידבר את כל הדברים האלה 8
באזניהם וייראו האנשים מאד: ויקרא אבימלך לאברהם ויאמר לו מה עשית·י· 9
ל·ך· ומה חטאתי לך כי הבאת עלי ועל ממלכתי חטאה גדלה מעשים אשר לא
יעשו עשית עמדי: ויאמר אבימלך אל אברהם מה ראית כי עשית את הדבר הזה: 10

20,11 ויאמר אברהם כי אמרתי רק אין יראת אלהים במקום הזה והרגוני על דבר
13.12 אשתי: וגם אמנ·ם· אחתי בת אבי הא אך לא בת אמי ותהי לי לאשה: ויהי
כאשר הִתְעו אתי ·ה·אלהים מבית אבי ואמר לה זה חסדך אשר תעשי עמדי אל
כל המקום אשר נבוא שמה אמרי לי אחי הא:
14 ויקח אבימלך צאן ובקר ועבדים ושפחת ויתן לאברהם וַיָשֶׁב לו את שרה
16.15 אשתו: ויאמר אבימלך הנה ארצי לפניך בטוב בעיניך שב: ולשרה אמר הנה
נתתי אלף כסף לאחיך הנה הִא לך כסות עינים לכל אשר אִתָּך ואֵת כֻּלְ··
·ת·כ·ח·ת:
17 ויתפלל אברהם אל האלהים וירפא אלהים את אבימלך ואת אשתו ואמהתיו
18 וילדו: כי עצר עצר יהוה בעד כל רחם לבית אבימלך על דבר שרה אשת
אברהם:

21,2.1 ויהוה פקד את שרה כאשר אמר ויעש יהוה לשרה כאשר דבר: ותהר ותלד
3 שרה לאברהם בן לזקניו למועד אשר דבר אתו אלהים: ויקרא אברהם את שם
4 בנו הנולד לו אשר ילדה לו שרה יצחק: וַיָמָל אברהם את יצחק בנו בן שמנת
5 ימים כאשר צוה אתו אלהים: ואברהם בן מאת שנה בהוָלד לו את יצחק בנו:
7.6 ותאמר שרה צחק עשה לי אלהים כל השמע יצחק לי: ותאמר מי מלל לאברהם
היניקה בנים שרה כי ילדתי ·לו· בן לזקניו:
9.8 ויגדל הילד ויגמל ויעש אברהם משתה גדול ביום הגמל את יצחק: ותרא
10 שרה את בן הגר המצרית אשר ילדה לאברהם מצחק ·את יצחק בנה·: ותאמר
לאברהם גָרש ·את· האמה הזאת ואת בנה כי לא יירש בן האמה הזאת עם בני
11 עם יצחק: וַיֵרע הדבר מאד בעיני אברהם על אודת בנו:
12 ויאמר אלהים אל אברהם אל יֵרע בעיניך על הנער ועל אמתך כל אשר
13 תאמר אליך שרה שמע בקלה כי ביצחק יקרא לך זרע: וגם את בן האמה לגוי
·גדול· אשימנו כי זרעך הא:
14 וַיַשכם אברהם בבקר ויקח לחם וחֵמת מים ויתן אל הגר ··ואת ·הילד ישם ·על
15 ·שכמה וישלחה ותלך ותתע במדבר באר שבע: ויכלו המים מן החמת ותשלך
16 את הילד תחת אחד השיחם: ותלך ותשב לה מנגד הַרְחֵק כמטחוי קשת כי
אמרה אל אראה במות הילד ותשב מנגד ו··שא את קלה ו··בך:
17 וישמע אלהים את קול הנער ויקרא מלאך אלהים אל הגר מן השמים ויאמר
לה מה לך הגר אל תיראי כי שמע אלהים א·ת· קול הנער באשר הא שם:
19.18 קומי שאי את הנער והחזיקי את ידך בו כי לגוי גדול אשימנו: ויפקח אלהים
את עיניה ותרא באר מים ·חיים· ותלך ותמלא את החמת מים ותשק את
הנער:
21.20 ויהי אלהים את הנער ויגדל וישב במדבר ויהי ר·מ·ה קַשָׁת: וישב במדבר
פארן ותקח לו אמו אשה מארץ מצרים:

22 ויהי בעת ההא ויבא· אבימלך ·ואחזת מרעהו· ופיכל שר צבאו אל אברהם
23 לאמר אלהים עמך בכל אשר אתה עשה: ועתה השבעה לי באלהים הנה אם
תשקר לי ולניני ולנכדי כחסד אשר עשיתי עמך תעשה עמדי ועם הארץ אשר
25.24 גרתה בה: ויאמר אברהם אנכי אשבע: ו··וכ·ח אברהם את אבימלך על אדות
26 באר המים אשר גזלו עבדי אבימלך: ויאמר אבימלך לא ידעתי מי עשה את
27 הדבר הזה וגם אתה לא הגדת לי וגם אנכי לא שמעתי בלתי היום: ויקח אברהם
28 צאן ובקר ויתן לאבימלך ויכרתו שניהם ברית: ויצב אברהם את שבע כבשת

הצאן לבדהן: ויאמר אבימלך אל אברהם מה הנה שבע ·ה·כבשת האלה אשר 21,29
הצבת לבדנה: ויאמר כי את שבע ·ה·כבשת תקח מידי בעבור תהיה לי לעדה 30
כי חפרתי את הבאר הזאת: על כן קרא למקום ההוא באר שבע כי שם נשבעו 31
שניהם: ויכרתו ברית בבאר שבע ויקם אבימלך ·ואחזת מרעהו· ופיכל שר צבאו 32
וישבו אל ארץ פלשתים: ויטע ·אברהם· אשל בבאר שבע ויקרא שם בשם יהוה 33
אל עולם: ויגר אברהם בארץ פלשתים ימים רבים: 34

ויהי אחר הדברים האלה והאלהים נסה את אברהם ויאמר אליו אברהם 22,א
·אברהם· ויאמר הנני: ויאמר קח נא את בנך את יחידך אשר אהבת את יצחק 2
ולך לך אל ארץ ·ה·א·מרי· והעלהו שם לעלה על אחד ההרים אשר אמר אליך:
וישכם אברהם בבקר ויחבש את חמרו ויקח את שני נעריו אתו ואת יצחק בנו 3
ויבקע עצי עלה ויקם וילך אל המקום אשר אמר לו האלהים:
ביום השלישי וישא אברהם את עיניו וירא את המקום מרחק: ויאמר אברהם 4-5
אל נעריו שבו לכם פה עם החמור ואני והנער נלכה עד כה ונשתחוה ונשובה
אליכם: ויקח אברהם את עצי העלה וישם על יצחק בנו ויקח בידו את האש 6
ואת המאכלת וילכו שניהם יחדו:
ויאמר יצחק אל אברהם אביו ויאמר אבי ויאמר הנני בני ויאמר הנה האש 7
והעצים ואיה השה לעלה: ויאמר אברהם אלהים יראה לו השה לעלה בני וילכו 8
שניהם יחדו:
ויבאו אל המקום אשר אמר לו האלהים ויבן שם אברהם את המזבח ויערך 9
את העצים ויעקד את יצחק בנו וישם אתו על המזבח ממעל לעצים: וישלח 10
אברהם את ידו ויקח את המאכלת לשחט את בנו:
ויקרא אליו מלאך יהוה מן השמים ויאמר אברהם אברהם ויאמר הנני: 11
ויאמר אל תשלח ידך ·על· הנער ואל תעש לו מאומה כי עתה ידעתי כי ירא 12
אלהים אתה ולא חשכת את בנך את יחידך ממני:
וישא אברהם את עיניו וירא והנה איל אח·ד· נאחז בסבך בקרניו וילך 13
אברהם ויקח את האיל ויעלהו לעלה תחת בנו: ויקרא אברהם שם המקום ההוא 14
יהוה יראה אשר יאמר היום ·להר יהוה יראה:
ויקרא מלאך יהוה אל אברהם שנית מן השמים: ויאמר בי נשבעתי נאם 15-16
יהוה כי יען אשר עשית את הדבר הזה ולא חשכת את בנך את יחידך ·ממני·:
כי ברך אברכך והרבה ארבה את זרעך ככוכבי השמים וכחול אשר על שפת 17
הים וירש זרעך את שער איביו: והתברכו בזרעך כל גויי הארץ עקב אשר שמעת 18
בקלי: וישב אברהם אל נעריו ויקמו וילכו יחדו אל באר שבע וישב אברהם 19
בבאר שבע:

ויהי אחרי הדברים האלה ויגד לאברהם לאמר הנה ילדה מלכה גם הא בנים 20
לנחור אחיך: את עוץ בכרו ואת בוז אחיו ואת קמואל אבי ארם: ואת כשד ואת 21-22
חזו ואת פלדש ואת ידלף ואת בתואל: ובתואל ילד את רבקה שמנה אלה ילדה 23
מלכה לנחור אחי אברהם: ופילגשו ·ו· ושמה ראומה ותלד גם הא את טבח ואת 24
גחם ואת תחש ואת מעכה:

ויהיו ·שני· חיי שרה מאה שנה ·ועשרים שנה ושבע שנים·: ותמת 23,א-ב

(a) 23,א שני חיי שרה

23 שרה בקרית ארבע הא חברון בארץ כנען ויבא אברהם לספר לשרה
ולבכתה:
4.3 ויקם אברהם מעל פני מתו וידבר ·אברהם· אל בני חת לאמר: גר ותושב
ה אנכי עמכם תנו לי אחזת קבר עמכם ואקברה מתי מלפני: ויענו בני חת את
6 אברהם לאמר·: לו· | שמענו אדני נשיא אלהים אתה בתוכנו במבחר קברינו קבר
7 את מתך ·כי· איש ממנו את קברו לא יכלה ממך מקבר מתך: ויקם אברהם וישתחו
8 לעם הארץ לבני חת: וידבר אתם לאמר אם יש את נפשכם לקבר את מתי
9 מלפני שמעוני ופגעו לי בעפרון בן צחר: ויתן לי את מערת המכפלה אשר לו
י אשר בקצה שדהו בכסף מלא יתננה לי בתוככם לאחזת קבר: ועפרון ישב בתוך
בני חת ויען עפרון החתי את אברהם באזני בני חת ·ב·כל באי שער עירו לאמר:
11 ·לא· אדני שמעני השדה נתתי לך והמערה אשר בו לך נתתיה לעיני בני עמי
13.12 נתתיה לך קבר מתך: וישתחו אברהם לפני עם הארץ: וידבר אל עפרון באזני
עם הארץ לאמר אך אם ·נתתה לי· שמעני נתתי כסף השדה קח ממני ואקברה
14.טו את מתי שמה: ויען עפרון את אברהם לאמר·: לו· | אדני שמעני[א] ארבע מאת
16 שקל כסף ביני ובינך מה הא ואת מתך קבר: וישמע אברהם אל עפרון וישקל
אברהם לעפרן את הכסף אשר דבר באזני בני חת ארבע מאות שקל כסף עבר
לסחר:
17 ויקם שדה עפרון אשר במכפלה אשר ·על· פני ממרא השדה והמערה אשר
18 בו וכל העץ אשר בשדה אשר בכל גבלו סביב: לאברהם למקנה לעיני בני חת
19 בכל באי שער עירו: ואחרי כן קבר אברהם את שרה אשתו אל מערת שדה
כ המכפלה על פני ממרא הא חברון בארץ כנען: ויקם השדה והמערה אשר בו
לאברהם לאחזת קבר מאת בני חת:

24,2.א ואברהם זקן בא בימים ויהוה ברך את אברהם בכל: ויאמר אברהם אל
3 עבדו זקן ביתו המשל בכל אשר לו שים נא ידך תחת ירכי: ואשביעך ביהוה
אלהי השמים[ב] אשר לא תקח אשה לבני מבנות הכנעני אשר אנכי יושב בקרבו:
ה.4 כי אל ארצי ואל מולדתי תלך ולקחת אשה לבני ליצחק: ויאמר אליו העבד אולי
לא תאבה האשה ללכת אחרי אל הארץ הזאת ההשב אשיב את בנך אל הארץ
7.6 אשר יצאת משם: ויאמר אליו אברהם השמר לך פן תשיב את בני שמה: יהוה
אלהי השמים אשר לקחני מבית אבי ומארץ מולדתי ואשר דבר לי ואשר נשבע
לי לאמר לזרעך אתן את הארץ הזאת הא ישלח מלאכו לפניך ולקחת אשה לבני
8 משם: ואם לא תאבה האשה ללכת אחריך ונקית משבעתי זאת רק את בני לא
9 תשב שמה: וישם העבד את ידו תחת ירך אברהם אדניו וישבע לו על הדבר
הזה:
י ויקח העבד עשרה גמלים מגמלי אדניו וילך ·ו·מ·כל טוב אדניו בידו ויקם
11 וילך אל ארם נהרים אל עיר נחור: ויברך הגמלים מחוץ לעיר אל באר המים
12 לעת ערב לעת צאת השאבת: ויאמר יהוה אלהי אדני אברהם הקרה נא לפני
13 היום ועשה חסד עם אדני אברהם: הנה אנכי נצב על עין המים ובנות אנשי
14 העיר יצאת לשאב מים: והיה הנער אשר אמר אליה הטי נא כדך ואשתה ואמרה
שתה וגם גמליך אשקה אתה הכ·ינ·ת לעבדך ליצחק ובה ארע כי עשית חסד
עם אדני ·אברהם·:
טו ויהי הא טרם כלה לדבר ·אל לבו· והנה רבקה יצאת אשר ילדה לבתואל

(א) 23.טו ארץ[*] * (ב) 24.3 ואלהי הארץ

בן מלכה אשת נחור אחי אברהם וכדה על שכמה: והנער טבת מראה מאד 24.16
בתולה ואיש לא ידעה ותרד העינה ותמלא כדה ותעל: וירץ העבד לקראתה 17
ויאמר הגמיאיני נא מעט מים מכדך: ותאמר שתה אדני ותמהר ותרד כדה על 18
ידה ותשקהו: ותכל להשקתו ותאמר גם לגמליך אשאב עד אם כלו לשתת: 19
ותמהר ותער כדה אל השקת ותרץ עוד אל הבאר לשאב ותשאב לכל גמליו: 20
והאיש משתאה לה לדעת ההצליח יהוה דרכו אם לא: 21
ויהי כאשר כלו הגמלים לשתות ויאמר בת מי את הגידי נא לי: ותאמר 24.23.22
אליו בת בתואל אנכי בן מלכה אשר ילדה לנחור: ויאמר היש בית אביך מקום 25
לנו ללין: ותאמר אליו גם תבן גם מספוא רב עמנו גם מקום ללון: ויקח האיש 22
נזם זהב בקע משקלו וישם על אפה ושני צמידים על ידיה עשרה זהב משקלם:
ויקד האיש וישתחו ליהוה: ויאמר ברוך יהוה אלהי אדני אברהם אשר לא עזב 27.26
חסדו ואמתו מעם אדני כי אם בדרך נחני יהוה בית אחי אדני:
ותרץ הנער ותגד לבית אמה כדברים האלה: ולרבקה אח ושמו לבן: ויהי 29.28
כראתו את הנזם ואת הצמדים על ידי אחתו וכשמעו את דברי רבקה אחתו
לאמר כה דבר אלי האיש וירץ לבן אל האיש החוצה אל העין ויבא אל האיש 30
והנה עמד על הגמלים על העין: ויאמר בוא ברוך יהוה למה תעמד בחוץ ואנכי 31
פניתי הבית ומקום לגמלים: ויבא האיש הביתה ויפתח הגמלים ויתן תבן ומספוא 32
לגמלים ומים לרחץ רגליו ורגלי האנשים אשר אתו: ויושם לפניו לאכל ויאמר 33
לא אכל עד אם דברתי דברי ויאמרו דבר:
ויאמר עבד אברהם אנכי: ויהוה ברך את אדני ויגדל מאד ויתן לו צאן 35.34
ובקר וכסף וזהב ועבדם ושפחת וגמלים וחמרים: ותלד שרה אשת אדני בן 36
לאדני אחרי זקנתה ויתן לו את כל אשר לו: וישבעני אדני לאמר לא תקח אשה 37
לבני מבנות הכנעני אשר אנכי ישב בארצו: כי אם אל בית אבי תלך ואל 38
משפחתי ולקחת אשה לבני: ואמר אל אדני אלי לא תלך האשה אחרי: ויאמר 40.39
אלי יהוה אשר התהלכתי לפניו ישלח מלאכו אתך והצליח דרכך ולקחת אשה
לבני ממשפחתי ומבית אבי: אז תנקה מאלתי כי תבוא אל משפחתי ואם לא 41
יתנו לך והיית נקי מאלתי: ואבא היום אל העין ואמר יהוה אלהי אדני אברהם 42
אם ישך נא מצליח דרכי אשר אנכי הלך עליה: הנה אנכי נצב על עין המים 43
והיה העלמה היצאת לשאב ואמרתי אליה השקיני נא מעט מים מכדך: ואמרה 44
אלי גם אתה שתה וגם לגמליך אשאב הא האשה אשר הכיח יהוה לבן אדני:
אני טרם אכלה לדבר אל לבי והנה רבקה יצאת וכדה על שכמה ותרד העינה 45
ותשאב ואמר אליה השקיני נא: ותמהר ותורד כדה מעליה ותאמר שתה וגם 46
גמליך אשקה ואשת וגם הגמלים השקתה: ואשאל אתה ואמר בת מי את ותאמר 47
בת בתואל בן נחור אשר ילדה לו מלכה ואשם הנזם על אפה והצמידים על
ידיה: ואקד ואשתחוה ליהוה ואברך את יהוה אלהי אדני אברהם אשר הנחני 48
בדרך אמת לקחת את בת אחי אדני לבנו: ועתה אם ישכם עשים חסד ואמת 49
את אדני הגידו לי ואם לא הגידו לי ואפנה אל ימין או אל שמאל:
ויען לבן ויאמרו מיהוה יצא הדבר לא נוכל דבר אליך רע או טוב: הנה 51.50
רבקה לפניך קח ולך ותהי אשה לבן אדניך כאשר דבר יהוה:
ויהי כאשר שמע עבד אברהם את דבריהם וישתחו ארצה ליהוה: ויצא 53.52

(9) 24,41 מחריש
(8) ג ובתואל (ויאמרו)

24 העבד כלי כסף וכלי זהב ובגדים ויתן לרבקה ומגדנת נתן לאחיה ולאמה:
54 ויאכלו וישתו הא והאנשים אשר עמו וילינו ויקומו בבקר ויאמר שלחני לאדני:
נה.56 ויאמר אחיה ואמה תשב הנער אתנו ·חדש· ימים או עשור אחר תלך: ויאמר
57 אלהם אל תאחרו אתי ויהוה הצליח דרכי שלחוני ואלכה לאדני: ויאמרו נקרא
58 לנער ונשאלה את פיה: ויקראו לרבקה ויאמרו אליה התלכי עם האיש הזה
59 ותאמר אלך: וישלחו את רבקה אחתם ואת מנקתה ואת עבד אברהם ואת
ס אנשיו: ויברכו את רבקה ויאמרו לה

אחתנו את היי לאלפי רבב·ת·
ויירש זרעך את שער שנאיו:

61 ותקם רבקה ונערתיה ותרכבנה על הגמלים ותלכנה אחרי האיש * * * *
ויקח העבד את רבקה וילך:
63.62 ויצחק בא מב·אר שבע אל· באר לחי ראי והא יושב בארץ הנגב: ויצא
64 יצחק לשוח בשדה לפנות ערב וישא עיניו וירא והנה ·הגמלים באים: ותשא
סה רבקה את עיניה ותרא את יצחק ותפל מעל הגמל: ותאמר אל העבד מי האיש
66 הלזה ההלך בשדה לקראתנו ויאמר העבד הא ארני ותקח הצעיף ותתכס: ויספר
67 העבד ליצחק את כל הדברים אשר עשה: ויבאה יצחק האהלה[a] ויקח את רבקה
ותהי לו לאשה ויאהבה וינחם יצחק אחרי ·מות· אמו:

א.25,2 ויסף אברהם ויקח אשה ושמה קטורה: ותלד לו את זמרן ואת יקשן[b] ואת
3 מדין ואת ישבק ואת שוח: ויקשן ילד את שבא ·ואת תימא· ואת דדן ובני דדן
4 היו ·רעואל ואדבאל ו·אשורם ולטושם ולאמים: ובני מדין עיפה ועפר והנך ואבידע
ה.6 ואלדעה כל אלה בני קטורה: ויתן אברהם את כל אשר לו ליצחק ·בנו·: ולבני
הפילגשים אשר לאברהם נתן אברהם מתנת וישלחם מעל יצחק בנו בעודנו חי
קדמה אל ארץ קדם:
7 ואלה ימי שני חיי אברהם אשר חי מאת שנה ושבעים שנה וחמש שנים:
9.8 ויגוע וימת אברהם בשיבה טובה זקן ושבע ·ימים· ויאסף אל עמיו: ויקברו אתו
יצחק וישמעאל בניו אל מערת המכפלה אל שדה עפרן בן צחר החתי אשר על
י פני ממרא: השדה אשר קנה אברהם מאת בני חת שמה קבר אברהם ושרה
11 אשתו: ויהי אחרי מות אברהם ויברך אלהים את יצחק בנו וישב יצחק עם באר
לחי ראי:

12 ואלה תלדת ישמעאל בן אברהם אשר ילדה הגר המצרית שפחת שרה
13 לאברהם: ואלה שמות בני ישמעאל בשמתם לתולדתם בכר ישמעאל נבית וקדר
16-14 וארבאל ומבשם: ומשמע ודומה ומשא: חדד ותימא יטור נפיש וקדמה: אלה הם
בני ישמעאל ואלה שמתם בחצריהם ובטירתם שנים עשר נשיאם לאמתם:
17 ואלה שני חיי ישמעאל מאת שנה ושלשים שנה ושבע שנים ויגוע וימת
18 ויאסף אל עמיו: וישכנו מחוילה עד שור אשר על פני מצרים[c] על פני כל
אחיו ·שכן·:

(a) 24.67 שרה אמו
(b) 25.3 ואת קדן
(c) 18 באכה אשורה

ואלה תולדת יצחק בן אברהם 25.19
אברהם הוליד את יצחק: ויהי יצחק בן ארבעים שנה בקחתו את רבקה בת 20
בתואל הארמי מפדן ארם אחות לבן הארמי לו לאשה: ויעתר יצחק ליהוה לנכח 21
אשתו כי עקרה הא ויעתר לו יהוה ותהר רבקה אשתו: ויתרצצו הבנים בקרבה 22
ותאמר אם כן למה ·הי·ה אנכי ותלך לדרש את יהוה: ויאמר יהוה לה 23

שני גיים בבטנך
ושני לאמים ממעיך יפרדו
ולאם מלאם יאמץ
ורב יעבד צעיר:

וימלאו ימיה ללדת והנה ת·א·מם בבטנה: ויצא הראשון ·אדמוני· כלו כאדרת 24.25
שער ויקרא· שמו עשו: ואחרי כן יצא אחיו וידו אחזת בעקב עשו ויקרא שמו 26
יעקב ויצחק בן ששים שנה בלדת אתם: ויגדלו הנערים ויהי עשו איש ידע ציד 27
איש שדה ויעקב איש תם ישב אהלים: ויאהב יצחק את עשו כי ציד·ו· ·לפיו 28
ורבקה אהבת את יעקב:
ויזד יעקב נזיד ויבא עשו מן השדה והא עיף: ויאמר עשו אל יעקב הלעיטני 29.30
נא מן ה·נזי·ד האדם הזה כי עיף אנכי על כן קרא שמו אדום: ויאמר יעקב 31
מכרה כיום את בכרתך לי: ויאמר עשו הנה אנכי הולך למות ולמה זה לי בכרה: 32
ויאמר יעקב השבעה לי כיום וישבע לו וימכר את בכרתו ליעקב: ויעקב נתן 33.34
לעשו לחם ונזיד עדשים ויאכל וישת ויקם וילך ויבז עשו את הבכרה:

ויהי רעב בארץ מלבד הרעב הראשון אשר היה בימי אברהם וילך יצחק 26,1
אל אבימלך מלך פלשתים גררה: וירא אליו יהוה ויאמר אל תרד מצרימה שכן 2
בארץ אשר אמר אליך: גור בארץ הזאת ואהיה עמך ואברכך כי לך ולזרעך 3
אתן את כל הארצת האל והקמתי את השבעה אשר נשבעתי לאברהם אביך:
והרביתי את זרעך ככוכבי השמים ונתתי לזרעך את כל הארצת האל והתברכו 4
בזרעך כל גויי הארץ: עקב אשר שמע אברהם ·אביך· בקלי וישמר משמרתי 5
מצותי חקותי ותורתי: וישב יצחק בגרר: 6
וישאלו אנשי המקום לאשתו ויאמר אחתי הא כי ירא לאמר אשתי ·הא· 7
פן יהרגני אנשי המקום על רבקה כי טובת מראה הא:
ויהי כי ארכו לו שם הימים וישקף אבימלך מלך פלשתים בעד החלון וירא 8
והנה יצחק מצחק את רבקה אשתו: ויקרא אבימלך ליצחק ויאמר אך הנה אשתך 9
הא ואיך אמרת אחתי הא ויאמר אליו יצחק כי אמרתי פן אמות עליה: ויאמר 10
אבימלך מה זאת עשית לנו כמעט שכב אחד העם את אשתך והבאת עלינו
אשם: ויצו אבימלך את כל ·עמו· לאמר הנגע באיש הזה ובאשתו מות יומת: 11
ויזרע יצחק בארץ ההא וימצא בשנה ההא מאה שערים ויברכהו יהוה: 12
ויגדל האיש וילך הלוך וגדל עד כי גדל מאד: ויהי לו מקנה צאן ומקנה בקר 13.14
ועבדה רבה ויקנאו אתו פלשתים: וכל הבארת אשר חפרו עבדי אביו בימי 15
אברהם אביו סתמום פלשתים וימלאום עפר: ויאמר אבימלך אל יצחק לך מעמנו 16
כי עצמת ממנו מאד: וילך משם יצחק ויחן בנחל גרר וישב שם: וישב יצחק 17.18
ויחפר את בארת המים אשר חפרו ·עבדי אביו· בימי אברהם אביו ויסתמום
פלשתים אחרי מות אברהם ·אביו· ויקרא להן שמות כשמת אשר קרא להן
·אברהם· אביו: ויחפרו עבדי יצחק בנחל וימצאו שם באר מים חיים: ויריבו רעי 19.20

26 גָּרַר עִם רֹעֵי יִצְחָק לֵאמֹר לָנוּ הַמָּיִם וַיִּקְרָא שֵׁם הַבְּאֵר עֵשֶׂק כִּי הִתְעַשְּׂקוּ עִמּוֹ:
22,21 וַיַּעְתֵּק מִשָּׁם· וַיַּחְפֹּר· בְּאֵר אַחֶרֶת וַיָּרִיבוּ גַּם עָלֶיהָ וַיִּקְרָא שְׁמָהּ שִׂטְנָה: וַיַּעְתֵּק מִשָּׁם וַיַּחְפֹּר בְּאֵר אַחֶרֶת וְלֹא רָבוּ עָלֶיהָ וַיִּקְרָא שְׁמָהּ רְחֹבוֹת וַיֹּאמֶר כִּי עַתָּה הִרְחִיב יְהוָה לָנוּ וּפָרִינוּ בָאָרֶץ:
24,23 וַיַּעַל מִשָּׁם בְּאֵר שָׁבַע: וַיֵּרָא אֵלָיו יְהוָה בַּלַּיְלָה הַהוּא וַיֹּאמֶר אָנֹכִי אֱלֹהֵי אַבְרָהָם אָבִיךָ אַל תִּירָא כִּי אִתְּךָ אָנֹכִי וּבֵרַכְתִּיךָ וְהִרְבֵּיתִי אֶת זַרְעֲךָ בַּעֲבוּר אַבְרָהָם עַבְדִּי: וַיִּבֶן שָׁם מִזְבֵּחַ וַיִּקְרָא בְּשֵׁם יְהוָה וַיֶּט שָׁם אָהֳלוֹ וַיִּכְרוּ שָׁם עַבְדֵי יִצְחָק בְּאֵר:
26,27 וַאֲבִימֶלֶךְ הָלַךְ אֵלָיו מִגְּרָר וַאֲחֻזַּת מֵרֵעֵהוּ וּפִיכֹל שַׂר צְבָאוֹ: וַיֹּאמֶר אֲלֵהֶם יִצְחָק
28 מַדּוּעַ בָּאתֶם אֵלָי וְאַתֶּם שְׂנֵאתֶם אֹתִי וַתְּשַׁלְּחוּנִי מֵאִתְּכֶם: וַיֹּאמְרוּ רָאוֹ רָאִינוּ כִּי 10
29 הָיָה יְהוָה עִמָּךְ וַנֹּאמֶר תְּהִי נָא אָלָה בֵּינוֹתֵינוּ· בֵּינֵינוּ וּבֵינֶךָ וְנִכְרְתָה בְרִית עִמָּךְ: אִם
תַּעֲשֵׂה עִמָּנוּ רָעָה כַּאֲשֶׁר לֹא נְגַעֲנוּךָ וְכַאֲשֶׁר עָשִׂינוּ עִמְּךָ רַק טוֹב וַנְּשַׁלֵּחֲךָ בְּשָׁלוֹם
31,30 עַתָּה· אַתָּה בְּרוּךְ יְהוָה: וַיַּעַשׂ לָהֶם מִשְׁתֶּה וַיֹּאכְלוּ וַיִּשְׁתּוּ: וַיַּשְׁכִּימוּ בַבֹּקֶר
32 וַיִּשָּׁבְעוּ אִישׁ לְאָחִיו וַיְשַׁלְּחֵם יִצְחָק וַיֵּלְכוּ מֵאִתּוֹ בְּשָׁלוֹם: וַיְהִי בַּיּוֹם הַהוּא וַיָּבֹאוּ עַבְדֵי
33 יִצְחָק וַיַּגִּדוּ לוֹ עַל אֹדוֹת הַבְּאֵר אֲשֶׁר חָפָרוּ וַיֹּאמְרוּ לוֹ מָצָאנוּ מָיִם: וַיִּקְרָא שִׁבְעָה 15
עַל כֵּן שֵׁם הָעִיר בְּאֵר שֶׁבַע עַד הַיּוֹם הַזֶּה:
34 וַיְהִי עֵשָׂו בֶּן אַרְבָּעִים שָׁנָה וַיִּקַּח אִשָּׁה אֶת יְהוּדִית בַּת בְּאֵרִי הַחִתִּי וְאֶת
35 בָּשְׂמַת בַּת אֵילֹן הַחִתִּי: וַתִּהְיֶיןָ מֹרַת רוּחַ לְיִצְחָק וּלְרִבְקָה:

20

27,א וַיְהִי כִּי זָקֵן יִצְחָק וַתִּכְהֶיןָ עֵינָיו מֵרְאֹת וַיִּקְרָא אֶת עֵשָׂו בְּנוֹ הַגָּדֹל וַיֹּאמֶר
3,2 אֵלָיו בְּנִי וַיֹּאמֶר אֵלָיו הִנֵּנִי: וַיֹּאמֶר הִנֵּה נָא זָקַנְתִּי לֹא יָדַעְתִּי יוֹם מוֹתִי: וְעַתָּה
4 שָׂא נָא כֵלֶיךָ תֶּלְיְךָ וְקַשְׁתֶּךָ וְצֵא הַשָּׂדֶה וְצוּדָה לִּי צידה· צָיִד: וַעֲשֵׂה לִי מַטְעַמִּים כַּאֲשֶׁר 25
אָהַבְתִּי וְהָבִיאָה לִּי וְאֹכֵלָה בַּעֲבוּר תְּבָרֶכְךָ נַפְשִׁי בְּטֶרֶם אָמוּת:
5 וְרִבְקָה שֹׁמַעַת בְּדַבֵּר יִצְחָק אֶל עֵשָׂו בְּנוֹ וַיֵּלֶךְ עֵשָׂו הַשָּׂדֶה לָצוּד צַיִד לְהָבִיא:
6 וְרִבְקָה אָמְרָה אֶל יַעֲקֹב בְּנָהּ לֵאמֹר· הִקָּטֹן· לֵאמֹר הִנֵּה שָׁמַעְתִּי אֶת אָבִיךָ מְדַבֵּר אֶל עֵשָׂו
7 אָחִיךָ לֵאמֹר: הָבִיאָה לִּי צַיִד וַעֲשֵׂה לִי מַטְעַמִּים וְאֹכֵלָה וַאֲבָרֶכְכָה לִפְנֵי יְהוָה לִפְנֵי
9,8 מוֹתִי: וְעַתָּה בְנִי שְׁמַע בְּקֹלִי לַאֲשֶׁר אֲנִי מְצַוָּה אֹתָךְ: לֶךְ נָא אֶל הַצֹּאן וְקַח לִי
ם מִשָּׁם שְׁנֵי גְּדָיֵי עִזִּים טֹבִים וְאֶעֱשֶׂה אֹתָם מַטְעַמִּים לְאָבִיךָ כַּאֲשֶׁר אָהֵב: וְהֵבֵאתָ 30
11 לְאָבִיךָ וְאָכָל בַּעֲבֻר אֲשֶׁר יְבָרֶכְךָ לִפְנֵי מוֹתוֹ: וַיֹּאמֶר יַעֲקֹב אֶל רִבְקָה אִמּוֹ הֵן עֵשָׂו
12 אָחִי אִישׁ שָׂעִר וְאָנֹכִי אִישׁ חָלָק: אוּלַי יְמֻשֵּׁנִי אָבִי וְהָיִיתִי בְעֵינָיו כִּמְתַעְתֵּעַ וְהֵבֵאתִי
13 עָלַי קְלָלָה וְלֹא בְרָכָה: וַתֹּאמֶר לוֹ אִמּוֹ עָלַי קִלְלָתְךָ בְּנִי אַךְ שְׁמַע בְּקֹלִי וְלֵךְ
קַח לִי:
14,15 וַיֵּלֶךְ וַיִּקַּח וַיָּבֵא לְאִמּוֹ וַתַּעַשׂ אִמּוֹ מַטְעַמִּים כַּאֲשֶׁר אָהֵב אָבִיו: וַתִּקַּח רִבְקָה 35
אֶת בִּגְדֵי עֵשָׂו בְּנָהּ הַגָּדֹל הַחֲמֻדֹת אֲשֶׁר אִתָּהּ בַּבָּיִת וַתַּלְבֵּשׁ אֶת יַעֲקֹב בְּנָהּ הַקָּטָן:
17,16 וְאֵת עֹרֹת גְּדָיֵי הָעִזִּים הִלְבִּישָׁה עַל יָדָיו וְעַל חֶלְקַת צַוָּארָיו: וַתִּתֵּן אֶת הַמַּטְעַמִּים
וְאֶת הַלֶּחֶם אֲשֶׁר עָשָׂתָה בְּיַד יַעֲקֹב בְּנָהּ:
19,18 וַיָּבֹא אֶל אָבִיו וַיֹּאמֶר אָבִי וַיֹּאמֶר הִנֶּנִּי מִי אַתָּה בְּנִי: וַיֹּאמֶר יַעֲקֹב אֶל אָבִיו
אָנֹכִי עֵשָׂו בְּכֹרֶךָ עָשִׂיתִי כַּאֲשֶׁר דִּבַּרְתָּ אֵלָי קוּם נָא שְׁבָה וְאָכְלָה מִצֵּידִי בַּעֲבוּר 40
כ תְּבָרֲכַנִּי נַפְשֶׁךָ: וַיֹּאמֶר יִצְחָק אֶל בְּנוֹ מַה זֶּה מִהַרְתָּ לִמְצֹא בְּנִי וַיֹּאמֶר כִּי הִקְרָה
21 יְהוָה אֱלֹהֶיךָ לְפָנָי: וַיֹּאמֶר יִצְחָק אֶל יַעֲקֹב גְּשָׁה נָּא וַאֲמֻשְׁךָ בְּנִי הַאַתָּה זֶה בְּנִי

(ז) 26,18 בינינו

עשו אם לא: ויגש יעקב אל יצחק אביו וימשהו ויאמר הקל קול יעקב והידים 27,22
ידי עשו: ולא הכירו כי היו ידיו כידי עשו אחיו שערת ויברכהו: ויאמר אתה 23-24
זה בני עשו ויאמר אני: ויאמר הגשה לי ואכלה מציד·ך· בני למען תברכך נפשי כה
ויגש לו ויאכל ויבא לו יין וישת: ויאמר אליו יצחק אביו גשה נא ושקה לי בני: 26
ויגש וישק לו וירח את ריח בגדיו ויברכהו ויאמר ראה ריח בני כריח שדה ·מלא· 27
·עדשים· אשר ברכו יהוה: ויתן לך האלהים מטל השמים ומשמני הארץ ורב דגן 28
ותירש: יעבדוך עמים וישתחוו· לך לאמים הי·ה גביר לאחיך וישתחוו לך בני 29
אמך אררך ארור ומברכיך ברוך:

ויהי כאשר כלה יצחק לברך את יעקב ויהי אך יצא יצא יעקב מאת פני ל
יצחק אביו ועשו אחיו בא מצידו: ויעש גם הא מטעמים ויבא לאביו ויאמר 31
לאביו יקם אבי ויאכל מציד בני בעבר תברכני נפשך: ויאמר לו יצחק אביו מי 32
אתה ויאמר אני בנך בכרך עשו: ויחרד יצחק חרדה גדלה עד מאד ויאמר מי 33
אפוא הא הצד ציד ויבא לי ואכל ·כ·ם ·א·כל בטרם תבוא ואברכהו גם ברוך:

·ו·יהי· כשמע עשו את דברי אביו ויצעק צעקה גדלה ומרה עד מאד ויאמר 34
לאביו ברכני גם אני אבי: ויאמר בא אחיך במרמה ויקח ברכתך: ויאמר הכי לה.36
קרא שמו יעקב ויעקבני זה פעמים את בכרתי לקח והנה עתה לקח ברכתי
ויאמר הלא אצלת לי ברכה ·אבי·: ויען יצחק ויאמר לעשו הן גביר שמתיו לך 37
ואת כל אחיו נתתי לו לעבדים ודגן ותירש סמכתיו ולך· אפוא מה אעשה בני:
ויאמר עשו אל אביו הברכה אחת הא לך אבי ברכני גם אני אבי ·וידם יצחק· 38
וישא עשו קלו ויבך:

ויען יצחק אביו ויאמר אליו הנה משמני הארץ יהיה מושבך ומטל השמים 39
מעל: ועל חרבך תחיה ואת אחיך תעבד והיה כאשר ·ת·א·דר· ופרקת עלו מעל מ
צוארך:

וישטם עשו את יעקב על הברכה אשר ברכו אביו ויאמר עשו בלבו יקרבו 41
ימי אבל אבי ואהרגה את יעקב אחיו: ויגד לרבקה את דברי עשו בנה הגדל 42
ותשלח ותקרא ליעקב בנה הקטן ותאמר אליו הנה עשו אחיך מתנחם לך להרגך:
ועתה בני שמע בקלי וקום ברח לך אל לבן אחי חרנה: וישבת עמו ימים אחדים 43-44
עד אשר תשוב חמת אחיך: עד שוב אף אחיך ממך ושכח את אשר עשית לו מה
ושלחתי ולקחתיך משם למה אשכל גם שניכם יום אחד:

ותאמר רבקה אל יצחק קצתי בחיי מפני בנות חת אם לקח יעקב אשה 46
מבנות חת כאלה מבנות הארץ למה לי חיים:

ויקרא יצחק אל יעקב ויברך אתו ויצוהו ויאמר לו לא תקח אשה מבנות 28,א
כנען: קום לך פדנה ארם ביתה בתואל אבי אמך וקח לך משם אשה מבנות 2
לבן אחי אמך: ואל שדי יברך אתך ויפרך וירבך והיית לקהל עמים: ויתן לך 3-4
את ברכת אברהם לך ולזרעך אתך לרשתך את ארץ מגריך אשר נתן אלהים
לאברהם: וישלח יצחק את יעקב וילך פדנה ארם אל לבן בן בתואל הארמי אחי ה
רבקה אם יעקב ועשו:

וירא עשו כי ברך יצחק את יעקב ו·ישלח אתו פדנה ארם לקחת לו משם 6
אשה בברכו אתו ויצו עליו לאמר לא תקח אשה מבנות כנען: וישמע יעקב אל 7
אביו ואל אמו וילך פדנה ארם: וירא עשו כי רעות בנות כנען בעיני יצחק אביו: 8
וילך עשו אל ישמעאל ויקח את מחלת בת ישמעאל בן אברהם אחות נביות על 9
נשיו לו לאשה:

ויצא יעקב מבאר שבע וילך חרנה: ויפגע במקום וילן שם כי בא·ה· השמש 11.י
ויקח מאבני המקום וישם מראשתיו וישכב במקום ההא: ויחלם והנה סלם מצב 12

בראשית כ״ח,י״ג—כ״ט,כ״ד

28,13 אַ֒רְצָה וְרֹאשׁ֣וֹ מַגִּ֣יעַ הַשָּׁמָ֔יְמָה וְהִנֵּ֤ה מַלְאֲכֵ֣י אֱלֹהִ֔ים עֹלִ֥ים וְיֹרְדִ֖ים בּֽוֹ: וְהִנֵּ֨ה יְהֹוָ֜ה נִצָּ֣ב עָלָיו֮ וַיֹּאמַר֒ אֲנִ֣י יְהֹוָ֗ה אֱלֹהֵי֙ אַבְרָהָ֣ם אָבִ֔יךָ וֵאלֹהֵ֖י יִצְחָ֑ק הָאָ֗רֶץ אֲשֶׁ֤ר אַתָּה֙

14 שֹׁכֵ֣ב עָלֶ֔יהָ לְךָ֥ אֶתְּנֶ֖נָּה וּלְזַרְעֶֽךָ: וְהָיָ֤ה זַרְעֲךָ֙ כַּעֲפַ֣ר הָאָ֔רֶץ וּפָרַצְתָּ֛ יָ֥מָּה וָקֵ֖דְמָה

15 וְצָפֹ֣נָה וָנֶ֑גְבָּה וְנִבְרְכ֥וּ בְךָ֛ כׇּל־מִשְׁפְּחֹ֥ת הָאֲדָמָ֖ה(1) וְהִנֵּה֩ אָנֹכִ֨י עִמָּ֜ךְ וּשְׁמַרְתִּ֗יךָ בְּכֹ֤ל אֲשֶׁר־תֵּלֵךְ֙ וַהֲשִׁ֣בֹתִ֔יךָ אֶל־הָאֲדָמָ֖ה הַזֹּ֑את כִּ֚י לֹ֣א אֶֽעֱזׇבְךָ֔ עַ֚ד אֲשֶׁ֣ר אִם־עָשִׂ֔יתִי אֵ֥ת

16 אֲשֶׁר־דִּבַּ֖רְתִּי לָֽךְ: וַיִּיקַ֣ץ יַעֲקֹב֮ מִשְּׁנָתוֹ֒ וַיֹּ֕אמֶר אָכֵן֙ יֵ֣שׁ יְהֹוָ֔ה בַּמָּק֖וֹם הַזֶּ֑ה וְאָנֹכִ֖י

17 לֹ֥א יָדָֽעְתִּי: וַיִּירָא֙ וַיֹּאמַ֔ר מַה־נּוֹרָ֖א הַמָּק֣וֹם הַזֶּ֑ה אֵ֣ין זֶ֗ה כִּ֚י אִם־בֵּ֣ית אֱלֹהִ֔ים וְזֶ֖ה שַׁ֥עַר הַשָּׁמָֽיִם:

18 וַיַּשְׁכֵּ֨ם יַעֲקֹ֜ב בַּבֹּ֗קֶר וַיִּקַּ֤ח אֶת־הָאֶ֙בֶן֙ אֲשֶׁר־שָׂ֣ם מְרַאֲשֹׁתָ֔יו וַיָּ֥שֶׂם אֹתָ֖הּ מַצֵּבָ֑ה

19 וַיִּצֹ֥ק שֶׁ֖מֶן עַל־רֹאשָֽׁהּ: וַיִּקְרָ֛א אֶת־שֵֽׁם־הַמָּק֥וֹם הַה֖וּא בֵּֽית־אֵ֑ל וְאוּלָ֛ם ל֥וּז שֵׁם־הָעִ֖יר

20 לָרִאשֹׁנָֽה: וַיִּדַּ֥ר יַעֲקֹ֖ב נֶ֣דֶר לֵאמֹ֑ר אִם־יִהְיֶ֨ה אֱלֹהִ֜ים עִמָּדִ֗י וּשְׁמָרַ֙נִי֙ בַּדֶּ֤רֶךְ הַזֶּה֙ אֲשֶׁ֣ר

21 אָנֹכִ֣י הוֹלֵ֔ךְ וְנָֽתַן־לִ֥י לֶ֛חֶם לֶאֱכֹ֖ל וּבֶ֥גֶד לִלְבֹּֽשׁ: וְשַׁבְתִּ֥י בְשָׁל֖וֹם אֶל־בֵּ֣ית אָבִ֑י וְהָיָ֧ה יְהֹוָ֛ה לִ֖י לֵֽאלֹהִֽים:

22 וְהָאֶ֣בֶן הַזֹּ֗את אֲשֶׁר־שַׂ֙מְתִּי֙ מַצֵּבָ֔ה יִהְיֶ֖ה בֵּ֣ית אֱלֹהִ֑ים וְכֹל֙ אֲשֶׁ֣ר תִּתֶּן־לִ֔י עַשֵּׂ֖ר אֲעַשְּׂרֶ֥נּוּ לָֽךְ:

29,2א וַיִּשָּׂ֥א יַעֲקֹ֖ב רַגְלָ֑יו וַיֵּ֖לֶךְ אַ֥רְצָה בְנֵי־קֶֽדֶם: וַיַּ֞רְא וְהִנֵּ֧ה בְאֵ֣ר בַּשָּׂדֶ֗ה וְהִנֵּה־שָׁ֞ם

2 שְׁלֹשָׁ֤ה עֶדְרֵי־צֹאן֙ רֹבְצִ֣ים עָלֶ֔יהָ כִּ֚י מִן־הַבְּאֵ֣ר הַהִ֔וא יַשְׁק֖וּ הָעֲדָרִ֑ים וְהָאֶ֥בֶן גְּדֹלָ֖ה עַל

3 פִּ֥י הַבְּאֵֽר: וְנֶאֶסְפוּ־שָׁ֣מָּה כׇל־הָעֲדָרִ֗ים וְגָלְל֤וּ אֶת־הָאֶ֙בֶן֙ מֵעַל֙ פִּ֣י הַבְּאֵ֔ר וְהִשְׁק֖וּ אֶת־הַצֹּ֑אן וְהֵשִׁ֧יבוּ אֶת־הָאֶ֛בֶן עַל־פִּ֥י הַבְּאֵ֖ר לִמְקֹמָֽהּ:

4 וַיֹּ֤אמֶר לָהֶם֙ יַעֲקֹ֔ב אַחַ֖י מֵאַ֣יִן אַתֶּ֑ם וַיֹּ֣אמְר֔וּ מֵחָרָ֖ן אֲנָֽחְנוּ: וַיֹּ֣אמֶר לָהֶ֔ם הַיְדַעְתֶּ֖ם

6 אֶת־לָבָ֣ן בֶּן־נָח֑וֹר וַיֹּאמְר֖וּ יָדָֽעְנוּ: וַיֹּ֥אמֶר לָהֶ֖ם הֲשָׁל֣וֹם ל֑וֹ וַיֹּאמְר֣וּ שָׁל֔וֹם וְהִנֵּה֙ רָחֵ֣ל

7 בִּתּ֔וֹ בָּאָ֖ה עִם־הַצֹּֽאן: וַיֹּ֗אמֶר הֵ֥ן עוֹד֙ הַיּ֣וֹם גָּד֔וֹל לֹא־עֵ֖ת הֵאָסֵ֣ף הַמִּקְנֶ֑ה

8 הַשְׁק֥וּ הַצֹּ֖אן וּלְכ֣וּ רְעֽוּ: וַיֹּאמְרוּ֮ לֹ֣א נוּכַל֒ עַ֣ד אֲשֶׁ֤ר יֵאָֽסְפוּ֙ כׇּל־הָ֣עֲדָרִ֔ים וְגָֽלְלוּ֙ אֶת־הָאֶ֔בֶן מֵעַ֖ל פִּ֣י הַבְּאֵ֑ר וְהִשְׁקִ֖ינוּ הַצֹּֽאן:

10 עוֹדֶ֖נּוּ מְדַבֵּ֣ר עִמָּ֑ם וְרָחֵ֣ל ׀ בָּ֗אָה עִם־הַצֹּאן֙ אֲשֶׁ֣ר לְאָבִ֔יהָ כִּ֥י רֹעָ֖ה הִֽוא: וַיְהִ֡י כַּאֲשֶׁר֩ רָאָ֨ה יַעֲקֹ֜ב אֶת־רָחֵ֗ל בַּת־לָבָן֙ אֲחִ֣י אִמּ֔וֹ וְאֶת־צֹ֥אן לָבָ֖ן אֲחִ֣י אִמּ֑וֹ וַיִּגַּ֣שׁ יַעֲקֹ֗ב

11 וַיָּ֤גֶל אֶת־הָאֶ֙בֶן֙ מֵעַל֙ פִּ֣י הַבְּאֵ֔ר וַיַּ֕שְׁקְ אֶת־צֹ֥אן לָבָ֖ן אֲחִ֥י אִמּֽוֹ: וַיִּשַּׁ֥ק יַעֲקֹ֖ב לְרָחֵ֑ל

12 וַיִּשָּׂ֥א אֶת־קֹל֖וֹ וַיֵּֽבְךְּ: וַיַּגֵּ֨ד יַעֲקֹ֜ב לְרָחֵ֗ל כִּ֣י אֲחִ֤י אָבִ֙יהָ֙ ה֔וּא וְכִ֥י בֶן־רִבְקָ֖ה ה֑וּא וַתָּ֖רׇץ וַתַּגֵּ֥ד לְאָבִֽיהָ:

13 וַיְהִי֩ כִשְׁמֹ֨עַ לָבָ֜ן אֶת־שֵׁ֣מַע ׀ יַעֲקֹ֣ב בֶּן־אֲחֹת֗וֹ וַיָּ֤רׇץ לִקְרָאתוֹ֙ וַיְחַבֶּק־ל֣וֹ וַיְנַשֶּׁק־ל֔וֹ

14 וַיְבִיאֵ֖הוּ אֶל־בֵּית֑וֹ וַיְסַפֵּ֣ר לְלָבָ֔ן אֵ֥ת כׇּל־הַדְּבָרִ֖ים הָאֵֽלֶּה: וַיֹּ֤אמֶר לוֹ֙ לָבָ֔ן אַ֛ךְ עַצְמִ֥י וּבְשָׂרִ֖י אָ֑תָּה וַיֵּ֥שֶׁב עִמּ֖וֹ חֹ֥דֶשׁ יָמִֽים:

15 וַיֹּ֤אמֶר לָבָן֙ לְיַעֲקֹ֔ב הֲכִי־אָחִ֣י אַ֔תָּה וַעֲבַדְתַּ֖נִי חִנָּ֑ם הַגִּ֥ידָה לִּ֖י מַה־מַּשְׂכֻּרְתֶּֽךָ:

16,17 וּלְלָבָ֖ן שְׁתֵּ֣י בָנ֑וֹת שֵׁ֤ם הַגְּדֹלָה֙ לֵאָ֔ה וְשֵׁ֥ם הַקְּטַנָּ֖ה רָחֵֽל: וְעֵינֵ֥י לֵאָ֖ה רַכּ֑וֹת וְרָחֵל֙

18 הָֽיְתָ֔ה יְפַת־תֹּ֖אַר וִיפַ֥ת מַרְאֶֽה: וַיֶּאֱהַ֥ב יַעֲקֹ֖ב אֶת־רָחֵ֑ל וַיֹּ֗אמֶר אֶֽעֱבׇדְךָ֙ שֶׁ֣בַע שָׁנִ֔ים

19 בְּרָחֵ֥ל בִּתְּךָ֖ הַקְּטַנָּֽה: וַיֹּ֣אמֶר לָבָ֗ן ט֚וֹב תִּתִּ֣י אֹתָ֣הּ לָ֔ךְ מִתִּתִּ֥י אֹתָ֖הּ לְאִ֣ישׁ אַחֵ֑ר שְׁבָ֖ה

20 עִמָּדִֽי: וַיַּעֲבֹ֧ד יַעֲקֹ֛ב בְּרָחֵ֖ל שֶׁ֣בַע שָׁנִ֑ים וַיִּהְי֤וּ בְעֵינָיו֙ כְּיָמִ֣ים אֲחָדִ֔ים בְּאַהֲבָת֖וֹ אֹתָֽהּ:

21,22 וַיֹּ֨אמֶר יַעֲקֹ֤ב אֶל־לָבָן֙ הָבָ֣ה אֶת־אִשְׁתִּ֔י כִּ֥י מָלְא֖וּ יָמָ֑י וְאָב֖וֹאָה אֵלֶֽיהָ: וַיֶּאֱסֹ֨ף

23 לָבָ֜ן אֶת־כׇּל־אַנְשֵׁ֥י הַמָּק֛וֹם וַיַּ֥עַשׂ מִשְׁתֶּֽה: וַיְהִ֣י בָעֶ֔רֶב וַיִּקַּח֙ אֶת־לֵאָ֣ה בִתּ֔וֹ וַיָּבֵ֥א

24 אֹתָ֖הּ אֵלָ֑יו וַיָּבֹ֥א (2) יַעֲקֹ֖ב אֵלֶֽיהָ: וַיִּתֵּ֤ן לָבָן֙ אֶת־זִלְפָּ֣ה שִׁפְחָת֔וֹ לְלֵאָ֥ה בִתּ֖וֹ שִׁפְחָֽה:

---

(1) 28,14: וּבְזַרְעֶֽךָ
(2) 29,23: לֹת

29 ויהי בבקר והנה הוא לאה ויאמר אל לבן מה זאת עשית לי הלא ברחל עבדתי
עמך ולמה רמיתני: ויאמר לבן לא יעשה כן במקומנו לתת הצעירה לפני
הבכירה: מלא שבע זאת ונתנה לך גם את זאת בעבדה אשר תעבד עמדי עוד
שבע שנים אחרות: ויעש יעקב כן וימלא שבע זאת ויתן לו את רחל בתו לו
לאשה: ויתן לבן לרחל בתו את בלהה שפחתו לה לשפחה: ויבא גם אל רחל
ויאהב 0 את רחל מלאה ויעבד עמו עוד שבע שנים אחרות:
וירא יהוה כי שנואה לאה ויפתח את רחמה ורחל עקרה: ותהר לאה ותלד **31**
בן ותקרא שמו ראובן כי אמרה כי ראה יהוה בעניי כי עתה יאהבני אישי:
ותהר עוד ותלד בן ותאמר כי שמע יהוה כי שנואה אנכי ויתן לי גם את זה **33**
ותקרא שמו שמעון: ותהר עוד ותלד בן ותאמר עתה הפעם ילוה אישי אלי כי **10**
ילדתי לו שלשה בנים על כן קרא שמו לוי: ותהר עוד ותלד בן ותאמר הפעם
אודה את יהוה על כן קראה שמו יהודה ותעמד מלדת:

30 ותרא רחל כי לא ילדה ליעקב ותקנא רחל באחתה ותאמר אל יעקב הבה
לי בנים ואם אין מתה אנכי: ויחר אף יעקב ברחל ויאמר התחת אלהים אנכי
15 אשר מנע ממך פרי בטן: ותאמר הנה אמתי בלהה בא אליה ותלד על ברכי
ואבנה גם אנכי ממנה: ותתן לו את בלהה שפחתה לאשה ויבא אליה יעקב: **4**
ותהר בלהה ותלד ליעקב בן: ותאמר רחל דנני אלהים וגם שמע בקלי ויתן לי
בן על כן קראה שמו דן: ותהר עוד ותלד בלהה שפחת רחל בן שני ליעקב:
ותאמר רחל נפתולי אלהים נפתלתי עם אחתי יכלתי ותקרא שמו נפתלי:
20 ותרא לאה כי עמדה מלדת ותקח את זלפה שפחתה ותתן אתה ליעקב
לאשה: ותלד זלפה שפחת לאה ליעקב בן: ותאמר לאה בגד ותקרא את
שמו גד: ותלד זלפה שפחת לאה בן שני ליעקב: ותאמר לאה באשרי כי
אשרוני בנות ותקרא את שמו אשר:

וילך ראובן בימי קציר חטים וימצא דודאים בשדה ויבא אתם אל לאה אמו **14**
ותאמר רחל אל לאה תני נא לי מדודאי בנך: ותאמר לה המעט קחתך את
אישי ולקחת גם את דודאי בני ותאמר רחל לכן ישכב עמך הלילה תחת דודאי
בנך: ויבא יעקב מן השדה בערב ותצא לאה לקראתו ותאמר אלי תבוא כי שכר
שכרתיך בדודאי בני וישכב עמה בלילה הוא:
וישמע אלהים אל לאה ותהר ותלד ליעקב בן חמישי: ותאמר לאה נתן
30 אלהים שכרי אשר נתתי שפחתי לאישי ותקרא שמו יששכר: ותהר עוד לאה
ותלד בן ששי ליעקב: ותאמר לאה זבדני אלהים אתי זבד טוב הפעם יזבלני
אישי כי ילדתי לו ששה בנים ותקרא את שמו זבלון: ואחר ילדה בת ותקרא את
שמה דינה:
ויזכר אלהים את רחל וישמע אליה אלהים ויפתח את רחמה: ותהר ותלד
35 בן ותאמר אסף אלהים את חרפתי: ותקרא את שמו יוסף לאמר יסף יהוה לי
בן אחר:

ויהי כאשר ילדה רחל את יוסף ויאמר יעקב אל לבן שלחני ואלכה אל
מקומי ולארצי: תנה את נשי אשר עבדתי אתך בהן ואלכה כי אתה ידעת
40 את עבדתי אשר עבדתיך: ויאמר אליו לבן אם נא מצאתי חן בעיניך נחשתי עמדי
כי נחשתי ויברכני יהוה בגללך: ויאמר נקבה שכרך עלי ואתנה: ויאמר אליו אתה
ידעת את עבדתיך ואת אשר היה מקנך אתי כי מעט אשר היה לך

בראשית

30 לפני ויפרץ לרב ויברך יהוה אתך לרגלי ועתה מתי אעשה גם אנכי לביתי:
31 ויאמר מה אתן לך ויאמר יעקב לא תתן לי מאומה אם תעשה לי הדבר הזה
32 אשובה ארעה צאנך אשמר: אעבר בכל צאנך היום ‎°הסר משם כל שה ‎°חום
33 ובכשבים וכל שה °נקד °וטלוא ‎°בעזים והיה שכרי: וענתה בי צדקתי
‎°לפניך) ביום מחר כי תבוא ‎°על שכרי || כל אשר איננו נקד וטלוא בעזים 5
34,35 וחום בכשבים גנוב הוא אתי: ויאמר לבן הן לו יהי כדברך: ויסר ביום ההוא את
התישים ה‎°עקדים והטלאים ואת כל העזים הנקדות והטלאת כל אשר לבן בו וכל
36 חום בכשבים ויתן ביד בניו: וישם דרך שלשת ימים בינו ובין יעקב ויעקב רעה
את צאן לבן הנותרת:
37 ויקח לו יעקב מקל לבנה לח ולוז וערמון ויפצל בהן פצלות לבנות ‎°חשף
38 הלבן אשר על המקלות: ויצג את המקלות אשר פצל ברהטים בשקתות המים
אשר תבאן הצאן לשתות לנכח הצאן ו°תחמנה בבאן לשתות ן ‎°אל המקלות°
39,40 ו°תלדן הצאן °נקדים °וטלאים: והכשבים הפריד יעקב ויתן ‎°לפני הצאן °כל עקד
41 וכל חום בצאן לבן וישת לו עדרים לבדו ולא שתם על צאן לבן: והיה בכל יחם
הצאן המקשרות ושם יעקב את המקלות לעיני הצאן ברהטים ליחמנה
42 במקלות: ובהעטיף הצאן לא ישים והיה העטפים ללבן והקשרים ליעקב: ויפרץ
43 האיש מאד מאד ויהי לו צאן רבות ושפחות ועבדים וגמלים וחמרים:

31 וישמע את דברי בני לבן לאמר לקח יעקב את כל אשר לאבינו ומאשר
2 לאבינו עשה את כל הכבד הזה: וירא יעקב את פני לבן והנה איננו עמו כתמול
3 שלשום: ויאמר יהוה אל יעקב שוב אל ארץ אבותיך ול‎°מולדתך ואהיה עמך:
4,5 וישלח יעקב ויקרא לרחל וללאה השדה אל צאנו: ויאמר להן ראה אנכי
6 את פני אביכן כי איננו אלי כתמל שלשם ואלהי אבי היה עמדי: ואתנה ידעתן
7 כי בכל כחי עבדתי את אביכן: ואביכן החל בי וי°חלף את משכרתי עשרת
8 מנים ולא נתנו אלהים להרע עמדי: אם כה יאמר נקדים יהיה שכרך וילדו כל
9 הצאן נקדים ואם כה יאמר עקדים יהיה שכרך וילדו כל הצאן עקדים: ויצל 25
10 אלהים את מקנה אביכן ויתן לי: ויהי בעת יחם הצאן ואשא עיני וארא בחלום
11 והנה העתדים העלים על הצאן עקדים °נקדים וברדים: ויאמר אלי מלאך האלהים
12 בחלום יעקב ואמר הנני: ויאמר שא נא עיניך וראה כל העתדים העלים על
13 הצאן עקדים °נקדים וברדים כי ראיתי את כל אשר לבן עשה לך: אנכי האל
בית°אל אשר משחת °לי שם מצבה °אשר נדרת לי שם °נדר ‎°עתה 30
14 קום צא מן הארץ הזאת ושוב אל ארץ מולדתך:
ותען רחל ולאה ותאמרנה לו העוד לנו חלק ונחלה בבית אבינו: הלוא 31
16 °נכריות נחשבנו לו כי מכרנו ויאכל גם אכול את כספנו: כי כל העשר אשר
הציל אלהים מאבינו לנו הוא ולבנינו ועתה כל אשר אמר אלהים אליך עשה:
17,18 ויקם יעקב וישא את בניו ואת נשיו על הגמלים: וינהג את כל מקנהו 35
ואת כל רכשו אשר רכש מקנה קנינו אשר רכש בפדן ארם לבוא אל יצחק
19 אביו ארצה כנען: ולבן הלך לגזז את צאנו ותגנב רחל את התרפים אשר לאביה:
20,21 ויגנב יעקב את לב לבן הארמי על בלי הגיד לו כי ברח הוא: ויברח הוא וכל
אשר לו ויקם ויעבר את הנהר וישם את פניו °אל הר הגלעד:
22,23 ויגד ללבן ביום השלישי כי ברח יעקב: ויקח את אחיו עמו וירדף אחריו 40
24 דרך שבעת ימים וידבק אתו בהר הגלעד: ויבא אלהים אל לבן הארמי בחלם
הלילה ויאמר לו השמר לך פן תדבר עם יעקב מטוב עד רע:

31, ויׁשג לבן את יעקב ויעקב תקע את אהלו בהר והמצפה ולבן תקע את אחלו
בהר הגלעד: ויאמר לבן ליעקב מה עשית ותגנב את לבבי ותנהג את בנתי
כשביות חרב: למה נחבאת לברח ותגנב אתי ולא הגדת לי ואשלחך בשמחה
ובשרים בתף ובכנור: ולא נטשתני לנשק לבני ולבנתי עתה הסכלת עשו: יש לאל
5 ידי לעשות עמכם רע ואלהי אביכם אמׁש אמר אלי לאמר השמר לך מדבר עם
יעקב מטוב עד רע: ועתה הלך הלכת כי נכסף נכספתה לבית אביך למה
גנבת את אלהי:
ויען יעקב ויאמר ללבן כי יראתי כי אמרתי פן תגזל את בנותיך מעמי ואת 31
כל אשר לי: יאמר לו יעקב עם אשר תמצא את אלהיך לא יחיה נגד אחינו 32
10 הכר לך מה עמדי וקח לך ולא ידע יעקב כי רחל גנבתם: ויבא לבן ויחפש 33
באהל יעקב ובאהל ובאהל שתי האמהת ובאהל לאה ולא מצא ויצא מאהל לאה
ויבא באהל רחל: ורחל לקחה את התרפים ותׁשמם בכר הגמל ותׁשב עליהם 34
וימׁשׁש לבן את כל האהל ולא מצא: ותאמר אל אביה אל יחר בעיני אדני כי לה 35
לוא אוכל לקום מפניך כי דרך נשים לי ויחפׁש ולא מצא את התרפים:
15 ויחר ליעקב וירב בלבן ויען יעקב ויאמר ללבן מה פשעי מה חטאתי כי 36
דלקת אחרי ׀ כי מׁשׁשת את כל כלי מה מצאת מכל כלי ביתך שים פה נגד 37
אחי ואחיך ויוכיחו בין שנינו: זה עשרים שנה אנכי עמך רחליך ועזיך לא שכלו 38
ואלי צאנך לא אכלתי: טרפה לא הבאתי אליך אנכי אחטנה מידי תבקשנה 39
גנבתי יום וגנבתי לילה: [ ] ביום אכלני חרב וקרח בלילה ותדד שנתי מעיני: 40
20 זה לי עשרים שנה ובביתך עבדתיך ארבע עשרה שנה בשתי בנתיך ושׁש 41
שנים בצאנך ותחלף את משכרתי עשרת מנים: לולי אלהי אבי אלהי אברהם 42
ופחד יצחק היה לי כי עתה ריקם שלחתני את עניי ואת יגיע כפי ראה אלהים
ויוכח אמש:
ויען לבן ויאמר אל יעקב הבנות בנתי והבנים בני והצאן צאני וכל אשר 43
25 אתה ראה לי הוא ולבנתי מה אעשה לאלה היום או לבניהן אשר ילדו: ועתה 44
לכה נכרתה ברית אני ואתה והיה לעד ביני ובינך: ויקח יעקב אבן 45
וירימה מצבה: ויאמר יעקב לאחיו לקטו אבנים ויקחו אבנים ויעשו גל 46
ויאכלו שם על הגל: ויקרא לו לבן יגר שהדותא ויעקב קרא לו גלעד: ויאמר 47,48
לבן הגל הזה עד ביני ובינך היום על כן קרא שמו גלעד: והמצפה אשר אמר 49
30 קרא המצפה כי אמר יצף יהוה ביני ובינך כי נסתר איש מרעהו: אם תענה 50
את בנתי ואם תקח נשים על בנתי אין איש עמנו ראה אלהים עד ביני ובינך:
ויאמר לבן ליעקב הנה הגל הזה והנה המצבה אשר יריתי ביני ובינך: עד 51,52
הגל הזה ועדה המצבה אם אני לא אעבר אליך את הגל הזה ואם אתה לא
תעבר אלי את הגל הזה ואת המצבה הזאת לרעה: אלהי אברהם ואלהי נחור 53
35 ישפטו בינינו ויׁשבע יעקב בפחד אביו יצחק: ויזבח יעקב זבח בהר ויקרא 54
לאחיו לאכל לחם ויאכלו לחם וילינו בהר: וישכם לבן בבקר וינשק לבניו ולבנותיו **32,**
ויברך אתהם וילך וישב לבן למקמו:

ויעקב הלך לדרכו ויפגעו בו מלאכי אלהים: ויאמר יעקב כאשר ראם מחנה 2
אלהים זה ויקרא שם המקום ההוא מחנים:
40 וישלח יעקב מלאכים לפניו אל עשו אחיו ארצה שעיר שדה אדום: ויצו 3,4
אתם לאמר כה תאמרון לאדני לעשו כה אמר עבדך יעקב עם לבן גרתי ואחר

32,6 עד עתה: ויהי לי שור וחמור ·ו·צאן ועבד ושפחה ואשלחה להגיד לארני למצא
חן בעיניך:
7 וישבו המלאכים אל יעקב לאמר באנו אל אחיך אל עשו וגם הלך לקראתך
8 וארבע מאות איש עמו: ויירא יעקב מאד ויצר לו ויחץ את העם אשר אתו ואת
9 הצאן ואת הבקר· לשני מחנות: ויאמר אם יבוא עשו ·ע·ל המחנה האח·ד· והכהו
והיה המחנה הנשאר לפליטה:
י ויאמר יעקב אלהי אבי אברהם ואלהי אבי יצחק יהוה האמר אלי שוב
11 לארצך ולמולדתך ואיטיבה עמך: קטנתי מכל החסדים ומכל האמת אשר עשית
12 את עבדך כי במקלי עברתי את הירדן הזה ועתה הייתי לשני מחנות: הצילני נא
13 מיד אחי מיד עשו כי ירא אנכי אתו פן יבוא והכני אם על בנים: ואתה אמרת
14 היטב איטיב עמך ושמתי את זרעך כחול הים אשר לא יספר מרב: וילן שם
בלילה ההא
טו ויקח מן הבא בידו מנחה לעשו אחיו: עזים מאתים ותישים עשרים רחלים
16 מאתים ואילים עשרים: גמלים מיניקות ובניהם· שלשים פרות ארבעים ופרים
17 עשרה אתנת עשרים ועירם עשרה: ויתן ביד עבדיו עדר עדר לבדו ויאמר אל
18 עבדיו עברו לפני ורוח תשימו בין עדר ובין עדר: ויצו את הראשון לאמר כי
19 יפגשך עשו אחי ושאלך לאמר למי אתה ואנה תלך ולמי אלה לפניך: ואמרת
כ לעבדך ליעקב מנחת הא שלוחה לארני לעשו והנה גם הא אחרינו: ויצו גם
את השני גם את השלישי גם את כל ההלכים אחרי העדרים לאמר כדבר הזה
21 תדברון אל עשו במצאכם אתו: ואמרתם גם הנה עבדך יעקב ·בא· אחרינו כי
אמר אכפרה ·א·פ·י·ו במנחה ההלכת לפני ואחרי כן אראה פניו אולי ישא פני:
22 ותעבר המנחה על פניו והא לן בלילה ההא במחנ·ים·:
23 ויקם בלילה ·ה·הא ויקח את שתי נשיו ואת שתי שפחתיו ואת אחד עשר
24 ילדיו ויעבר את מעבר יבק: ויקחם ויעברם את הנחל ויעבר את ·כל· אשר לו:
כה.26 ויותר יעקב לבדו ויאבק איש עמו עד עלות השחר: וירא כי לא יכל לו ויגע
27 בכף ירכו ותקע כף ירך יעקב בהאבקו עמו: ויאמר שלחני כי עלה השחר ויאמר
28.29 לא אשלחך כי אם ברכתני: ויאמר אליו מה שמך ויאמר יעקב: ויאמר לא יעקב
ל יאמר עוד שמך כי אם ישראל כי שרית עם אלהים ועם אנשים ותוכל: וישאל
יעקב ויאמר הגידה נא ·לי· שמך ויאמר למה זה תשאל לשמי ויברך אתו שם:
31 ויקרא יעקב שם המקום פנ·ו·אל כי ראיתי אלהים פנים אל פנים ותנצל נפשי:
32.33 ויזרח לו השמש כאשר עבר את פנואל והא צלע על ירכו: על כן לא יאכלו
בני ישראל את גיד הנשה אשר על כף הירך עד היום הזה כי נגע בכף ירך
יעקב בגיד הנשה:

33.א וישא יעקב עיניו וירא והנה עשו בא ועמו ארבע מאות איש ויחץ את
2 הילדים על לאה ועל רחל ועל שתי השפחות: וישם את השפחות ואת ילדיהן
3 ראשנים· ואת לאה וילדיה אחרנים ואת רחל ואת יוסף אחרנים: והא עבר
4 לפניהם וישתחו ארצה שבע פעמים עד גשתו עד אחיו: וירץ עשו לקראתו
ה ויחבקהו ·ו·ישקהו ·ו·יפל ·על ·צ·וארו ויבכ·ה·: וישא את עיניו וירא את הנשים
ואת הילדים ויאמר מי אלה לך ויאמר הילדים אשר חנן אלהים את עבדך:
6.7 ותגשן השפחות הנה וילדיהן ותשתחוין: ותגש גם לאה וילדיה וישתחוו ואחר
נגש יוסף ורחל וישתחוו:
8 ויאמר מי לך כל המחנה הזה אשר פגשתי ויאמר למצא חן בעיני ארני:

(*) 32,8 והגמלים

ויאמר עשו יש לי רב אחי יהי לך אשר לך׃ ויאמר יעקב אל נא אם נא מצאתי 33.9
חן בעיניך ולקחת מנחתי מידי כי על כן ראיתי פניך בראת פני אלהים ותרצני׃
קח נא את ברכתי אשר הֻבאת לך כי חנני אלהים וכי יש לי כל ויפצר בו 11
ויקח׃

ויאמר נסעה ונלכה ואלכה לנגדך׃ ויאמר אליו אדני ידע כי הילדים רכים 13.12
והצאן והבקר עלות[a] ודפקום יום אחד ומתו כל המקנה׃ יעבר נא אדני לפני 14
עבדו ואני אתנהלה לאטי לרגל המלאכה אשר לפני ולרגל הילדים עד אשר
אבא אל אדני שעירה׃ ויאמר עשו אצינה נא עמך מן העם אשר אתי ויאמר 15
למה זה אמצא חן בעיני אדני׃ וישב ביום ההא עשו לדרכו שעירה׃ ויעקב 17.16
נסע סֻכתה ויבן לו שם בית ולמקנהו עשה סֻכת על כן קרא שם המקום
סֻכות׃

ויבא יעקב שלם עיר שכם אשר בארץ כנען בבאו מפדן ארם ויחן את 18
פני העיר׃ ויקן את חלקת השדה אשר נטה שם אהלו מיד בני חמור[β] במאה 19
קשיטה׃ ויצב שם מצבה ויבן מזבח ויקרא לו אל אלהי ישראל׃ 20

ותצא דינה בת לאה אשר ילדה ליעקב לראות בבנות הארץ׃ וירא אתה 34.2.1
שכם בן חמור החוי נשיא הארץ ויקח אתה ויענה וישכב אתה׃ ותדבק נפשו 3
בדינה בת יעקב ויאהב את הנער וידבר על לב הנער׃ ויאמר שכם אל חמור 4
אביו לאמר קח לי את הילדה הזאת לאשה׃ ויעקב שמע כי טמא את דינה בתו 5
ובניו היו את מקנהו בשדה ויחרש יעקב עד באם׃

ויצא חמור אבי שכם אל יעקב לדבר אתו׃ ובני יעקב באו מן השדה 7.6
כשמעם ויתעצבו האנשים ויחר להם מאד כי נבלה עשה בישראל לשכב את
בת יעקב וכן לא יעשה׃ וידבר חמור אתם לאמר שכם בני חשקה נפשו בבתכם 8
תנו נא אתה לו לאשה׃ והתחתנו אתנו בנתיכם תתנו לנו ואת בנתינו תקחו 9
לכם׃ ואתנו תשבו והארץ תהיה לפניכם שבו וסחרוה והאחזו בה׃ ויאמר שכם 11.10
אל אביה ואל אחיה אמצא חן בעיניכם ואשר תאמרו אלי אתן׃ הרבו עלי מאד 12
מהר ומתן ואתנה כאשר תאמרו אלי ותנו לי את הנער לאשה׃

ויענו בני יעקב את שכם ואת חמור אביו בדבריו מרמה אשר טמא 13
את דינה אחתם׃ ויאמרו אליהם לא נוכל לעשות הדבר הזה לתת את אחתנו 14
לאיש אשר לו ערלה כי חרפה הא לנו׃ אך בזאת נאות לכם אם תהיו כמנו 15
להמל לכם כל זכר כאשר אנחנו נמלים׃ ונתנו את בנתינו לכם ואת בנתיכם 16
נקח לנו וישבנו אתכם והיינו לעם אחד׃ ואם לא תשמעו אלינו להמול ולקחנו 17
את בתנו והלכנו׃

וייטבו דבריהם בעיני חמור ובעיני שכם בן חמור׃ ולא אחר הנער לעשות 19.18
הדבר כי חפץ בבת יעקב והא נכבד מכל בית אביו׃

ויבא חמור ושכם בנו אל שער עירם וידברו אל אנשי עירם לאמר׃ האנשים 21.20
האלה שלמים הם אתנו וישבו בארץ ויסחרו אתה והארץ הנה רחבת ידים
לפניהם את בנתם נקח לנו לנשים ואת בנתינו נתן להם׃ אך בזאת יאתו לנו 22
האנשים לשבת אתנו ולהיות לעם אחד בהמול לנו כל זכר כאשר הם נמלים׃
מקנהם וקנינם וכל בהמתם הלוא לנו הם אך נאותה להם וישבו אתנו׃ וישמעו 24.23
אל חמור ואל שכם בנו כל יצאי שער עירו וימלו את בשר ערלתם כל זכר׃
ויהי ביום השלישי בהיותם כאבים ויקחו שני בני יעקב שמעון ולוי אחי 25

(α) 33.13 על׳ · (β) 33.19 אבי שכם · (γ) 34.24 כל יצאי שער עירו

34.26 דינה איש חרבו ויבאו על העיר בטח ויהרגו כל זכר: ואת חמור ואת שכם בנו
27 הרגו לפי חרב ויקחו את דינה מבית שכם ויצאו: בני יעקב באו על החללים
28 ויבזו העיר אשר טמאו אחותם: את צאנם ואת בקרם ואת חמריהם ואת אשר
29 בעיר ואת אשר בשדה לקחו: ואת כל חילם ואת כל טפם ואת נשיהם שבו
ויבזו ·את כל אשר בבית:
ל ויאמר יעקב אל שמעון ואל לוי עכרתם אתי להבאישני בישב הארץ בכנעני
31 ובפרזי ואני מתי מספר ונאספו עלי והכוני ונשמדתי אני וביתי: ויאמרו הכזונה
יעשה את אחותנו:

35.א ויאמר אלהים אל יעקב קום עלה ביתאל ושב שם ועשה שם מזבח לאל
2 הנראה אליך בברחך מפני עשו אחיך: ויאמר יעקב אל ביתו ואל כל אשר עמו
3 הסרו את אלהי הנכר אשר בתככם והטהרו והחליפו שמלתיכם: ונקומה ונעלה
ביתאל ואעשה שם מזבח לאל הענה אתי ביום צרתי ויהי עמדי בדרך אשר
4 הלכתי: ויתנו אל יעקב את כל אלהי הנכר אשר בידם ואת הנזמים אשר
באזניהם ויטמן אתם יעקב תחת האלה אשר עם שכם:
ה ויסעו ויהי חתת אלהים על הערים אשר סביבותיהם ולא רדפו אחרי בני
6 יעקב: ויבא יעקב לוזה אשר בארץ כנען הא ביתאל הא וכל העם אשר עמו:
7 ויבן שם מזבח ויקרא למקום ·הה·א ביתאל כי שם נגלו אליו האלהים בברחו מפני
8 ·עשו· אחיו: ותמת דברה מינקת רבקה ותקבר מתחת לביתאל תחת האלון
ויקרא שמו אלון בכות:
9 וירא אלהים אל יעקב עוד ·בלוו· בבאו מפדן ארם ויברך אתו ·אלהים·:
י ויאמר לו אלהים שמך יעקב לא יקרא שמך עוד יעקב כי אם ישראל יהיה שמך
11 ויקרא את שמו ישראל: ויאמר לו אלהים אני אל שדי פרה ורבה גוי וקהל גוים
12 יהיה ממך ומלכים מחלציך יצאו: ואת הארץ אשר נ·שבע·תי לאברהם וליצחק
13 לך אתננה ולזרעך אחריך אתן את הארץ: ויעל מעליו אלהים ·כ·אשר ·כלה
14 לדבר אתו: ויצב יעקב מצבה במקום אשר דבר אתו מצבת אבן ויסך עליה
טו נסך ויצק עליה שמן: ויקרא יעקב את שם המקום אשר דבר אתו שם אלהים
ביתאל:
16 ויסעו מביתאל ויהי עוד כברת הארץ לבוא אפרתה ותלד רחל ותקש
17 בלדתה: ויהי בהקשתה בלדתה ותאמר לה המילדת אל תיראי כי גם זה לך
19.18 בן: ויהי בצאת נפשה כי מתה ותקרא שמו בן אוני ואביו קרא לו בנימין: ותמת
כ רחל ותקבר בדרך אפרתה הא בית לחם: ויצב יעקב מצבה על קברתה הא
מצבת קברת רחל עד היום:
22.21 ויסע ישראל ויט אהלה מהלאה למגדל עדר: ויהי בשכן ישראל בארץ
ההא וילך ראובן וישכב את בלהה פילגש אביו וישמע ישראל * * * * * *

ויהיו בני יעקב שנים עשר:
23 בני לאה בכור יעקב ראובן ושמעון ולוי ויהודה ויש·כר וזבלון:
24 בני רחל יוסף ובנימן:
כה ובני בלהה שפחת רחל דן ונפתלי:
26 ובני זלפה שפחת לאה גד ואשר
אלה בני יעקב אשר ילד·ו· לו בפדן ארם:
27 ויבא יעקב אל יצחק אביו ממרא קרית הארבע הא חברון ·בארץ כנען·
28 אשר גר שם אברהם ויצחק: ויהיו ימי יצחק ·אשר חי· מאת שנה ושמנים שנה:

ויגוע יצחק וימת ויאסף אל עמיו זקן ושבע ימים ויקברו אתו עשו ויעקב 35 כט
בניו ·בקבר אשר קנה אברהם אביו·:

ואלה תלדות עשו ·עשו· הא אדום: 36.א

עשו לקח את נשיו מבנות כנען את עדה בת אילון החתי ואת אהליבמה בת ב
ענה בן צבעון החוי: ואת ·מחלת בת ישמעאל אחות נביות: ותלד עדה לעשו 4.3
את אליפז ו·מחלת ילדה את רעואל: ואהליבמה ילדה את יעוש ואת יעלם ה
ואת קרח   אלה בני עשו אשר ילדו לו בארץ כנען:
ויקח עשו את נשיו ואת בניו ואת בנתיו ואת כל נפשות ביתו ואת מקנהו ו
ואת כל בהמתו ואת כל קנינו אשר רכש בארץ כנען וילך אל ארץ ·שעיר·
מפני יעקב אחיו: כי היה רכושם רב משבת יחדו ולא יכלה ארץ מגוריהם ז
לשאת אתם מפני מקניהם: וישב עשו בהר שעיר עשו הא אדום: ח

ואלה תלדות עשו אבי אדום בהר שעיר: ט

ואלה שמות בני עשו אליפז בן עדה אשת עשו ·רעואל בן ·מחלת אשת י
עשו: ויהיו בני אליפז תימן ·ו·אומר ··צפי וגעתם וקנז: ותמנע היתה פילגש 12.11
לאליפז בן עשו ותלד לאליפז את עמלק
אלה בני עדה אשת עשו: ואלה בני רעואל נחת וזרח שמה ומזה אלה היו 13
בני ·מחלת אשת עשו: ואלה היו בני אהליבמה בת ענה בן צבעון אשת עשו 14
ותלד לעשו את יעוש ואת יעלם ואת קרח:

אלה אלופי בני עשו טו

בני אליפז בכור עשו אלוף תימן אלוף אומר אלוף צפי [אלוף געתם · אלוף
קנז:[1]] אלוף עמלק אלה אלופי אליפז בארץ אדום אלה בני עדה: ואלה בני 17.16
רעואל בן עשו אלוף נחת אלוף זרח אלוף שמה אלוף מזה אלה אלופי רעואל
בארץ אדום אלה בני ·מחלת אשת עשו: ואלה בני אהליבמה אשת עשו אלוף 18
יעוש אלוף יעלם אלוף קרח אלה אלופי אהליבמה בת ענה אשת עשו:
אלה בני עשו ואלה אלופיהם ·עשו· הא אדום: 19

אלה בני שעיר החרי ישבי הארץ כ

לוטן ושובל וצבעון וענה: ודישון ואצר ו·ד·ישן אלה אלופי החרי בני שעיר בארץ 21
אדום: ויהיו בני לוטן חרי והימם ואחות לוטן תמנע: ואלה בני שובל עלון 23.22
ומנחת ועיבל ·ו·שפי ואונם: ואלה בני צבעון ·איה וענה הא ענה אשר מצא 24
את המים במדבר ברעתו את החמרים לצבעון אביו: ואלה בני ענה דישן כה
ואהליבמה בת ענה: ואלה בני דישן חמדן ואשבן ויתרן וכרן: ואלה בני אצר 27.26
בלהן וזעון ו·יעקן: ·ואלה בני ·ד·ישן עוץ וארן: אלה אלופי החרי אלוף לוטן 29.28
אלוף שובל אלוף צבעון אלוף ענה: אלוף דישן אלוף אצר אלוף ·ד·ישן ל
אלה אלופי החרי לאלפיהם בארץ שעיר:

ואלה המלכים אשר מלכו בארץ אדום לפני מלך מלך לבני ישראל: 31
וימלך באדום בלעם בן בעור ושם עירו דנהבה: וימת בלעם וימלך תחתיו 33.32

(1) 36.16 אלוף קרח

36,לד.34 יובב בן זרח מבצרה: וימת יובב וימלך תחתיו חשם מארין התימני: וימת חשם
36 וימלך תחתיו הדד בן בדד המכה את מדין בשדה מואב ושם עירו עוית: וימת
37 הדד וימלך תחתיו שמלה ממשרקה: וימת שמלה וימלך תחתיו שאול מרחבות
38-39 הנהר: וימת שאול וימלך תחתיו בעלחנן בן עכבור: וימת בעלחנן בן עכבור
וימלך תחתיו הדר ושם עירו פעו ושם אשתו מהיטבאל בת מטרד בן
מי זהב:

מ ואלה שמות אלופי עשו למשפחתם למקמתם בשמתם
41 אלוף תמנע אלוף עלוה אלוף יתת: אלוף אהליבמה אלוף אלה אלוף פינן:
42-43 אלוף קנז אלוף תימן אלוף מבצר: אלוף מגדיאל אלוף עירם אלוף צפו
אלה אלופי עשו למשבתם בארץ אחזתם עשו הא אבי ארום:
37,א יישב יעקב בארץ מגורי אביו בארץ כנען:

2 אלה תלדות יעקב
יוסף בן שבע עשרה שנה היה רעה את אחיו בצאן והא נער[1] ויבא יוסף את
3 דבתם רעה אל אביהם: וישראל אהב את יוסף מכל בניו כי בן זקנים הא לו
4 ועש לו כתנת פסים: ויראו אחיו כי אתו אהב אביהם מכל בניו וישנאו אתו
ולא יכלו דברו לשלם:
ה.6 ויחלם יוסף חלום ויגד לאחיו ויוספו עוד שנא אתו: ויאמר אליהם שמעו
7 נא החלום הזה אשר חלמתי: והנה אנחנו מאלמים אלמים בתוך השדה והנה
8 קמה אלמתי וגם נצבה והנה תסבינה אלמתיכם ותשתחוין לאלמתי: ויאמרו לו
אחיו המלך תמלך עלינו אם משול תמשל בנו ויוספו עוד שנא אתו על חלמתיו
ועל דבריו:
9 ויחלם עוד חלום אחר ויספר אתו לאביו ולאחיו ויאמר הנה חלמתי חלום
י עוד והנה השמש והירח ואחד עשר כוכבים משתחוים לי: [3]ויגער בו אביו ויאמר
לו מה החלום הזה אשר חלמת הבוא נבוא אני ואמך ואחיך להשתחות לך
11 ארצה: ויקנאו בו אחיו ואביו שמר את הדבר:
12.13 וילכו אחיו לרעות את צאן אביהם בשכם: ויאמר ישראל אל יוסף הלוא
14 אחיך רעים בשכם לכה ואשלחך אליהם ויאמר לו הנני: ויאמר לו לך נא ראה
את שלום אחיך ואת שלום הצאן והשבני דבר וישלחהו מעמק חברון ויבא
טו.16 שכמה: וימצאהו איש והנה תעה בשדה וישאלהו האיש לאמר מה תבקש: ויאמר
17 את אחי אנכי מבקש הגידה נא לי איפה הם רעים: ויאמר האיש נסעו מזה כי
18 שמעתי אמרים נלכה דתינה וילך יוסף אחר אחיו וימצאם בדתן: ויראו אתו
19 מרחק ובטרם יקרב אליהם ויתנכלו אתו להמיתו: ויאמרו איש אל אחיו הנה בעל
כ החלמות הלזה בא: ועתה לכו ונהרגהו ונשלכהו באחד הברות ואמרנו חיה רעה
21 אכלתהו ונראה מה יהיו חלמתיו: וישמע ראובן ויצלהו מידם ויאמר לא
נכנו נפש:
22 ויאמר אלהם ראובן אל תשפכו דם השליכו אתו אל הבור הזה אשר במדבר

(1) 37,2 את בני בלהה ואת בני זלפה נשי אביו
(3) 10 ויספר אל אביו ואל אחיו

37,23 ויד אל תשלחו בו למען הציל אתו מידם להשיבו אל אביו: ויהי כאשר בא יוסף
24 אל אחיו ויפשיטו את יוסף את כתנתו את כתנת הפסים אשר עליו: ויקחהו
וישלכו אתו הברה והבור רק אין בו מים:
25 וישבו לאכל לחם וישאו עיניהם ויראו והנה ארחת ישמעאלים באה מגלעד
26 וגמליהם נשאים נכאת וצרי ולט הולכים להוריד מצרימה: ויאמר יהודה אל אחיו
27 מה בצע כי נהרג את אחינו וכסינו את דמו: לכו ונמכרנו לישמעאלים וידנו אל
תהי בו כי אחינו ובשרנו הא וישמעו אחיו:
28 ויעברו אנשים מדינים סחרים וימשכו ויעלו את יוסף מן הבור וימכרו את
יוסף לישמעאלים בעשרים כסף ויביאו את יוסף מצרימה:
29.30 וישב ראובן אל הבור והנה אין יוסף בבור ויקרע את בגדיו: וישב אל
אחיו ויאמר הילד איננו ואני אנה אני בא:
31.32 ויקחו את כתנת יוסף וישחטו שעיר עזים ויטבלו את הכתנת בדם: וישלחו
את כתנת הפסים ויביאו אל אביהם ויאמרו זאת מצאנו הכר נא הכתנת בנך
33 הא אם לא: ויכירה ויאמר כתנת בני הא חיה רעה אכלתהו טרף טרף יוסף:
34.35 ויקרע יעקב שמלתיו וישם שק במתניו ויתאבל על בנו ימים רבים: ויקמו כל
בניו וכל בנתיו ויבאו לנחמו וימאן להתנחם ויאמר כי ארד אל בני אבל שאלה
ויבך אתו אביו:
36 והמדינים מכרו אתו אל מצרים לפוטיפר סרים פרעה שר הטבחים:

38,1 ויהי בעת ההא וירד יהודה מאת אחיו ויט אל איש עדלמי ושמו חירה:
2.3 וירא שם יהודה בת איש כנעני ושמו שוע ויקחה ויבא אליה: ותהר ותלד בן
4.5 ותקרא את שמו ער: ותהר עוד ותלד בן ותקרא את שמו אונן: ותסף עוד
ותלד בן ותקרא את שמו שלה והיא בכזיב בלדתה אתו:
6.7 ויקח יהודה אשה לער בכורו ושמה תמר: ויהי ער בכור יהודה רע בעיני
8 יהוה וימתהו יהוה: ויאמר יהודה לאונן בא אל אשת אחיך ויבם אתה והקם זרע
9 לאחיך: וידע אונן כי לא לו יהיה הזרע והיה אם בא אל אשת אחיו ושחת
10.11 ארצה לבלתי נתן זרע לאחיו: וירע בעיני יהוה אשר עשה וימת גם אתו: ויאמר
יהודה לתמר כלתו שבי אלמנה בית אביך עד יגדל שלה בני כי אמר פן ימות
גם הא כאחיו ותלך תמר ותשב בית אביה:
12 וירבו הימים ותמת בת שוע אשת יהודה וינחם יהודה ויעל אל גזז את
13 צאנו הא וחירה רעהו העדלמי תמנתה: ויגד לתמר לאמר הנה חמיך עלה תמנתה
14 לגז את צאנו: ותסר בגדי אלמנותה מעליה ותכס בצעיף ותתעלף ותשב
בפתח עינים אשר על דרך תמנתה כי ראתה כי גדל שלה והא לא נתנה לו
15.16 לאשה: ויראה יהודה ויחשבה לזונה כי כסתה פניה ולא הכירה: ויט אליה
אל הדרך ויאמר הבה נא אבוא אליך כי לא ידע כי כלתו הא ותאמר מה
17 תתן לי כי תבוא אלי: ויאמר אנכי אשלח גדי עזים מן הצאן ותאמר אם תתן
18 לי ערבון עד שלחך: ויאמר מה הערבון אשר אתן לך ותאמר חתמך ופתילך
19 ומטך אשר בידך ויתן לה ויבא אליה ותהר לו: ותקם ותלך ותסר צעיפה מעליה
20 ותלבש בגדי אלמנותה: וישלח יהודה את גדי העזים ביד רעהו העדלמי לקחת
21 הערבון מיד האשה ולא מצאה: וישאל את אנשי המקום לאמר איה הקדשה
22 הוא בעינים על הדרך ויאמרו לא היתה בזה קדשה: וישב אל יהודה ויאמר
23 לא מצאתיה וגם אנשי המקום אמרו לא היתה בזה קדשה: ויאמר יהודה תקח
לה פן נהיה לבוז הנה שלחתי הגדי הזה ואתה לא מצאתה:
24 ויהי כמשלש חדשים ויגד ליהודה לאמר זנתה תמר כלתך וגם הנה הרה

38,כה לונונים ויאמר יהודה הוציאוה ותשרף: הא מוצאת והא שלחה אל חמיה לאמר
לאיש אשר אלה לו אנכי הרה ותאמר הכר נא למי החתמת והפתילים והמטה
26 האלה: ויכר יהודה ויאמר צדקה ממני כי על כן לא נתתיה לשלה בני ·לאשה·
ולא יסף עוד לדעתה:
28.27 ויהי בעת לדתה והנה תאומים בבטנה: ויהי בלדתה ויתן יד ותקח המילדת
29 ותקשר על ידו ·חוט· שני לאמר זה יצא ראשנה: ויהי כמו השיב ידו והנה יצא אחיו
ל ותאמר מה פרצת עליך פרץ ויקרא שמו פרץ: ואחר יצא אחיו אשר על ידו
·חוט· השני ויקרא שמו זרח:

39,א ויוסף הורד מצרימה ויקנהו פוטיפר סרים פרעה שר הטבחים איש מצרי
2 מיד הישמעאלים אשר הורדהו שמה: ויהי יהוה את יוסף ויהי איש מצליח ויהי
3 בבית אדניו המצרי: וירא אדניו כי יהוה אתו וכל אשר הא עשה יהוה מצליח
4 בידו: וימצא יוסף חן בעי·ני אד·ניו וישרת אתו ויפקדהו על ביתו וכל ·אשר·
ה יש לו נתן בידו: ויהי מאז הפקיד אתו ·על· ביתו ועל כל אשר יש לו ויברך
יהוה את בית המצרי בגלל יוסף ויהי ברכת יהוה ·על· כל אשר יש לו בבית
6 ובשדה: ויעזב כל אשר לו ביד יוסף ולא ידע אתו מאומה כי אם הלחם אשר
הא אוכל
7 ויהי יוסף יפה תאר ויפה מראה: ויהי אחר הדברים האלה ותשא אשת
8 אדניו את עיניה אל יוסף ותאמר שכבה עמי: וימאן ויאמר אל אשת אדניו הן
9 אדני לא ידע אתי מ·אומ·ה בבית·ו· וכל אשר יש לו נתן בידי: איננו גדול בבית
הזה ממני ולא חשך ממני מאומה כי אם אותך באשר את אשתו ואיך אעשה
י הרעה הגדלה הזאת וחטאתי לאלהים: ויהי כדברה אל יוסף יום יום ולא שמע
11 אליה לשכב אצלה*: ויהי כהיום הזה ויבא הביתה לעשות מלאכתו ואין איש
12 מאנשי הבית שם בבית: ותתפשהו בבגדו לאמר שכבה עמי ויעזב בגדו בידה
וינס ויצא החוצה:
14.13 ויהי כראותה כי עזב בגדו בידה וינס החוצה: ותקרא לאנשי ·הבית· ותאמר
להם לאמר ראו הביא לנו איש עברי לצחק בנו בא אלי לשכב עמי ואקרא
טו בקול גדול: ויהי כשמעו כי הרימתי קולי ואקרא ויעזב בגדו אצלי וינס ויצא
החוצה:
17.16 ותנח בגדו אצלה עד בוא אדניו אל ביתו: ותדבר אליו כדברים האלה
18 לאמר בא אלי העבד העברי אשר הבאת לנו לצחק בי: ויהי כהרימי קולי ואקרא
19 ויעזב בגדו אצלי וינס החוצה: ויהי כשמע אדניו את דברי אשתו אשר דברה
כ אליו לאמר כדברים האלה עשה לי עבדך ויחר אפו: ויקח אדני יוסף אתו
ויתנהו אל בית הסהר מקום אשר אסי·רי המלך אסורים ויהי שם בבית הסהר:
22.21 ויהי יהוה את יוסף ויט אליו חסד ויתן חנו בעיני שר בית הסהר: ויתן שר
בית הסהר ביד יוסף את כל האסירם אשר בבית הסהר ואת כל אשר עשים
23 שם הא היה עשה: אין שר בית הסהר ראה את כל מאומה בידו באשר יהוה
אתו ו·כל· אשר הא עשה יהוה מצליח:
40,א ויהי אחר הדברים האלה חטאו משקה מלך מצרים והאפה לאדניהם למלך
3.2 מצרים: ויקצף פרעה על שני סריסיו על שר המשקים ועל שר האופים: ויתן אתם
4 ·ב·משמר בית שר הטבחים אל בית הסהר מקום אשר יוסף אסור שם: ויפקד שר
הטבחים את יוסף אתם וישרת אתם ויהיו ימים ·ב·משמר:

(*) 39,10 להיות עמה

40. ה ויחלמו חלום שניהם איש חלמו בלילה אחד איש כפתרון חלמו המשקה
6 והאפה אשר למלך מצרים אשר אסורים בבית הסהר: ויבא אליהם יוסף בבקר
7 וירא אתם והנם זעפים: וישאל את סריסי פרעה אשר אתו במשמר בית אדניו
8 לאמר מדוע פניכם רעים היום: ויאמרו אליו חלום חלמנו ופתר אין אתו ויאמר
אלהם יוסף הלוא לאלהים פתרנים ספרו נא לי:
9 ויספר שר המשקים את חלמו ליוסף ויאמר לו בחלומי והנה גפן לפני:
11.י ובגפן שלשה שריגם והוא כפרחת עלתה נצה הבשילו אשכלתיה ענבים: וכוס
פרעה בידי ואקח את הענבים ואשחט אתם אל כוס פרעה ואתן את הכוס על
13.12 כף פרעה: ויאמר לו יוסף זה פתרנו שלשת השרגים שלשת ימים הם: בעוד
שלשת ימים ישא פרעה את ראשך והשיבך על כנך ונתת כוס פרעה בידו
14 כמשפט הראשון אשר היית משקהו: כי אם זכרתני אתך כאשר ייטב לך ועשית
טו נא עמדי חסד והזכרתני אל פרעה והוצאתני מן הבית הזה: כי גנב גנבתי
מארץ העברים וגם פה לא עשיתי מאומה כי שמו אתי בבור:
16 וירא שר האפים כי טוב פתר ויאמר אל יוסף אף אני בחלומי והנה שלשה
17 סלי חרי על ראשי: ובסל העליון מכל מאכל פרעה מעשה אפה והעוף אכל אתם
18 מן הסל מעל ראשי: ויען יוסף ויאמר זה פתרנו שלשת הסלים שלשת ימים הם:
19 בעוד שלשת ימים ישא פרעה את ראשך ותלה אותך על עץ ואכל העוף את
בשרך מעליך:
כ ויהי ביום השלישי יום הלדת את פרעה ויעש משתה לכל עבדיו וישא את
21 ראש שר המשקים ואת ראש שר האפים בתוך עבדיו: וישב את שר המשקים
22 על משקהו ויתן הכוס על כף פרעה: ואת שר האפים תלה כאשר פתר להם
23 יוסף: ולא זכר שר המשקים את יוסף וישכחהו:

41. א.ב ויהי מקץ שנתים ימים ופרעה חלם והנה עמד על היאר: והנה מן היאר
3 עלת שבע פרות יפות מראה ובריאת בשר ותרעינה באחו: והנה שבע פרות
אחרות עלות אחריהן מן היאר רעות מראה ודקות בשר ותעמדנה אצל הפרות
4 על שפת היאר: ותאכלנה הפרות רעות המראה ודקת הבשר את שבע הפרות
ה יפת המראה והבריאת וייקץ פרעה: ויישן ויחלם שנית והנה שבע שבלים עלות
6 בקנה אחד בריאות וטבות: והנה שבע שבלים דקות ושדופת קדים צמחות
7 אחריהן: ותבלענה השבלים הדקות את שבע השבלים הבריאות והמלאות וייקץ
פרעה והנה חלום:
8 ויהי בבקר ותפעם רוחו וישלח ויקרא את כל חרטמי מצרים ואת כל חכמיה
9 ויספר פרעה להם את חלמו ואין פותר אותם לפרעה: וידבר שר המשקים את
י פרעה לאמר את חטאי אני מזכיר היום: פרעה קצף על עבדיו ויתן אתי
11 במשמר בית שר הטבחים אתי ואת שר האפים: ונחלמה חלום בלילה אחד אני
12 והוא איש כפתרון חלמו חלמנו: ושם אתנו נער עברי עבד לשר הטבחים ונספר
13 לו ויפתר לנו את חלמתינו איש כחלמו פתר: ויהי כאשר פתר לנו כן היה אתי
השיב פרעה על כני ואתו תלה:
14 וישלח פרעה ויקרא את יוסף ויריצהו מן הבור ויגלח ויחלף שמלתיו
טו ויבא אל פרעה: ויאמר פרעה אל יוסף חלום חלמתי ופתר אין אתו ואני שמעתי
16 עליך לאמר תשמע חלום לפתר אתו: ויען יוסף את פרעה לאמר בלעדי אלהים
17 יענה את שלום פרעה: וידבר פרעה אל יוסף בחלמי הנני עמד על שפת
18 היאר: והנה מן היאר עלת שבע פרות בריאות בשר ויפת תאר ותרעינה באחו:
19 והנה שבע פרות אחרות עלות אחריהן דלות ורעות תאר מאד ורקות בשר לא

41.כ ראיתי כהנה בכל ארץ מצרים לרע: ותאכלנה הפרות הרקות והרעות את שבע
21 הפרות הראשנות הבריאת: ותבאנה אל קרבנה ולא נודע כי באו אל קרבנה
22 ומראיהן רע כאשר בתחלה ואיקץ: ואישן וארא בחלמי והנה שבע שבלים עלת
23 בקנה אחד מלאת וטבות: והנה שבע שבלים דקות ושדפות קדים צמחות
24 אחריהן: ותבלען השבלים הדקת את שבע השבלים הטבות ואמר אל החרטמים ואין מגיד לי:
כה ויאמר יוסף אל פרעה חלום פרעה אחד הא את אשר האלהים עשה הגיד
26 לפרעה: שבע הפרת הטבת שבע שנים הנה ושבע השבלים הטבת שבע שנים
27 הנה חלום אחד הא: ושבע הפרות הרקות והרעת העלת אחריהן שבע שנים הנה ושבע השבלים הרקות שדפות הקדים שבע שנים הנה והיו שבע שני
28 רעב: הא הדבר אשר דברתי אל פרעה אשר האלהים עשה הראה את פרעה:
29.ל הנה שבע שנים באות שבע גדול בכל ארץ מצרים: וקמו שבע שני רעב אחריהן
31 ונשכח כל השבע בארץ מצרים וכלה הרעב את הארץ: ולא יודע השבע בארץ
32 מפני הרעב ההא אחרי כן כי כבד הא מאד: ועל השנות החלום אל פרעה פעמים כי נכון הדבר מעם האלהים וממהר האלהים לעשתו:
34.33 ועתה ירא פרעה איש נבון וחכם וישיתהו על ארץ מצרים: יעשה פרעה
לה ויפקד פקדים על הארץ וחמש את ארץ מצרים בשבע שני השבע: ויקבצו
את כל אכל השנים הטבות הבאת האלה ויצברו בר תחת יד פרעה ויתנו אכל
36 בערים ושמרו: והיה האכל לפקדון לארץ לשבע שני הרעב אשר תהיין בארץ מצרים ולא תכרת הארץ ברעב:
38.37 וייטב הדבר בעיני פרעה ובעיני כל עבדיו: ויאמר פרעה אל עבדיו הנמצא
39 כזה איש אשר רוח אלהים בו: ויאמר פרעה אל יוסף אחרי הודיע אלהים אותך
מ את כל זאת אין נבון וחכם כמוך: אתה תהיה על ביתי ועל פיך ישק כל עמי
41 רק הכסא אגדל ממך: ויאמר פרעה אל יוסף ראה נתתי אתך על כל ארץ
42 מצרים: ויסר פרעה את טבעתו מעל ידו ויתן אתה על יד יוסף וילבש אתו בגדי
43 שש וישם רבד הזהב על צוארו: וירכב אתו במרכבת המשנה אשר לו ויקראו
44 לפניו לאמר כי נתן אתו על כל ארץ מצרים: ויאמר פרעה אל יוסף אני
מה פרעה ובלעדיך לא ירים איש את ידו ואת רגלו בכל ארץ מצרים: ויקרא פרעה
שם יוסף צפנת פענח ויתן לו את אסנת בת פוטי פרע כהן און לאשה ויצא
46 יוסף על ארץ מצרים: ויוסף בן שלשים שנה בעמדו לפני פרעה מלך מצרים ויצא יוסף מלפני פרעה ויעבר בכל ארץ מצרים:
48.47 ותעש הארץ בשבע שני השבע לקמצים: ויקבץ את כל אכל שבע השנים
אשר היה השבע בארץ מצרים ויתן אכל בערים אכל שדה העיר אשר סביבתיה
49 נתן בתוכה: ויצבר יוסף בר כחול הים הרבה מאד עד כי חדל לספר כי אין מספר:
נ וליוסף ילדו שני בנים בטרם תבוא שנת הרעב אשר ילדה לו אסנת בת
51 פוטי פרע כהן און: ויקרא יוסף את שם הבכור מנשה כי נשני אלהים את כל
52 עמלי ואת כל בית אבי: ואת שם השני קרא אפרים כי הפרני אלהים בארץ עניי:
54.53 ותכלינה שבע שני השבע אשר היה בארץ מצרים: ותחלינה שבע שני הרעב לבוא כאשר אמר יוסף ויהי רעב בכל הארצות ובכל ארץ מצרים היה לחם:
נה ותרעב כל ארץ מצרים ויצעק העם אל פרעה ללחם ויאמר פרעה לכל מצרים לכו

(א) 41.23 צנמות

אל יוסף אשר יאמר לכם תעשו׃ והרעב היה על כל פני הארץ ויפתח יוסף 41.56
את כל אוצרות הבר וישבר למצרים ויחזק הרעב בארץ מצרים׃ וכל הארץ 57
באו מצרימה לשבר אל יוסף כי חזק הרעב בכל הארץ׃

וירא יעקב כי יש שבר במצרים ויאמר יעקב לבניו למה תתראו׃ ויאמר הנה 42,2.א
שמעתי כי יש שבר במצרים רדו שמה ושברו לנו מעט אכל ונחיה ולא נמות׃
וירדו אחי יוסף עשרה לשבר בר ממצרים׃ ואת בנימן אחי יוסף לא שלח יעקב 4.ג
את אחיו כי אמר פן יקראנו אסון׃

ויבאו בני ישראל לשבר בתוך הבאים כי היה הרעב בארץ כנען׃ ויוסף 6.ה
הא השליט על הארץ הא המשביר לכל עם הארץ ויבאו אחי יוסף וישתחוו לו
אפים ארצה׃ וירא יוסף את אחיו ויכרם ויתנכר אליהם [] ויאמר אלהם מאין 7
באתם ויאמרו מארץ כנען לשבר אכל׃ ויכר יוסף את אחיו והם לא הכרהו׃ 8
ויזכר יוסף את החלמות אשר חלם להם [וידבר אתם קשות] ויאמר אלהם 9
מרגלים אתם לראות את ערות הארץ באתם׃ ויאמרו אליו לא אדני עבדיך 10
באו לשבר אכל׃ כלנו בני איש אחד אנחנו כנים אנחנו לא היו עבדיך מרגלים׃ 11
ויאמר אלהם לא כי ערות הארץ באתם לראות׃ ויאמרו שנים עשר אחים 13.12
אנחנו עבדיך בני איש אחד בארץ כנען והנה הקטן את אבינו היום והאחד
איננו׃ ויאמר אלהם יוסף הא הדבר אשר דברתי אלכם לאמר מרגלים אתם׃ 14
בזאת תבחנו חי פרעה אם תצאו מזה כי אם בבוא אחיכם הקטן הנה׃ שלחו 16.15
מכם אחד ויקח את אחיכם ואתם האסרו ויבחנו דבריכם האמת אתכם ואם לא
חי פרעה כי מרגלים אתם׃ ויאסף אתם אל משמר שלשת ימים׃ 17

ויאמר אלהם יוסף ביום השלישי זאת עשו וחיו את האלהים אני ירא׃ אם 19.18
כנים אתם אחיכם אחד יאסר בבית משמרכם ואתם לכו והביאו שבר רעבון
בתיכם׃ ואת אחיכם הקטן תביאו אלי ויאמנו דבריכם ולא תמותו׃ ויאמרו איש 21.20
אל אחיו אבל אשמים אנחנו על אחינו אשר ראינו צרת נפשו בהתחננו אלינו
ולא שמענו על כן באה עלינו הצרה הזאת׃ ויען ראובן אתם לאמר הלוא 22
אמרתי אליכם לאמר אל תחטאו בילד ולא שמעתם וגם דמו הנה נדרש׃ והם 23
לא ידעו כי שמע יוסף כי המליץ בינתם׃ ויסב מעליהם ויבך וישב אלהם וידבר 24
אלהם ויקח מאתם את שמעון ויאסר אתו לעיניהם׃

ויצו יוסף למלאות כליהם בר ולהשיב כספיהם איש אל שקו ולתת להם 25
צדה לדרך ויעשו כן׃ וישאו את שברם על חמריהם וילכו משם׃ ויפתח האחד 27.26
את שקו לתת מספוא לחמרו במלון וירא את כספו והנה הא בפי אמתחתו׃
ויאמר אל אחיו הושב לי כספי וגם הנה באמתחתי ויצא לבם ויחרדו איש אל 28
אחיו לאמר מה זאת עשה אלהים לנו׃

ויבאו אל יעקב אביהם ארצה כנען ויגידו לו את כל הקרת אתם לאמר׃ 29
דבר האיש אדני הארץ אתנו קשות ויתן אתנו במשמר כמרגלים את הארץ׃ 30
ונאמר אליו כנים אנחנו לא היינו מרגלים׃ שנים עשר אחים אנחנו בני אבינו [illegible]
האחד איננו והקטן היום את אבינו בארץ כנען׃ ויאמר אלינו האיש אדני הארץ 33
בזאת אדע כי כנים אתם אחיכם האחד הניחו אתי ואת שבר רעבון בתיכם
קחו ולכו׃ והביאו את אחיכם הקטן אלי ואדעה כי לא מרגלים אתם כי כנים [illegible]
אתם ואת אחיכם אתן לכם ואת הארץ תסחרו׃

ויהי הם מריקים שקיהם והנה איש צרור כספו בשקו ויראו את צררות [illegible]

(1) 42.כ ויעשו כן

42.36 כספיהם המה ואביהם וייראו: ויאמר אלהם יעקב אביהם אתי שכלתם יוסף
37 איננו ושמעון איננו ואת בנימן תקחו עלי היו כלנה: ויאמר ראובן אל אביו
לאמר את שני בני תמית אם לא אביאנו אליך תנה אתו על ידי ואני אשיבנו
38 אליך: ויאמר לא ירד בני עמכם כי אחיו מת והא לבדו נשאר וקראהו אסון
בדרך אשר תלכו בה והורדתם את שיבתי ביגון שאולה:

43.2.א והרעב כבד בארץ: ויהי כאשר כלו לאכל את השבר אשר הביאו ממצרים
3 ויאמר אליהם אביהם שבו שברו לנו מעט אכל: ויאמר אליו יהודה לאמר העד
4 העד בנו האיש לאמר לא תראו פני בלתי אחיכם אתכם: אם ישך משלח את
ה אחינו אתנו נרדה ונשברה לך אכל: ואם אינך משלח לא נרד כי האיש אמר
6 אלינו לא תראו פני בלתי אחיכם אתכם: ויאמר ישראל למה הרעתם לי להגיד
7 לאיש העוד לכם אח: ויאמרו שאול שאל האיש לנו ולמולדתנו לאמר העוד
אביכם חי היש לכם אח ונגד לו על פי הדברים האלה הידוע נדע כי יאמר
8 הורידו את אחיכם: ויאמר יהודה אל ישראל אביו שלחה הנער אתי ונקומה
9 ונלכה ונחיה ולא נמות גם אנחנו גם אתה גם טפנו: אנכי אערבנו מידי תבקשנו
י אם לא הביאתיו אליך והצגתיו לפניך וחטאתי לך כל הימים: כי לולא התמהמהנו
כי עתה שבנו זה פעמים:

11 ויאמר אלהם ישראל אביהם אם כן אפוא זאת עשו קחו מזמרת הארץ בכליכם
12 והורידו לאיש מנחה מעט צרי ומעט דבש נכאת ולט בטנים ושקדים: וכסף
משנה קחו בידכם ואת הכסף המושב בפי אמתחתיכם תשיבו בידכם אולי
14.13 משגה הא: ואת אחיכם קחו וקומו שובו אל האיש: ואל שדי יתן לכם רחמים
לפני האיש ושלח לכם את אחיכם ·ה·אח·ר· ואת בנימין ואני כאשר שכלתי
שכלתי:

טו ויקחו האנשים את המנחה הזאת ומשנה כסף לקחו בידם ואת בנימן ויקמו
16 וירדו מצרים·ה· ויעמדו לפני יוסף: וירא יוסף אתם את בנימין ויאמר לאשר על
ביתו הבא את האנשים הביתה וטבח טבח והכן כי אתי יאכלו האנשים בצהרים:
17 ויעש האיש כאשר אמר יוסף ויבא האיש את האנשים ביתה יוסף:

18 וייראו האנשים כי הובאו בית·ה· יוסף ויאמרו על דבר הכסף ה·מו·שב
באמתחתינו בתחלה אנחנו מובאים להתגלל עלינו ולהתנפל עלינו ולקחת אתנו
19 לעבדים ואת חמרינו: ויגשו אל האיש אשר על בית יוסף וידברו אליו פתח
21.כ הבית: ויאמרו בי אדני ירד ירדנו בתחלה לשבר אכל: ויהי כי באנו אל המלון
ונפתחה את אמתחתינו והנה כסף איש בפי אמתחתו כספנו במשקלו ונשב אתו
22 בידנו: וכסף אחר הורדנו בידנו לשבר אכל לא ידענו מי שם כספנו באמתחתינו:
23 ויאמר שלום לכם אל תיראו אלהיכם ואלהי אביכם נתן לכם מטמון באמתחתיכם
24 כספכם בא אלי ויוצא אלהם את שמעון: ויבא האיש את האנשים ביתה יוסף
כה ויתן מים וירחצו רגליהם ויתן מספוא לחמריהם: ויכינו את המנחה עד בוא יוסף
בצהרים כי שמעו כי שם יאכלו לחם:

26 ויבא יוסף הביתה ויביאו לו את המנחה אשר בידם הביתה וישתחוו לו
27 ·אפים· ארצה: וישאל להם לשלום ויאמר השלום אביכם הזקן אשר אמרתם
29.28 העודנו חי: ויאמרו שלום לעבדך לאבינו עודנו חי ויקדו וישתחוו: וישא עיניו
וירא את בנימין אחיו בן אמו ויאמר הזה אחיכם הקטן אשר אמרתם אלי ויאמר
ל אלהים יחנך בני: וימהר יוסף כי נכמרו רחמיו ·ע·ל אחיו ויבקש לבכות ויבא
32.31 החדרה ויבך שמה: וירחץ פניו ויצא ויתאפק ויאמר שימו לחם: וישימו לו לבדו
ולהם לבדם ולמצרים האכלים אתו לבדם כי לא יוכלון המצרים לאכל את
33 העברים לחם כי תועבה הא ·ל·מצ·ר·ים: וישבו לפניו הבכר כבכרתו והצעיר

מעצרתו ויתמהו האנשים איש אל רעהו: וישא משאת מאת פניו אלהם ותרב 43.34
משאת בנימן ממשאת כלם חמש ידות וישתו וישכרו עמו:

ויצו את אשר על ביתו לאמר מלא את אמתחת האנשים אכל כאשר יוכלו 44.א
לשאת ושים כסף איש בפי אמתחתו: ואת גביעי גביע הכסף תשים בפי אמתחת ב
הקטן ואת כסף שברו ויעש כדבר יוסף אשר דבר: הבקר אור והאנשים שלחו 3
המה וחמריהם: הם יצאו את העיר לא הרחיקו ויוסף אמר לאשר על ביתו קום 4
רדף אחרי האנשים והשגתם ואמרת אלהם למה שלמתם רעה תחת טובה: הלוא ה
זה אשר ישתה אדני בו והוא נחש ינחש בו הרעתם אשר עשיתם:

וישגם וידבר אלהם את הדברים האלה: ויאמרו אליו למה ידבר אדני 7.ו
כדברים האלה חלילה לעבדיך מעשות כדבר הזה: הן הכסף אשר מצאנו בפי ח
אמתחתינו השיבנו אליך מארץ כנען ואיך נגנב מבית אדניך כסף או זהב: אשר 9
ימצא אתו מעבדיך ומת וגם אנחנו נהיה לאדני לעבדים: ויאמר גם עתה כדבריכם י
כן הוא אשר ימצא אתו יהיה לי עבד ואתם תהיו נקים: וימהרו ויורדו איש את 11
אמתחתו ארצה ויפתחו איש אמתחתו: ויחפש בגדול החל ובקטן כלה וימצא 12
הגביע באמתחת בנימן: ויקרעו שמלתם ויעמס איש על חמרו וישבו העירה: 13

ויבא יהודה ואחיו ביתה יוסף והוא עודנו שם ויפלו לפניו ארצה: ויאמר 14.טו
להם יוסף מה המעשה הזה אשר עשיתם הלוא ידעתם כי נחש ינחש איש אשר
כמני: ויאמר יהודה מה נאמר לאדני מה נדבר ומה נצטדק האלהים מצא את 16
עון עבדיך הננו עבדים לאדני גם אנחנו גם אשר נמצא הגביע בידו: ויאמר 17
חלילה לי מעשות זאת האיש אשר נמצא הגביע בידו הוא יהיה לי עבד ואתם
עלו לשלום אל אביכם:

ויגש אליו יהודה ויאמר בי אדני ידבר נא עבדך דבר באזני אדני ואל יחר 18
אפך בעבדך כי כמוך כפרעה: אדני שאל את עבדיו לאמר היש לכם אב או 19
אח: ונאמר אל אדני יש לנו אב זקן וילד זקנים קטן ואחיו מת ויותר הוא לבדו כ
לאמו ואביו אהבו: ותאמר אל עבדיך הורדהו אלי ואשימה עיני עליו: ונאמר 21.22
אל אדני לא יוכל הנער לעזב את אביו ועזב את אביו ומת: ותאמר אל עבדיך 23
אם לא ירד אחיכם הקטן אתכם לא תספון לראות פני: ויהי כי עלינו אל עבדך 24
אבינו ונגד לו את דברי אדני: ויאמר אבינו שבו שברו לנו מעט אכל: ונאמר 25.26
לא נוכל לרדת אם יש אחינו הקטן אתנו וירדנו כי לא נוכל לראות פני האיש
ואחינו הקטן איננו אתנו: ויאמר עבדך אבינו אלינו אתם ידעתם כי שנים 27
ילדה לי אשתי: ויצא האחד מאתי ואמר אך טרף טרף ולא ראיתיו עד הנה: 28
ולקחתם גם את זה מעם פני וקרהו אסון והורדתם את שיבתי ברעה שאלה: ועתה 29.30
כבאי אל עבדך אבינו והנער איננו אתנו ונפשו קשורה בנפשו: והיה כראותו 31
כי אין הנער ומת והורידו עבדיך את שיבת עבדך אבינו ביגון שאלה:
כי עבדך ערב את הנער מעם אבינו לאמר אם לא אביאנו אליך וחטאתי לאבי 32
כל הימים: ועתה ישב נא עבדך תחת הנער עבד לאדני והנער יעל עם 33
אחיו: כי איך אעלה אל אבי והנער איננו אתי פן אראה ברע אשר ימצא 34
את אבי:

ולא יכל יוסף להתאפק לכל הנצבים עליו ויקרא הוציאו כל איש מעלי ולא 45.א
עמד איש אתו בהתודע יוסף אל אחיו: ויתן את קלו בבכי וישמעו מצרים וישמע ב
בית פרעה: ויאמר יוסף אל אחיו אני יוסף העוד אבי חי ולא יכלו אחיו לענות 3
אתו כי נבהלו מפניו: ויאמר יוסף אל אחיו גשו נא אלי ויגשו ויאמר אני יוסף 4
אחיכם אשר מכרתם אתי מצרימה: ועתה אל תעצבו ואל יחר בעיניכם כי מכרתם ה
אתי הנה כי למחיה שלחני אלהים לפניכם: כי זה שנתים הרעב בקרב הארץ 6

45,7 ועוד חמש שנים אשר אין חריש וקציר: וישלחני אלהים לפניכם לשום לכם
8 שארית בארץ ולהחיות לכם ‹פליטה גדלה: ועתה לא אתם שלחתם אתי הנה כי
9 האלהים וישימני לאב לפרעה ולאדון לכל ביתו ומשל בכל ארץ מצרים: מהרו
ועלו אל אבי ואמרתם אליו כה אמר בנך יוסף שמני אלהים לאדון לכל מצרים
י רדה אלי אל תעמד: וישבת בארץ גשן והיית קרוב אלי אתה ובניך ובני בניך
11 וצאנך ובקרך וכל אשר לך: וכלכלתי אתך שם כי עוד חמש שנים רעב פן תורש
12 אתה וביתך וכל אשר לך: והנה עיניכם ראות ועיני אחי בנימן כי פי המדבר
13 אליכם: והגדתם לאבי את כל כבודי במצרים ואת כל אשר ראיתם ומהרתם
14 והורדתם את אבי הנה: ויפל על צוארי בנימן אחיו ויבך ובנימן בכה על צואריו:
טו וינשק לכל אחיו ויבך עלהם ואחרי כן דברו אחיו אתו:
16 והקל נשמע בית פרעה לאמר באו אחי יוסף וייטב בעיני פרעה ובעיני
17 עבדיו: ויאמר פרעה אל יוסף אמר אל אחיך זאת עשו טענו את בעירכם ולכו[א]
18 ארצה כנען: וקחו את אביכם ואת בתיכם ובאו אלי ואתנה לכם את טוב ארץ
19 מצרים ואכלו את חלב הארץ: ואתם ‹צוה ‹את זאת[ב] קחו לכם מארץ מצרים
כ עגלות לטפכם ולנשיכם ונשאתם את אביכם ובאתם: ועינכם אל תחס על כליכם
21 כי טוב כל ארץ מצרים לכם הא: ויעשו כן בני ישראל ויתן להם יוסף עגלות
22 על פי פרעה ויתן להם צדה לדרך: לכלם נתן לאיש חלפות שמלת ולבנימן נתן
23 שלש מאות כסף וחמש חלפת שמלת: ולאביו שלח ‹כזאת עשרה חמרים נשאים
24 מטוב מצרים ועשר אתנת נשאת בר ולחם‹ומזון לאביו לדרך: וישלח את אחיו
וילכו ויאמר אלהם אל תרגזו בדרך:
26.כה ויעלו ממצרים ויבאו ארצה‹ כנען אל יעקב אביהם: ויגדו לו לאמר עוד יוסף
27 חי וכי הא משל בכל ארץ מצרים ויפג לבו כי לא האמין להם: וידברו אליו את
כל דברי יוסף אשר דבר אלהם וירא את העגלות אשר שלח יוסף לשאת אתו
28 ותחי רוח יעקב אביהם: ויאמר ישראל רב עוד יוסף בני חי אלכה ואראנו
בטרם אמות:
46,א ויסע ישראל ‹הא› וכל אשר לו ויבא בארה שבע ויזבח ‹שם› זבחים לאלהי
2 אביו יצחק: ויאמר אלהים לישראל במראת הלילה ויאמר יעקב יעקב ויאמר
3 הנני: ויאמר אנכי האל אלהי אביך אל תירא מרדה מצרימה כי לגוי גדול
4 אשימך שם: אנכי ארד עמך מצרימה ואנכי אעלך גם עלה ויוסף ישית ידו על
ה עיניך: ויקם יעקב מבאר שבע וישאו בני ישראל את יעקב אביהם ואת טפם
6 ואת נשיהם בעגלות אשר שלח פרעה לשאת אתם: ויקחו את מקניהם ואת
7 רכושם אשר רכשו בארץ כנען ויבאו מצרימה יעקב וכל זרעו אתו: בניו ובני
בניו אתו בנתיו ובנות בניו וכל זרעו הביא אתו מצרימה:

8 ואלה שמות בני ישראל הבאים מצרימה יעקב ובניו
9 בכר יעקב ראובן: ובני ראובן חנוך ופלוא וחצרן וכרמי:
י ובני שמעון ימואל וימין ואהד ויכין וצחר ושאול בן הכנענית:
11 ובני לוי גרשון קהת ומררי:
12 ובני יהודה ער ואונן ושלה ופרץ וזרח וימת ער ואונן בארץ כנען ויהיו בני פרץ
13 ובני יששכר תולע ופוה ויישוב ושמרן: [חצרן וחמואל:
14 ובני זבלון סרד ואלון ויחלאל:

(א) 45.17 באו • (ב) 19 קחו

46,טו אלה בני לאה אשר ילדה ליעקב בפדן אֲרם ואת דינה בתו כל נפש בניו ובנותיו
שלשים ושלש:

16 ובני גד צפ-ון וחַגי שוני אצב-עֹן ערי וארודי ואראלי:
17 ובני אשר יִמְנה וִישוה וי-ע-ו-אל- ובריעה ושׂרח אחֹתם ובני בריעה חבר ומלכיאל:
18 אלה בני זִלְפה אשר נתן לבן ללאה בתו ותלד את אלה ליעקב שש עשרה נפש:

19 בני רחל אשת יעקב יוסף ובנימן:
כ ויוָלד ליוסף בארץ מצרים אשר ילדה לו אָסְנת בת פוטי פרע כהן אן את מנשה
ואת אפרים:
11 97 8 6 5324 1
21 ובני בנימן בֶּלע ובָכר ואשְׁבָּל ויהיו בני בלע׳ גֵרא ונעמן ואחירים ושפ-פים
וחפים וארד:
22 אלה בני רחל אשר ילד-ה- ליעקב כל נפש ארבעה עשר:

23 ובני דן חֻשים:
24 ובני נפתלי יַחְצאל וגוני ויֵצר וישלים:
כה אלה בני בלהה אשר נתן לבן לרחל בתו ותלד את אלה ליעקב כל נפש שבעה:

26 כל הנפש -ליעקב יהבאה מצרימה יצאי ירכו מלבד נשי בני יעקב כל נפש ששים
וששׁ:
27 ובני יוסף אשר יֻלד-ו- לו במצרים נפש שנים
כל הנפש לבית יעקב הבאה מצרימה שבעים:

28 ואת יהודה שלח לפניו אל יוסף לה-ק-רת לפניו גֹשְנה ויבאו ארצה גשן:
29 וַיֶאסר יוסף מרכבתו ויעל לקראת ישראל אביו גשנה ויקרא אליו ויפל על
ל צוָאריו ויבך ועל צוָאריו עוד: ויאמר ישראל אל יוסף אמותה הפעם אחרי ראותי
את פניך -בני- כי עודך חי:
31 ויאמר יוסף אל אחיו ואל בית אביו אעלה ואגידה לפרעה ואמרה אליו אחי
32 ובית אבי אשר -היו- בארץ כנען באו אלי: והאנשים רעי צאן כי אנשי מקנה
33 היו וצאנם ובקרם וכל אשר להם הביאו: והיה כי יקרא לכם פרעה ואמר מה
34 מעשיכם: ואמרתם אנשי מקנה היו עבדיך מנעורינו ועד עתה גם אנחנו גם
אבתינו בעבור תשבו בארץ גשן כי תועבת מצרים כל רעה צאן:
47,א ויבא יוסף ויגד לפרעה ויאמר אבי ואחי וצאנם ובקרם וכל אשר להם באו
2 מארץ כנען והנם בארץ גשן: ומקצה אחיו לקח -עמו- חמשה אנשים ויצגם לפני
3 פרעה: ויאמר פרעה אל אח-י- יו-סף- מה מעשיכם ויאמרו אל פרעה רע-י- צאן
4 עבדיך גם אנחנו גם אבותינו: * * * * * * ויאמרו אל פרעה לגור בארץ באנו
כי אין מרעה לצאן אשר לעבדיך כי כבד הרעב בארץ כנען ועתה ישבו נא
ה עבדיך בארץ גשן: ויאמר פרעה אל יוסף לאמר [] ישבו בארץ גשן ואם ידעת
-ה-יש בם אנשי חיל ושמתם שרי מקנה על אשר לי:
-ויבאו יעקב ובניו אל יוסף מצרימה וישמע פרעה מלך מצרים: ויאמר פרעה
6 אל יוסף לאמר- -אביך ואחיך באו אליך: ארץ מצרים לפניך הא במיטב הארץ
7 הושב את אביך ואת אחיך: ויבא יוסף את יעקב אביו ויעמדהו לפני פרעה
8 ויברך יעקב את פרעה: ויאמר פרעה אל יעקב כמה ימי שני חייך: ויאמר יעקב
אל פרעה ימי שני מגורי שלשים ומאת שנה מעט ורעים היו ימי שני חיי ולא

47,י השׁינו את ימי שני חיי אבתי בימי מגוריהם: ויברך יעקב את פרעה ויצא מלפני
11 פרעה: ויושב יוסף את אביו ואת אחיו ויתן להם אחזה בארץ מצרים במיטב
12 הארץ בארץ רעמסס כאשר צוה פרעה: ויכלכל יוסף את אביו ואת אחיו ואת
כל בית אביו לחם לפי הטף:

13 ולחם אין בכל הארץ כי כבד הרעב מאד ותל·א· ארץ מצרים וארץ
14 כנען מפני הרעב: וילקט יוסף את כל הכסף הנמצא בארץ מצרים ובארץ כנען
טו בשבר אשר הם שׁברים ויבא יוסף את הכסף ביתה פרעה: ויתם הכסף מארץ
מצרים ומארץ כנען ויבאו כל מצרים אל יוסף לאמר הבה לנו לחם ולמה נמות
16 נגדך כי אפס ·ה·כסף: ויאמר יוסף הבו מקניכם ואתנה לכם ·לחם· במקניכם
17 אם אפס ·ה·כסף: ויביאו את מקניהם אל יוסף ויתן להם יוסף לחם בסוסים
ובמקנה הצאן ובמקנה הבקר ובחמרים וי·כלכ·לם בלחם בכל מקנהם בשנה ההא:
18 ותתם השנה ההא ויבאו אליו בשנה השנית ויאמרו לו לא נכחד מאדני כי
אם תם הכסף ומקנה הבהמה ·בא· אל אדני לא נשאר לפני אדני בלתי אם
19 גויתנו ואדמתנו: למה נמות לעיניך גם אנחנו גם אדמתנו קנה אתנו ואת
אדמתנו בלחם ונהיה אנחנו ואדמתנו עבדים לפרעה ותן זרע ונחיה ולא נמות
כ והאדמה לא תשׁם: ויקן יוסף את כל אדמת מצרים לפרעה כי מכרו מצרים איש
21 שדהו כי חזק עלהם הרעב ותהי הארץ לפרעה: ואת העם העבי·ד· אתו לע·בד·ים
22 מקצה גבול מצרים ועד קצהו: רק אדמת הכהנים לא קנה כי חק לכהנים מאת
23 פרעה ואכלו את חקם אשר נתן להם פרעה על כן לא מכרו את אדמתם: ויאמר
יוסף אל העם הן קניתי אתכם היום ואת אדמתכם לפרעה הא לכם זרע וזרעתם
24 את האדמה: והיה בתבואת·ה· ונתתם חמישית לפרעה וארבע הידת יהיה לכם
כה לזרע השדה ·ולאכל ·ל·כם· ולאשר בבתיכם ·ולאכל· לטפכם: ויאמרו החיתנו
26 נמצא חן בעיני אדני והיינו עבדים לפרעה: וישם אתה יוסף לחק עד היום הזה
על אדמת מצרים· רק אדמת הכהנים לבד·ה· לא היתה לפרעה:

28.27 וישב ישראל בארץ מצרים בארץ גשן ויאחזו בה ויפרו וירבו מאד: ויחי
יעקב בארץ מצרים שבע עשרה שנה ויהי·ו· ימי יעקב שני חיו שבע שנים
29 וארבעים ומאת שנה: ויקרבו ימי ישראל למות ויקרא לבנו ליוסף ויאמר לו אם
נא מצאתי חן בעיניך שים נא ידך תחת ירכי ועשית עמדי חסד ואמת אל נא
48,7 תקברני במצרים: ·[ואני בבאי מ·חרן מתה עלי רחל ·אמך· בארץ כנען בדרך
בעוד כברת הארץ לבא אפרתה ואקברה שם בדרך אפרת הא בית לחם:]·
47,ל ושכבתי עם אבתי ונשאתני ממצרים וקברתני בקברת·ה· ויאמר אנכי אעשה
31 כדברך: ויאמר השׁבעה לי וישבע לו וישתחו ישראל על ראש המטה:
48,א ויהי אחר·י· הדברים האלה ויאמר ליוסף הנה אביך חלה ויקח את שני
2 בניו עמו את מנשה ואת אפרים ·ויבא אל יעקב·: ויגד ליעקב ויאמר הנה בנך
יוסף בא אליך ויתחזק ישראל וישב על המטה:
3 ויאמר יעקב אל יוסף אל שדי נראה אלי בלוז בארץ כנען ויברך אתי:
4 ויאמר אלי הנני מפרך והרביתך ונתתיך לקהל עמים ונתתי את הארץ הזאת
ה לזרעך אחריך אחזת עולם: ועתה שני בניך הנולדים לך בארץ מצרים עד באי
6 אליך מצרימה לי הם אפרים ומנשה כראובן ושמעון יהיו לי: ומולדתך אשר
הולדת אחריהם לך יהיו על שם אחיהם יקראו בנחלתם: ||

(9) 47.26 לפרעה לחמש

48,8.9 וירא ישראל את בני יוסף ויאמר מי אלה ילדי: ויאמר יוסף אל אביו בני
10 הם אשר נתן לי אלהים בזה ויאמר קחם נא אלי ואברכם: ועיני ישראל כבדו
11 מזקנה לא יוכל לראות ויגש אתם אליו וישק להם ויחבק להם: ויאמר ישראל
12 אל יוסף ראה פניך לא פללתי והנה הראה אתי אלהים גם את זרעך: ויוצא
13 יוסף אתם מעם ברכיו וישתחו לאפיו ארצה: ויקח יוסף את שניהם את אפרים
בימינו משמאל ישראל ואת מנשה בשמאלו מימין ישראל ויגש אתם אליו:
14 וישלח ישראל את ידו ימינו וישת על ראש אפרים והוא הצעיר ואת שמאלו על
15 ראש מנשה שכל את ידיו כי מנשה הבכור: ויברך אתם ויאמר האלהים אשר
התהלכו אבתי לפניו אברהם ויצחק האלהים הרעה אתי מעודי עד היום הזה:
16 המלאך הגאל אתי מכל רע יברך את הנערים ויקרא בהם שמי ושם אבתי
אברהם ויצחק וידגו לרב בקרב הארץ:
17 וירא יוסף כי ישית אביו יד ימינו על ראש אפרים וירע בעיניו ויתמך יד
18 אביו להסיר אתה מעל ראש אפרים על ראש מנשה: ויאמר יוסף אל אביו לא
19 כן אבי כי זה הבכר שים ימינך על ראשו: וימאן אביו ויאמר ידעתי בני ידעתי
גם הוא יהיה לעם וגם הוא יגדל ואולם אחיו הקטן יגדל ממנו וזרעו יהיה מלא
20 הגוים: ויברכם ביום ההוא לאמור בכם יברך ישראל לאמר ישמך אלהים כאפרים
וכמנשה וישם את אפרים לפני מנשה:
21 ויאמר ישראל אל יוסף הנה אנכי מת והיה אלהים עמכם והשיב אתכם אל
22 ארץ אבתיכם: ואני נתתי לך שכם אחד על אחיך אשר לקחתי מיד האמרי
בחרבי ובקשתי:

49,1 ויקרא יעקב אל בניו ויאמר האספו ואגידה לכם את אשר יקרא אתכם
2 באחרית הימים: הקבצו ושמעו בני יעקב והקשיבו אל ישראל אביכם:

49,3 ראובן בכרי אתה
כחי וראשית אוני
יתר שאת ויתר עז:
4 פחז כמים אל תותר
כי עלית משכבי אביך
או חללת יצועי יולדך:

5 שמעון ולוי אחים
כלו חמס מכרתם:
6 בסדם אל תבא נפשי
בקהלם אל יחד כבודי
כי באפם הרגו איש
וברצנם עקרו שור:
7 ארור אפם כי עז
ועברתם כי קשתה
אחלקם ביעקב
ואפיצם בישראל:

8 יהודה אתה יודוך אחיך
ידך תאחז בערף איביך
ישתחוו לך בני אביך:
9 גור אריה יהודה
ממטרף בני עלית
כרע רבץ כאריה
וכלביא מי יקימנו:
10 לא יסור שבט מיהודה
ומחקק מבין רגליו
עד כי יבא שילה
ולו יקהת עמים:
11 אסרי לגפן עירה
ולשרקה בני אתנו
כבס ביין לבשו
וברם ענבים כסותה:
12 חכלילי עינים מיין
ולבן שנים מחלב:

13 זבולן לחוף ימים ישכן
והוא יגור אנית:

(א) 49,13 וירכתו על צידן

49,14 יששכר חמר גרם
רבץ בין המשפתים:
טו וירא מנחה כי טוב
ואת הארץ כי שמנה
ויט שכמו לסבל
ויהי למס עבד:

16 דן ידין עמו
כאחד שבטי ישראל:
17 יהי דן נחש עלי דרך
שפיפן עלי ארח
הנשך עקבי סוס
ויפל רכבו אחור:(a)

19 גד גדוד יגודנו
והא יגד עקבם:

כ אשר שמנה חלתו
והא יתן מעדני מלך:

21 נפתלי פרת שלחה
הנתנה פרי שפר:

49,22 בן אילה יוסף
בן אילה עלי עין
במצעדיו עלי שור:
23 וימררהו וירבהו
וישטמהו בעלי חצים:
24 ותשבר באיתן קשתם
ויפזרו זרעי ידים
מידי אביר יעקב
מזרעי עור ישראל:
כה מאל אביך ויעזרך
ואל שדי ויברכך
ברכת שמים מעל
ברכת תהום רבצת תחת
ברכת שדים ורחם:
26 ברכת אביך גברו
על מרום הררי עד
תאות גבעת עולם
תהיין לראש יוסף
ולקדקד נזיר אחיו:

27 בנימן זאב יטרף
בבקר יאכל עד
ולערב יחלק שלל:

28 כל אלה שבטי ישראל שנים עשר וזאת אשר דבר להם אביהם

29 ויברך אותם איש אשר כברכתו ברך אתם: ויצו אותם ויאמר אלהם אני נאסף
ל אל עמי קברו אתי את אבתי אל המערה אשר בשדה עפרון החתי: במערה
אשר בשדה המכפלה אשר על פני ממרא בארץ כנען אשר קנה אברהם את
31 השדה מאת עפרן החתי לאחזת קבר: שמה קברו את אברהם ואת שרה אשתו
32 שמה קברו את יצחק ואת רבקה אשתו ושמה קברתי את לאה: מקנה השדה
33 והמערה אשר בו מאת בני חת: ויכל יעקב לצות את בניו ויאסף רגליו אל
המטה ויגוע ויאסף אל עמיו:
50,2.א ויפל יוסף על פני אביו ויבך עליו וישק לו: ויצו יוסף את עבדיו את הרפאים
3 לחנט את אביו ויחנטו הרפאים את ישראל: וימלאו לו ארבעים יום כי כן ימלאו
4 ימי החנטים ויבכו אתו מצרים שבעים יום: ויעברו ימי בכיתו וידבר יוסף אל
ה בית פרעה לאמר אם נא מצאתי חן בעיניכם דברו נא באזני פרעה לאמר: אבי
השביעני לפני מותו לאמר הנה אנכי מת בקברי אשר כריתי לי בארץ כנען
שמה תקברני ועתה אעלה נא ואקברה את אבי כאשר השביעני ואשובה:
6 ויאמר פרעה עלה וקבר את אביך כאשר השביעך:
7 ויעל יוסף לקבר את אביו ויעלו אתו כל עבדי פרעה זקני ביתו וכל זקני
8 ארץ מצרים: וכל בית יוסף ואחיו ובית אביו רק טפם וצאנם ובקרם עזבו בארץ
9.י גשן: ויעל עמו גם רכב גם פרשים ויהי המחנה כבד מאד: ויבאו עד גרן האטד

(a) 49,18 לישועתך קויתי יהוה:

אשר בעבר הירדן ויספדו שם מספד גדול וכבד מאד ויעש לאביו אבל שבעת 50
ימים: וירא יושב הארץ הכנעני את האבל בגרן האטד ויאמרו אבל כבד זה 11
למצרים על כן קרא שמה אבל מצרים אשר בעבר הירדן: ויעשו בניו לו כן 12
כאשר צום: וישאו אתו בניו ארצה כנען ויקברו אתו במערת שדה המכפלה 13
[על פני ממרא] אשר קנה אברהם את השדה לאחזת קבר מאת עפרן החתי [ ]:
וישב יוסף מצרימה הוא ואחיו וכל העלים אתו לקבר את אביו אחרי קברו 14
את אביו:

ויראו אחי יוסף כי מת אביהם ויאמרו לו ישטמנו יוסף והשב ישיב לנו את 15
כל הרעה אשר גמלנו אתו: ויבאו אל יוסף לאמר אביך צוה לפני מותו לאמר: 16
כה תאמרו ליוסף אנא שא נא פשע אחיך וחטאתם כי רעה גמלוך ועתה שא 17
נא לפשע עבדי אלהי אביך ויבך יוסף בדברם אליו: ויבכו גם אחיו ויפלו לפניו 18
ויאמרו הנגו לך לעבדים: ויאמר אלהם יוסף אל תיראו כי התחת אלהים אני: 19
ואתם חשבתם עלי רעה ·וה אלהים חשבה לטבה למען עשה כיום הזה להחית 20
עם רב: ועתה אל תיראו אנכי אכלכל אתכם ואת טפכם וינחם אותם וידבר 21
על לבם:

וישב יוסף במצרים הוא ובית אביו ויחי יוסף מאה ועשר שנים: וירא יוסף 22.23
לאפרים בנים· שלשים גם בני מכיר בן מנשה ילדו על ברכי יוסף: ויאמר יוסף 24
אל אחיו אנכי מת ואלהים פקד יפקד אתכם והעלה אתכם מן הארץ הזאת אל
הארץ אשר נשבע לאברהם ליצחק וליעקב: וישבע יוסף את בני ישראל לאמר 25
פקד יפקד אלהים אתכם והעלתם את עצמתי מזה ·אתכם·: וימת יוסף בן מאה 26
ועשר שנים ויחנטו אתו ויישם·ו· בארון במצרים:

Critical Notes on Genesis

1 (6) ויהי כן, so 𝔊; 𝔐 at the end of v. 7. The formal symmetry of the chapter justifies the transposition; *cf.* vv. 9.11.15.24.30.

(8) 𝔊 + וירא אלהים כי טוב after שמים; *cf.* vv. 3.10.12.18.21.25. But the clause would read better at the end of v. 7. Was it omitted by some scribe, who remembered that שמים was a title of God Himself? (*cf.* Dan. 4,23; Luke 15,18; and the common Rabbinical use). The Jews of Origen's time were puzzled by the omission (see Orig. *ad Africanum* 4); *cf.* Lagarde, *Ankündigung einer neuen Ausgabe der griech. Übersetzung des AT* (1882).

(9) 𝔐 מקום, but 𝔊 συναγωγή = מקוה, which is, in fact, implied by מקוה המים (*cum artic.*!), v. 10. We retain יקוו and מקוה, on the ground of Jer. 3,17; Ex. 7,19; Lev. 11,36. A root קוה *gather together* is further attested by the mistaken use of συνάγω, συναγωγή, 𝔊 Jer. 8,13; 50,7; Zech. 9,12. See also on 37,35; 49,10.

At the end of the verse 𝔊 adds: καὶ συνήχθη τὸ ὕδωρ τὸ ὑποκάτω τοῦ οὐρανοῦ εἰς τὰς συναγωγὰς αὐτῶν, καὶ ὤφθη ἡ ξηρά = ויקוו המים מתחת השמים אל מקויהם ותרא היבשה. *Cf.* vv. 7.12.16.21.25. The term מקויהם (*sing.* not *plur.*, as 𝔊) looks original; and the clause may have been omitted by some editor who sacrificed symmetry to his dislike of monotony. The additions of 𝔊 are often mere harmonistic interpolations; but sometimes they indicate a different Hebrew text, and occasionally old glosses imbedded in that text.

(11) למינהו *bis*; so 𝔊; *cf.* v. 12; ‸ 𝔐.

𝔐 עץ, but the sense requires ועץ; so Sam𝔊𝔖𝔍𝔗', 3 Heb. MSS and v. 12. פרי follows in 𝔐𝔊, but seems needless; see v. 12. עץ פרי only recurs ψ 148,9; *cf.* Eccl. 2,5.

(12) ותדשא is suggested by v. 11, and the uniform style of the chapter. Moreover, יצא Hif'il is rare in the sense required (Num. 17,23; Is. 61,11; Hag. 1,11; ψ 104,14); and v. 24 is not quite parallel. 𝔐 ותוצא, and so the Versions (𝔖 even in v. 11).

(20) ויהי כן, so 𝔊, as required by analogy. ‸ 𝔐.

(21) Sam למיניהם *plene*; *cf.* 𝔊 κατὰ γένη αὐτῶν, 𝔍 *in species suas.* See on 4,4.

(26) 𝔐 כדמותנו. Sam𝔊 prefix ו, which is often omitted after a preceding ו or similar letter (י, ן). That כ׳, not ב׳ (some MSS; 𝔗'), is right, appears from 5,1.3; ψ 58,5; Dan. 10,16. [כדמותנו may be an explanatory gloss on בצלמנו — P. H.]; *cf.* v. 27; but see also 5,1.3.

חית, so 𝔖; rightly, as the classification of the earth with animals is incongruous; ‸ 𝔐.

(28) ובבהמה, so 𝔊𝔖; *cf.* v. 26; ‸ 𝔐.

𝔐 חית, Sam החיה, as grammar requires. Possibly corruption or revision has gone

1 further, as 𝔊 indicates ובכל הבהמה ובכל [חית] הארץ ובכל הרֶמֶשׂ הרֹמשׂ על הארץ for the close of the verse, like v. 26.

(30) 𝔐 ולכל רומש. 𝔊 καὶ παντὶ ἑρπετῷ τῷ ἕρποντι; *cf.* v. 26.
𝔐 את כל ירק, without regimen. Some MSS and 𝔊 ואת, which hardly improves matters. We supply נתתי, with EWALD; *cf.* 9,3.

2 (2) 𝔐 השביעי. 𝔪𝔊𝔖, Book of Jubilees, Bereshith Rabbah: הששי, as the context requires. ויכל is not the same as ויכל כן, but means *finished, completed*, as is clear from v. 1. Logically, *He finished His work on the seventh day* cannot mean *He did nothing but rest and refresh Himself* (Ex. 31,17) *on the seventh day*. Besides, there is an intentional antithesis between ביום הששי and ביום השביעי. Else why not וישבת בו in the second clause (*cf.* v. 3)?

(4) 𝔐 אלה תולדות. So 𝔪𝔖; but 𝔊 αὕτη ἡ βίβλος γενέσεως as at 5,1; and so Philo. As אלה תולדות always refers to what follows, never to a preceding narrative, R or some early transcriber may have substituted it here in place of P's זה ספר תולדות; perhaps objecting to the latter on account of its recurrence at 5,1. See NESTLE, *Marginalien*, p. 4. Whether this formula originally stood also, or only, at the head of c. 1, cannot now be determined. — 𝔐 בהבראם; perhaps originally בבראם.
𝔐 ארץ ושמים, which recurs ψ 148,13 only. 𝔪𝔊𝔖 reversely; *cf.* 14,19.

(6) אד (Job 36,27 only) is rendered *mist* by AV; *cf.* $\mathfrak{T}^{O}$ עננא *cloud*, 𝔄 بُخَار *vapor*; and Job *l. c.* 𝔊 νεφέλη. Here 𝔊 has πηγή *fountain*, and so 𝔖𝔍; Ά, ἐπιβλυσμός, *a welling forth* (of waters). We might think of the old Egyptian *iad* 'dew;' but there can be little doubt that the Assyrian *edû*, 'flow, tide, highwater,' of the sea and rivers, and *iditu*, 'flooding for irrigation' are nearer the mark. [*Cf.* DELITZSCH, *Wörterbuch*, p. 125 below. — P. H.] The ultimate source of the term, therefore, is the Sumerian DE, irrigation of a field; A-DE-A or EDEA, *id.* See 2 R 30,13.15[ab]. The Arabic إيّاد *air* (Qâmûs), which is compared by GESEN.-BUHL[12], has nothing to do with אד, for it seems to mean *inaccessible height*; and R. LEVI's 'Aramaic' איד is simply taken from this passage of Gen.

(11) 𝔐 החוילה; 𝔪 חוילה, as 𝔐 everywhere else (10,7.29; 25,18; 1 Sam. 15,7 &c.). The ה may be due to dittography of ה.

(12) 𝔐 ההוא, 𝔪 ההיא; and so throughout the book. The supposed הוא fem. is contradicted (*a*) by philology, (*b*) by the general use of the OT. The Pentateuch itself is not quite uniform in the matter. In the older mode of writing — the so called *scriptio defectiva* — הא would be read הוא or היא according to the sense (STADE). Hence we have to do, not with a genuine archaism, but with the consecration of a blunder or, at best, a caprice. [*Cf.* DRIVER's note on Levit. 1,13].
𝔐 טוב, 𝔪 + מאד; *cf.* 𝔍 *optimum*.

(18) 𝔐 אעשה, 𝔊𝔍 imply נעשה, harmonizing with 1,26. — The term *help*, applied to the woman, is remarkable, being used only of God elsewhere (ψψ 70,5; 115,9; Deut. 33,26 (?)), and that with reference to warfare. It looks as if the woman were made to be the man's help in keeping the Garden against enemies. And possibly the name *Chawwah* (3,20) was connected in the original form of the story with the Babylonian *ḫamât* or *chatwat*, 'help, support, aid in warfare.' [*Cf.* DELITZSCH, *Handwörterbuch*, 281[a] below].

(19) 𝔪𝔊 + עוד, with reference to v. 7. 𝔪 + את, which is implied by the following coordinate phrase.
𝔐 נפש חיה; a marginal gloss which has crept into the text, where it is out of construction.

(20) 𝔐 ולעוֹף. 𝔊 καὶ πᾶσι τοῖς πετεινοῖς = ולכל עוף, as symmetry demands. So 𝔖𝔍.
𝔐 וּלְאָדָם, 𝔊 τῷ τε Ἀδαμ; but, just before, καὶ ἐκάλεσεν Ἀδαμ. The three contrasted expressions have the article, which would be required here also, even if the sense were *für einen Menschen*, as KAUTZSCH-SOCIN render. *Cf.* 3,9.17.

2 (23) 𝔐 מאיש; 𝔰𝔪 מאישה; so 𝔊.

(24) 𝔐 והיו. So 𝔗O𝔄. But 𝔊𝔖𝔍𝔗ʹ, NT, Philo + שניהם.

𝔰𝔪 ותיה משניהם = *and there shall become of them twain*; for משנה cannot mean *a pair*.

3 (1) 𝔊𝔖 + הנחש after ויאמר.

(2) 𝔐𝔰𝔪 מפרי עץ; 𝔊 ἀπὸ παντὸς ξύλου (v. 1); 𝔖 implies מפרי כל עץ, which gives a better rhythm.

(3) 𝔐 העץ. 𝔰𝔪 + הזה, as the context demands, the tree being before them (v. 6).

(6) 𝔐𝔖 ויאכל; 𝔰𝔪𝔊 *plur.* But the point is that the Man also ate. The reading of 𝔰𝔪𝔊 was due to dittography of the following ו. — 𝔐 ותתן גם לאישה עמה ויאכל, but 𝔄 واعطت بعلها فاكل معها.

(7) 𝔐 עלה. Some Heb. MSS 𝔰𝔪𝔖𝔊𝔗O𝔗ʹ &c. read עלי (Job 30,4; Neh. 8,15). But עלה is usually collective (Is. 1,30). Even in 8,11 𝔰𝔪 writes עלי ungrammatically.

(9) 𝔊 Αδαμ, ποῦ εἶ; *cf.* 𝔖. If this were original, the Hebrew would be האדם איכה *Man, where art thou?* for *Adam* does not appear as a proper name until 4,25.

(16) 𝔐 אל; 𝔰𝔪𝔊 ואל, as in v. 17.

𝔰𝔪 עצבוניך; 𝔊 τὰς λύπας σου; but the term (here, v. 17, and 5,29 only) is *sing.* as in 5,29.

𝔐 הרונך, as if from הֵרֹן, ἅπ. λεγόμ., as GESEN.[12] states. But 𝔰𝔪 הריונך, from הֵרָיוֹן (Hos. 9,11; Ru. 4,13) is preferable.

𝔐 בעצב; 𝔰𝔪 בעצבון rightly, as the term is repeated for the sake of emphasis. עצב, moreover, is not used in the required sense elsewhere; while עצבון recurs, v. 17; 5,29.

𝔐 תשוקתך. The word is only found besides in 4,7 and Cant. 7,11. The reference of this suspicious term to שוק = شاق is unphilological. 𝔊 ἡ ἀποστροφή σου = תשובתך; *cf.* 𝔖 الفيي *thou shalt return.* In Cant. *l. c.* 𝔊 has the similar ἡ ἐπιστροφὴ αὐτοῦ. The true reading of 2 Sam. 17,3 (*as the bride*, כלה, *returns to her husband*) illustrates the meaning. The penalties of man and wife are parallel (vv. 16.19): each is *to return* to the source of each, the woman to the man, the man to the dust (see NESTLE, *Marginalien*, p. 6).

With this the old Babylonian ideogram E-GIA *bride* (Assyr. *kallâtu*), strictly *the home-returning*, strangely agrees; and ZIMMERN's supposition that the ideogram is an artificial Semitic coinage disappears (*Busspsalmen*, pp. 7, n.; 50). In Chinese also 歸 *kwei* 'to return' involves a contraction of the character 婦 *wife*, and is used of a woman's marriage, and of returning to dust (*kwei yu t'u*), *i. e.* dying.

(17) 𝔐 וּלְאָדָם; 𝔊 τῷ δὲ Αδαμ. The sense and parallelism (*cf.* vv. 14.16) require וְלָאָדָם, *and to the Man.*

𝔐 בעבורך is confirmed by 8,21 *curse the ground for man's sake.* *Cf.* also 1 Sam. 23,10 for this use of בעבור (NESTLE).

(20) 𝔐 האדם; but 𝔰𝔪 אדם, 𝔊 Αδαμ, as a proper name. The verse evidently refers us back to v. 16. The man called his wife *Chawwah*, because she was to become the mother of all living (*chay*), according to the sentence of JHVH concerning her. It does not immediately follow that verse, because the writer preferred to give the triple judgment of God without interruption.

(21) 𝔐 לְאָדָם *for Adam*, inconsistently after האדם, v. 20. 𝔊 τῷ Αδαμ. The verse looks original, naturally following on the Divine sentence, and preceding the expulsion. We may, therefore, point לָאָדָם *for the Man.*

(24) 𝔐 וישכן מקדם לגן עדן את הכרבים. Something seems to be omitted. וישכן, *he caused to dwell*, hardly suits in connection with the Cherubim and the Whirling Sword; but we expect to be told where the Man dwelt after his expulsion from the Garden, as in the case of Cain (4,16). We correct after 𝔊 καὶ κατῴκισεν αὐτὸν ἀπέναντι τοῦ παραδείσου τῆς τρυφῆς καὶ ἔταξεν τὰ χερουβιν = וישכן אתו מקדם

3.24—4,18 — Genesis — 49

3 לגן עדן וישם את הכרבים. For וישם, cf. 2 Kings 10,24; 1 Sam. 22,7. Its likeness to
וישכן may have caused its omission.

4 (1) 𝔐 את יהוה 𝔊 διὰ τοῦ θεοῦ: an intentional substitution. So 6,6.7. The meaning
of קניתי is not *I have purchased* or *procured*, which would require מאת of the
source (7,27; 23.20; *cf.* Jos. 11,20); but *I have forged, formed*, or *wrought*
(14,19; Pr. 8,22; Deut. 32,6; ψ 139,13). את, therefore, is strictly *along with*, of
co-operation; or else *by help of*, like the Greek σὺν θεῷ. Διά = את, 49,14.

(4) 𝔐 ומחלבהן, intending the *plur*. So 𝔊 ἀκ מחלביהן, with *scriptio plena*; and 𝔊 ἀπὸ
τῶν στεάτων αὐτῶν. *Cf.* Lev. 6,5; 8,26. The *plur.* is preferable, as the meaning
is *the fat portions* of the victims. Otherwise, we might refer to חֶלְבָּהּ, Lev.
8,16,25.

(6) 𝔐 יהוה; 𝔊 Κύριος ὁ θεός; יהוה אלהים. So again, 𝔊^H and Syr. Hexapl. in vv. 9.13.

(7) 𝔐 הלוא אם תיטיב שאת ואם לא תיטיב לפתח חטאת רבץ, which yields no adequate
sense. Cain is sullen, because his sacrifice is rejected. The Deity remonstrates
with a reminder that a sacrifice must be regular to be acceptable. In other
words, it is suggested that there was something wrong with Cain's sacrifice, and
he had no right to be angry at the normal consequence. This sense, which
agrees with the context and with ancient ideas far better than any which can
be wrested out of the doubtful Hebrew of 𝔐, is actually given by 𝔊: οὐκ ἐὰν
ὀρθῶς προσενέγκῃς ὀρθῶς δὲ μὴ διέλῃς, ἥμαρτες; ἡσύχασον.
For שאת (*leg.* לשאת), *to bring an offering, cf.* Ez. 20,31; for לפתח = διελεῖν, *to divide
the victims*, Gen. 15,10.
𝔐 תשוקתו, 𝔊 ἡ ἀποστροφὴ αὐτοῦ, *cf.* 𝔖; see on 3,16. The meaning is: *thy
brother's return* (i. e. recourse, deference, and submission) *will be to thee, and
thou will enjoy the natural authority of the elder*.

(8) 𝔐 נלכה השדה | 𝔊 διέλθωμεν εἰς τὸ πεδίον = 𝔖 ܘܐܡܪ܊. The sequel ויהי
בהיותם וגו׳ almost implies the added words. *Cf.* 27,5. BÖTTCHER's correction
וישמר for ויאמר is rendered improbable by Cain's question השמר אחי וגו׳ (v. 9), as
by the immediate sequel.
𝔐 אל, a common scribal error for על; 𝔊 ἐπί. *Cf.* Deut. 19,11.

(9) 𝔐 אי, 𝔘 איה; *cf.* 18,9. The ה has fallen out before הבל.

(10) After ויאמר 𝔊+ὁ θεός, אלהים, which might be a substitute for יהוה, or else for
יהוה אלהים as in 2,5.7.9.19.21; though the subject is unnecessary here: *cf.*
3,14.16.17. In 4,6.15 his 𝔊 has Κύριος ὁ θεός = יהוה אלהים for the simple and
probably original יהוה (so also 𝔊^H and Syr. Hex. in vv. 9.13); but in 4,16 τοῦ
θεοῦ for יהוה. As the narrative is consecutive to 4,25, there seems no reason for
the sudden disappearance of the composite expression from the Hebrew text;
and 𝔊 may therefore preserve the relatively older reading in 4,6.15; 5,29; and
similar instances.
𝔐 דמי *plur.* is more vivid and dramatic than the *sing.* (αὑμα; 9,4-6). The
outcry is loud; for קול דמי suggests multitude. The same applies to v. 11.

(15) 𝔐 לכן, 𝔊ΣΘΟΑ לא כן imply לא כן; but then כי or אם כי should follow.

(16) 𝔐 נוד, 𝔘 נד defectively. 𝔊 Ναίδ, with variants Ναιδ, Ναιν, Ναιωδ, Ναηδ (NESTLE).
The context demands a local name; and the repeated נע ונד (vv. 12.14) seems
intended as a play on the name of Cain's country. נוד, 𝔖 ܢܘܕ, originally doubt-
less נד, will therefore be correct; and Ναιδ is simply due to reading י as י (ניד).
habitavit profugus in terra ad orientalem plagam Eden וישב בארץ נד קדמת עדן
is bad Hebrew and bad sense.

(17) 𝔐 בשם (so only Jos. 19,47; *cf.* Jud. 18,29). Some MSS. כשם; so 𝔊𝔖.

(18) 𝔐 עירד; 𝔊 Γαιδάδ (corr. Γαιράδ). HOMMEL has shown (PSBA, March '93) that
the two lists of antediluvian patriarchs were originally identical, and that the
Hebrew names are either adaptations or translations of the Babylonian as found

in Berossus and cuneiform sources. עירד, written ירד, 5,15, [*cf.* Mandean עת=איה=יש, NÖLD. MG §§ 5. 55: يسوع=عيسى] answers to the Babylonian Δαως, *ap.* Berossus, *i. e. Damu, Dawu* (rather than *Dumu*), 'son;' *cf.* Σαως=*Samas*. In spite of 𝔊, the root may be seen in غرد, *it came forth and grew up*, said of plants and trees; so that עירד=*shoot, scion, soboles*, like Ass. *pirḫu*, Heb. נצר ,חטר.

𝔐 מחויאל ומְחִיָּאֵל, with a note on the second form יתיר י *the yod is superfluous*; pronouncing therefore מְחִיָּאֵל, in spite of the preceding מְחוּיָאֵל a triumph of absurdity. מהללאל, 𝔊 Μαλελεηλ, 5,12, is more original than either of these forms; as is shown by Berossus' Μεγάλαρος, a phonetic improvement of Μελάλαρος = *Amel-Aruru*, 'Aruru's Man' (HOMMEL). י and ל are sometimes confused.

𝔐 מתושאל has been modified to rhyme with מחויאל. 𝔊 Μαθουσαλα, as in 5,21 (=מתושלח). Methusael, *Man of El*, is less original than Methuselah, *Man of Selah*, where *Selah* is, perhaps, a modification of Bab. *Šarraḫu*, a title of Sin, the god of Ur Casdim whence Abraham migrated. Methuselah thus answers to Αμέμψινος=*Amel-Sin*, 'Sin's Man;' while Lamech seems to be an easy adaptation of Bab. *Lamga*, 'the Servant' (of Merodach), another title of Sin, synonymous with *Ubara*, in the name *Ubara-Tutu*, 'Vassal of Merodach,' the Ὠτιάρτης (or rather Ὠπάρτης) of Berossus, and father of Ξίσουθρος, the hero of the Flood, who corresponds to the Hebrew Noah.

(20) 𝔐 יָבָל; 𝔊ᴬ Ιωβελ, 𝔊ᴱ Ιωβηδ (=Ιωβηλ); *cf.* אוביל (1 Chr. 27,30) and أُبِل (*abil*) or آبِل (*âbil*) *one skilled in the care of camels and sheep or goats*, or perhaps rather the Phœnician יבל *he-goat*; *cf.* also הבל, the shepherd Abel, 4,2; whose name is evidently related to Syr. [illegible] *grex*; [illegible] *pastor* (see PAYNE SMITH).

𝔐 אבי ישב אהל ומקנה. We supply כל, as in vv. 21.22. For אָהֳלֵי מקנה, see 2 Chr. 14,15 (𝔊ⱽ σκηνὰς κτήσεων). 𝔊ᴬ here: ὁ πατὴρ οἰκούντων ἐν σκηναῖς κτηνοτρόφων (*cf.* 46,32). For the plur., see ישב אהלים, 25,27.

(21) 𝔐 יובל=𝔊 Ιουβαλ, doubtless connected with יָבַל ,קרן היובל. Each name is thus significant of the art ascribed to its bearer. This does not prove its Hebrew origin, as it may be a translation or adaptation of some foreign name. The inventor of the harp and the (Pan's) pipe is naturally the brother of the *shepherd* Jabal.

(22) 𝔐 תובל קין, a strange mode of writing a Hebrew proper name. The Oriental or 'Babylonian' תּוּבַלְקַיִן is more natural. 𝔊 Θοβελ, not understanding the קין. (*Tu*)*balqain*, as the name of the inventor of metallurgy, may be compared with *Balgin, Bilgi*, the Sumerian Fire-god, whom an old hymn celebrates as melting and refining gold, silver, bronze, and lead, but not iron which was of later use; and as the brother of the goddess *Ningu-si* or *Nin-ka-si*, in whom we may recognize Tubalcain's sister נעמה, Nogbmat, 𝔊 Νοεμα=נַעֲמָה. NESTLE (*Marginalien*, p. 10) cites Νοεμιν ψάλλουσα φωνῇ οὐκ ἐν ὀργάνῳ, from LAGARDE, and suggests a root נעם with ע₂, thus confirming our conjecture. *Cf.* PSBA, May '94, where it is shown that the Chinese *Fuh-hi* and his sister *Nü-kwa* (or *Nü-wa*) are parallel figures. It may be added that *Nü-kwa* is said to have invented a kind of harp.

𝔐 לטש כל חרש נחשת וברזל. One of the two participles appears superfluous in view of the strict parallelism of the other descriptions, vv. 20.21. לטש *hammerer*, 𝔊 ὁ σφυροκόπος (*cf.* Is. 41,7) is probably an old gloss on חרש which might mean *ploughman* (Am. 9,13). חֹרֵשׁ (1 K. 7,14 only) is used instead of the usual חָרָשׁ ,חָרַשׁ which 𝔊 read here (χαλκεὺς=חָרָשׁ, Is. 54,16; 2 Chr. 24,12), because of the previous participles.

(23) 𝔐 שְׁמַעַן; but שְׁמַעְנָה=שְׁמַעְןָ (Is. 32,9; Jer. 9,19) is more likely.

(25) 𝔐 אדם. The aspirate fell out after ע. — 𝔊 𝔖 + חוה before אשתו, *et post* + ותהר. — 𝔊 + λέγουσα after שת=לאמר. — 𝔐 ותקרא, ℌ ויקרא.

(26) 𝔐 הוחל אז; an attempt to soften the contradiction of P's statement, Ex. 6,3;

4 *cf.* Gen. 17,1. Sam. אז החל; 𝔊 οὗτος ἤλπισεν (pointing הֹחַל=הוחיל); 𝔍 rightly *iste coepit* (הוּא הֵחֵל). The statement אז הוחל is without parallel in Genesis, and the context requires the sense *he* (Enosh) *was the first to call upon the Name of JHVH*; there being no previous temporal determination to which אז might refer.
For הוא rather than זה (5,29=οὗτος), see v. 21 and 10,8 (הוא החל להיות).

5 (3) 𝔐Sam.𝔖 בצלמו; 𝔊 διακόσια. For the first five and the seventh of the ten patriarchs, *viz.* Adam, Seth, Enos, Kenan, Mahalaleel, and Enoch, the numbers of 𝔐 and Sam. agree. 𝔊 subtracts 100 in each case from the years lived after the birth of the successor, and adds them to the number of years lived previously; an arbitrary change made for the sake of symmetry. As to the sixth patriarch, Jared, 𝔊 agrees with 𝔐, as the actual numbers in his case already harmonized with the altered numbers preceding it. Sam. omits 100 years, no doubt accidentally. In the tenth case, that of Noah, all three witnesses are at one. In the eighth case, that of Methuselah, 𝔐 and 𝔊 agree, Sam. differs; while in the ninth, that of Lamech, all three disagree. Thus in eight cases out of ten we find agreement which warrants preference of the 𝔐 numbers; in the other two we must have recourse to textual emendation.
𝔐 ויולד. The word בֵּן, the object of the transitive verb (vv. 4[b].28), and the necessary antecedent to which שמו refers here as elsewhere, has fallen out of the text before the similar letters בר.
𝔐 בדמותו כצלמו. Some MSS ובצלמו; many MSS, and Jewish citations בצלמו. 𝔊 κατὰ ... καὶ κατὰ ... *Cf.* 1,26, according to which we correct, although the order is here reversed.
(4) 𝔐 ויהיו ימי אדם, read ויחי, following 𝔖. *Cf.* vv. 7.10.13.16 &c. The ordinary MSS and editions of 𝔖 support the new reading; but the oldest known codex, *viz.* Brit. Mus. Add. MSS 14425, dated A. D. 464 (see WRIGHT's *Catalogue*), which has been collated for the present work, here, as in many other instances, supports 𝔐. We cite this codex as 𝔖[BM].
(18) Sam. ^ ומאת שנה; an easy omission after the preceding שנה, a transcriber's eye having passed unconsciously from the first to the second.
(22) 𝔊 εὐηρέστησε δὲ Ενωχ τῷ Θεῷ does not indicate a various reading, but is the usual anti-anthropomorphic paraphrase of the Hebrew expression, recurring in v. 24; 6,9; 17,1; 24,40; 48,15; ψψ 25,3; 34,17; 114,9. (Some MSS ^ vv. 22.23.)
(23) 𝔐 ויהי; some MSS and Sam. rightly ויהיו, as in vv. 5.8.11.31.
(25) 𝔐 שבע ושמנים שנה ומאת שנה. So 𝔊; but Sam. שבע וששים שנה, where ששים is a corruption of שמנים (confusion of ᗰ and ᨓ), and ומאת שנה has been accidentally omitted for the same reason as in v. 18. This, of course, led to intentional changes of the numbers in vv. 26.27.
(28) 𝔐 שתים; 𝔊 ὀκτώ=שמנה, dittography of the following שמנים.
𝔐 ותשעים; 𝔊 καὶ ἑξήκοντα=וששים, confusing ע with ש, as in other instances.
Sam. differs from 𝔐𝔊 in all three numbers for Lamech; but the 595 years after the birth of Noah (v. 30) are confirmed by the round number (600) of Sam. Upon the whole, it is clear that the three lists were originally one, and that 𝔐 deserves the preference.
(29) 𝔐 ינחמנו; 𝔊 διαναπαύσει, *cf.* Is. 14,3 ἀναπαύσει=הניח; Ex. 23,12 ἀναπαύσηται=ינוח; Pr. 29,17 ἀναπαύσει σε=יניחך. נֹחַ is nearer to נוח than to נחם in sound; and besides, the writer clearly meant to convey the idea of *rest* from toil (Ex. 23,12).
𝔐 ממעשנו; many MSS and Sam. ממעשינו, which is attested also by 𝔖𝔊 ἀπὸ τῶν ἔργων ἡμῶν. The term is *sing.* (47,3). 𝔐 'את וגו; 𝔖 'ואת וגו.
(32) Some MSS and Sam.𝔖𝔗' ואת חם. Choice is hardly possible, for in 6,10 we have

5 אֶת חֵם, but ש חת; וְאֵת חֵם in 9,18. ᾅ וחם, but ᾀᾠ חֵם; in 10,1 ᾅᾠᾠ חֵם, but some MSS and ש וחם.

6 (3) ᾅ יהוה; 𝔊 + ὁ θεός = אלהים, which probably stood in the Heb. text of 𝔊, here and in vv. 5.8, as also in v. 12 where 𝔊 has Κύριος ὁ θεός = ᾅ אלהים. ᾅᾠᾠ ידון; 𝔊 οὐ μὴ καταμείνῃ *shall not abide* or *continue*. ש ܢܕܘܢ *shall dwell* = ינר, ψ 5,5; cf. Gen. 23,4. A Heb. root דון in such a sense is unknown; and ינר is too remote from the *ductus litterarum*. Read therefore יכן, after Job 15,23 נכון—שויתי, ψ 102,28 (= 𝔊 101,29); נבון = Σ, διαμένει, Job 21,8. Cf. also the metaphorical נכון רוח, ψ 51,10. Jhvh had originally *breathed into man's nostrils* *breath of life*, 2,7; cf. 6,17; 7,22. This *divina particula aurae* was not henceforth to be *constant* or permanent in him.

We might also correct ידון, after Jos. 10,12.13, where this root is paralled to עמד. Socin refers to Egyptian Arab. دان *dâma*, to keep doing a thing, *Stud. und Krit.*, '94, p. 211; [Gesenius-Buhl.¹², p. 166ᵇ below].

ᾅ בשגם הוא בשר. 𝔊&ᾁ𝔍 read בְּשַׁגָּם, which is also the best attested punctuation (see Baer's *Genesis*). 𝔊 διὰ τὸ εἶναι αὐτοὺς σάρκας; so 𝔗; ש *for that he is flesh*. All the Versions omit to render גם. The meaning might be supposed to be *for that he, too*, (like the other creatures) *is flesh*. But ש~אשר does not recur in Genesis, except in the doubtful שלה, 49,10, nor indeed in the Hexateuch. Moreover, the context shows that the writer intends to state not that man is by nature mortal (בשר; Is. 31,3), but that his life is to be cut short for his offenses. It is better to point בְּשַׁגָּם, with Gesenius and Dillmann, and to regard ם— as a suffix. The rendering *through their* (mankind's) *erring* is, however, unsatisfactory: (a) because *error* is too mild a term both for the offense and the punishment (see שגג, שגגה, ψ 119,67; Lev. 5,18; Num. 15,29.31; Job 12,16); and (b) because the plur. suffix must refer to the בני אלהים; otherwise there will be no connection of thought between vv. 2.3. Read therefore בעונם (Lev. 26,39) *owing to their guilt* ; ע confused with נ, נ with ג.

(4) ᾅ + גם אחרי כן; a marginal gloss, intended to remind the reader of the better known בני ענק of later times.
וילדו להם rightly. ᾀᾠ וילידו; but J does not use הוליד.
ᾅ המה; ᾀᾠ הם; so in 7,14.

(6) ᾅ יהוה; 𝔊 ὁ θεός, as also in v. 7. The change was due to religious scruple. Similarly, ויתעצב אל לבו, at the end of the verse, was rendered διενοήθη, owing to reluctance to reproduce the strong anthropomorphism of the Hebrew expression.

(7) The inserted clause השמים..... מאדם (cf. 7,23) was added by R, to agree with the sequel from P (vv. 11.12f.). It interrupts the connection; for the plur. suffix in עשיתם (many MSS and ᾀᾠ עשיתים) clearly refers to האדם.

(9) ᾅ תמים, so 𝔊; ᾀᾠ תתמים. But צדיק may be an interpolation from J's account, 7,1.

(13) ᾅ והנני משחיתם את הארץ. Olshausen corrected מעל; but the part. משחית is found nowhere else with a suffix, and the writer's usual style suggests משחית אתם מעל הארץ; cf. 9,11 (19,14, J). — מלאה here suggests Qal in v. 11.

(14) ᾅ עצי גפר; 𝔊 ἐκ ξύλων τετραγώνων, apparently reading רבע for גפר, by inversion and corruption of letters.
ᾅ קנים. Lagarde (*Orientalia* 2,95) suggested the repetition of the term, which is supported by Philo (*locus loculos*), as Nestle reminds me.

(16) For the ἅπαξ λεγ. צהר 𝔊 gives ἐπισυνάγων, misreading צער. But there is no reason to question the word. The context requires the sense of *roof* or *deck* (see the next clause); and ظَهْر *zahr* actually has this meaning in Arabic; see the description of a Chinese junk in Ibn Batuta (Paris edition), iv, 93. [Cf. Haupt in Schrader's K.A.T.² p. 69, l. 8. In the Chaldean legend of the Flood (Haupt,

6   *Nimrodepos* 135,31, however, *qallilli* does not mean *provide it with a deck* (*qillu* צל), but *launch it*, literally *cause it to be immersed*, from *qalâlu* = Geez *qalila* (cf. עָלְלָה בְעָפָר; see also DELITZSCH, *Is.* 1640, 53; NESTLE, *Marg.* s.v. P. H.]
𝔐 תכלמלמעלה; so 𝔍, and 𝔊 καὶ εἰς πῆχυν συντελέσεις αὐτὴν ἄνωθεν. There is evidently something wrong; for no satisfactory sense can be wrung out 5 of the words, and we should expect some further direction about the צהר. The term אמה is suspicious. There is nothing corresponding to it here in the parallel Chaldean account, and the cubit measures of the פתח and the קנים are not given; why then that of the צהר? Besides, צהר is presumably masc., and the suffix of תכלנה most naturally refers to the תבה. Read אָרְכָּה for אמה, and all becomes 10 clear. Then we have ואל ארכה תכלנה, *and for its* (the Ark's) *whole length thou shalt close it in* pointing תְּכַלֶּנָּה=תכלאנת; cf. יכלה, 23,6. For אל, cf. לארבה, 13,17. But the term מככה, 8,13, suggests the further correction תְּכַסְכֶנָּה for תְּכַלֶנָּה; and אל may be a corruption of כל, as in 30,40 and other places.

(17) 𝔐 המבול מים על הארץ. The antique המבול is explained by the gloss מים. The two 15 following words are not part of the gloss, but depend on מביא; so 𝔊 ἐπάγω τὸν κατακλυσμὸν ὕδωρ ἐπὶ τὴν γῆν. Cf. 7,6 where 𝔊 omits מים, and 7,17. The root of מבול is seen in the Babylonian *nabâlu* (PSBA, April '89, p. 197).

𝔐 לשחת; 𝔍 לְשָׁחִית=לְשַׁחֵית 8 𝔊 MSS v. 13 משחית; cf. v. 13 משחית.

(19) 𝔐 ומכל החי מכל בשר 𝔍 ומכל החית ומכל הבשר; and similarly 𝔊, καὶ ἀπὸ πάντων 20 τῶν θηρίων καὶ ἀπὸ πάσης σαρκός, with some Heb. MSS. For החית, see 8,17. כל חי is used 3,20; 8,21, but in a wider sense. That 𝔐 is right with מכל בשר appears from 8,17. 𝔊 misunderstood the idiom. The addition in 𝔊, καὶ ἀπὸ πάντων τῶν κτηνῶν καὶ ἀπὸ πάντων τῶν ἑρπετῶν, is probably due to a reviser. 𝔊 according to Syr. Hex. καὶ ἀπὸ π. τῶν θηρίων κ. ἀπὸ π. τ. κτηνῶν 25 κ. ά. π. τ. σαρκός NESTLE.

𝔐 שנים; 𝔊 $ δύο, διο. So also in v. 20. Cf. 7,9.

20. 𝔐 מכל רמש האדמה 𝔍 ומכל אשר רמש על האדמה; 𝔊 καὶ ἀπὸ πάντων τῶν ἑρπετῶν τῶν ἑρπόντων ἐπὶ τῆς γῆς. 𝔍 רמש האדמה is justified by 1,25; Hos. 2,20. But that ומכל of 𝔊 (𝔖?) and some Heb. MSS is right, appears from the sense. רמש is 30 here *contrasted* with other classes of animals, and does not include them as in 9,3.

7 (1) 𝔐 יהוה; 𝔊 Κύριος ὁ θεός. 𝔍 $ אלהים (but $𝔐 as 𝔐). See notes on 6,3,6. So 𝔊, v. 5. 35

 (2) 𝔐 איש ואשתו 𝔍 זכר ונקבה. 𝔊 ἄρσεν καὶ θῆλυ, both times; thus obliterating the distinction between J's phrase and P's equivalent.
𝔐 שנים שנים 𝔍𝔊$ שנים שנים. Cf. v. 9.

(3) 𝔐 גם 𝔍$ גם. The 1 was perhaps omitted after preceding ז.
𝔍𝔊$ הטהור; 𝔐, with which $𝔐 agrees. 40
After זכר ונקבה 𝔊 | καὶ ἀπὸ πάντων τῶν πετεινῶν τῶν μὴ καθαρῶν δύο δύο ἄρσεν καὶ θῆλυ, 𝔍$ ומכל העוף אשר לא טהור הוא שנים זכר ונקבה. 𝔍$ agree with 𝔐; but the omission may be due to the homœoteleuton of this and the previous clause.

4 The interesting word היקום (v. 23; Deut. 11,6 only), *that which stands up, is* 45 *erect,* and so *lives,* is an exact parallel to the very ancient Egyptian ☥ *(ânch, to stand or rise up; living.*

(8) 𝔐 יבל; 𝔍𝔊$ better ויבל.

(9) 𝔐$ אלהים 𝔍 יהוה; so 𝔊$ rightly.

(11) 𝔐ℓ𝔍$ בשבעה עשר יום 𝔊 (βδόμῃ καὶ εἰκάδι)=בשבעה ועשרים (So also 𝔊 at 8,4). 50 Cf. 8,14.

(13) 𝔐ℓ𝔍 אתם; 𝔊 μετ' αὐτοῦ rightly. So $ (Urmia ed.); but $𝔐 ܥܡܗܘܢ.

(15) 𝔐 הבשר 𝔍 בשר. Cf. vv. 16.21.

7 (16) 𝔊 καὶ ἔκλεισεν Κύριος ὁ θεὸς τὴν κιβωτὸν ἔξωθεν αὐτοῦ. 𝔖 agree with 𝔐. The object of ויסגר would rather be הדלת than התבה; cf. 19,6.10; 2 K. 4,4.
(17) 𝔊+καὶ τεσσεράκοντα νύκτας, as in v. 12.
(19) 𝔐 ויכסו; 𝔊 ἐπεκάλυψεν — ויכסו. So in v. 20. 𝔖ܠܘ; כל השמים ; 𝔊 ֶ כל; but cf. Deut. 4,19; Dan. 9,12; Job 28,24; 37,3; 41,3⁝. 5
(20) 𝔊𝔄𝔖+הגבהים, as in v. 19. But 𝔊^B and Syr. Hex. ֶ τὰ ὑψηλά (NESTLE, as also 𝔖𝔅𝔐).
(22) 𝔖 agrees with 𝔐; 𝔊 paraphrases. (One cod. has ἐν μυκτῆρσιν αὐτοῦ = באפיו; and so Syr. Hex.).
(23) 𝔐 האדמה; 𝔊+πάσης=כל. 10

8 (1) 𝔊+καὶ πάντων τῶν πετεινῶν καὶ πάντων τῶν ἑρπετῶν. 𝔖+and all the birds only (ֶ 𝔖𝔅𝔐). Harmonistic additions.
(3) 𝔐 מקצה (19,4; 23,9; 47,2.21); 𝔪 מקץ (4,3; 6,13; 16,3; 41,1); v. 6.
(7) 𝔊+τοῦ ἰδεῖν εἰ κεκόπακεν τὸ ὕδωρ=לראות הקלו המים (v. 8). Ἀπὸ τῆς γῆς =מעל 15 הארץ appears to have fallen out. The omission of the motive for sending out the bird is the more remarkable here, as it is specified afterwards in the case of the dove. 𝔊 felt this, and inserted the clause from v. 8. It is better to change the order of the verses, so that v. 7 should follow vv. 8,9. This arrangement has the additional advantage of agreement with the Chaldean account, in which the 20 mission of the dove comes first. See HAUPT, Nimrodepos, p. 109, which may be transcribed and translated thus:

Sibâ ûma ina kaṣâdi uṣêṣi-ma summatu umaššir. Illik summatu itûrâ-ma manzazu ul ipšâ-ma issaḫra. Uṣêṣi-ma sinûntu umaššir. Illik sinûntu itûrâ-ma manzazu ul ipšâ-ma issaḫra. Uṣêṣi-ma âribi umaššir. Illik âribû-ma qarûra 25 *ša-me imur-ma igrib îkûli itûrî ul issaḫra* = "When the seventh day came, I brought out the dove, and let it go. The dove went to and fro; found no resting-place; and returned. I brought out a swallow, and let it go. The swallow went to and fro; found no resting-place; and returned. I brought out a raven, and let it go. The raven went; saw the bottom of the the water (cf. قَرَار *bottom of the* 30 *sea*); made for it; waded about, croaking, returned not."

The expression עוד, v. 10, implies an interval of seven days between the mission of the two birds. I therefore supply ויחל שבעת ימים at the beginning of the verse. 𝔐 ויצא יצוא ושוב. But 𝔊 καὶ ἐξελθὼν οὐκ ὑπέστρεψεν; so 𝔖 ܡܦܩ ܠܐ (ܘܗܦܟ) [a paronomasia] = יצא ולא שב. That this is right appears not only from its 35 striking agreement with the Chaldean statement about the raven, but also from the motive it supplies for the (second) mission of the dove, v. 10.
(8) If the order of the verses in 𝔐 be preferred, ויחל שבעת ימים must be supplied here instead of at v. 7. 𝔖ܡܐܬܘ is confirmed by אליו v. 9, מן התבה v. 10. 𝔊 ὀπίσω αὐτοῦ = מֵאַחֲרָיו i. e. 40 after the raven. Cf. Ex. 14,19.
(12) 𝔐 ויחל. ܐ ויחל, as in v. 10. A scribal error is more likely than such a variation in the same formula. Cf. Jud. 3,25.
(13) 𝔊+ἐν τῷ ζωῇ τοῦ Νωε=לחיי נח, as in 7,11. There is nothing else for the temporal datum to refer to. 45
𝔐 חרבו; 𝔊 ἐξέλειπεν (so in Is. 19,6 also), probably reading חדלו.
(15) 𝔐 אלהים; one MS יהוה; 𝔊 Κύριος ὁ θεός.
(16) 𝔐 ואשתך ובניך; two MSS, 𝔖 (but not 𝔖𝔅𝔐), Copt. reversely, as in 7,7, and v. 18. Yet 𝔊 has the former order both here and in v. 18.
(17) 𝔐 כל; ܐܘܠ𝔖 וכל. 50
𝔐 בשר. So ܐ𝔖; but 𝔊, wrongly, καὶ πᾶσα σάρξ.
𝔐 הרמש ..., בעוף. So ܐ. But 𝔊𝔖 mistook the idiom; cf. 𝔊 9,10.
𝔐 K'thîb הוצא. The Q're היצא (cf. הישר ψ 5,9) appears to be a mere fancy.

8,19—9,20 — Genesis ⅏ⅽ⸗⸗ — 55

8 In view of 9,7, the pointing of 𝔊, ויפרו וירבו ... שרצו, seems preferable to that of
 ⅏ שרצו ... ופרו וגו׳.
(19) ⅏ על הארץ בל הרמש וכל העוף בל הרמש. The term הרמש, followed by רומש in a
 different sense, is suspicious. ⅏, omitting בל הרמש, reads דקש in the second
 place. So also 𝔖. But 𝔊 has: καὶ πάντα τὰ κτήνη καὶ πᾶν πετεινῶν καὶ πᾶν 5
 ἑρπετὸν κινούμενον ἐπὶ τῆς γῆς = וכל הרמש הרמש וכל העוף וכל הבהמה וגו׳; and 𝔖
 also read הבהמה for הרמש. But 𝔐 agrees with ⅏.
(20) ⅏ ליהוה; 𝔊 τῷ θεῷ.
(21) ⅏ יהוה; 𝔊 Κύριος ὁ θεός bis.
 ⅏𝔖 בעבור; 𝔊 διὰ τὰ ἔργα = בעבור (wrongly; cf. 3,17). 10
(22) ⅏ עד; ⅏ עד; 𝔊 ᾱ. Point עד, and render unto all the days of earth (i. e. so long
 as the earth lasts); as if in answer to the question עד מתי, How long? Cf. also
 the phrase עד היום הזה, and 2 K. 9,22, for the use of עד.
 ⅏ ריב ... וקץ ... שרף. ⅏𝔊𝔖, the conjunction between the pairs.
 15
9 (1) 𝔊 + καὶ κατακυριεύσατε αὐτῆς = וכבשה, 1,28.
(2) ⅏ התבם (Job 41,25 only); ⅏ התהבא (35,5 only).
 ⅏ בכל. Two ⅏ and four ⅏ MSS as well as 𝔊 ובכל; a correction due to mistak-
 ing the idiom.
 ⅏𝔖 נתנו; ⅏ נתתי I have given it = 𝔊 δέδωκα. Cf. 1,29. 20
(3) ⅏ כל את; ⅏ הכל את; 𝔊 τὰ πάντα.
(4) ⅏ נפשו דמו along with its life, i. e. its blood (a gloss). 𝔊 ἐν αἵματι ψυχῆς; 𝔖
 ܕܒܕܡܗ, in whose life its blood is; neither indicating a different reading.
(5) Instead of ⅏ ואך את דמכם, ⅏ has the simpler את דמכם. The אך is strange, after
 its use in v. 4, and may have originated in a dittography of את. It is, however, 25
 attested by 𝔖 ܘܐܦ (cf. 34,22). A possible correction is אך; cf. Deut. 15,17.
 Perhaps we may say that אך implies that the verse is coordinate with v. 4, as
 stating a further exception (cf. the use of וגו׳ ... וכי). The repetition of the par-
 ticle is thus not really necessary to the sense.
 ⅏ חיה; ⅏ חי. 30
 ⅏𝔊 ומיד; ⅏ מיד (? omitted after preceding ו).
 ⅏𝔊 אחיו איש. Some MSS, ⅏𝔖 ואחיו; but cf. 42,25.35; 15,10. The render-
 ing of 𝔊 implies: ומיד איש אחיו אדרש את נפש הארם; a better balanced member
 than that of ⅏.
(6) ⅏ האדם דם; ⅏ אדם דם. 35
 For באדם (the reading of ⅏ⅽ𝔖), 𝔊 strangely has ἀντὶ τοῦ αἵματος αὐτοῦ. If
 they read בדם, they must have omitted דמו. More probably they read באדת דמו
 on account of his blood; cf. 21,11.25. ב and ת are often confused.
 ⅏ⅽ עשה impers. is attested by 𝔖J factus est. 𝔊 ἐποίησα = עשיתי is probably a
 correction. 40
(7) ⅏ שרצו; some MSS, ⅏𝔊𝔖J ושרצו. — ⅏ ורבו; so Versions. ורדו, NESTLE. Cf. 1,28.
(10) Some MSS, ⅏𝔊𝔖ⅽ ובבהמה.
(11) ⅏𝔊 מבול. 𝔊 + ὕδατος, i. e. מים, an old gloss in their MS as at 6,17. ⅏ המבול.
 ⅏ לשחת; להשחית. In v. 15 ⅏ has לשחית, or according to seven ⅏ MSS להשחית.
 ⅏ הארץ; 𝔊 πᾶσαν τὴν γῆν. 45
(12) ⅏ⅽ ויאמר; 𝔊 καὶ εἶπεν Κύριος ὁ θεὸς πρὸς Νωε = ויאמר יהוה אלהים אל נח;
 cf. vv. 8,17. 𝔖 also + to Noah.
 ⅏ חיה; ⅏ חיה as in v. 10. So again, vv. 15,16.
(15) ⅏𝔊 חיה; ⅏ התיה אשר אתבם, as in v. 12. So 𝔖, but not 𝔊.
(19) ⅏ מאלה; ⅏ ומאלה. 50
(20) ⅏ⅽ𝔊 האדמה איש נח ויחל; but this is doubtful Hebrew: (a) the use of החל in
 4,26; 6,1; 10,8; 11,6; 41,54 (E); 44,12; is against it. In these six places, five
 of which belong to J, and establish his usage, the construction is ל cum infin.,

9 except in 44,12 which is elliptic (בבקען כלה וכל בערול ויתחפש, scil. לחפש his). —
(b) The use of the OT generally, where החל occurs some fifty times besides, is
against it. In 33 cases the construction is again ל cum infin.; in 5 (viz. Deut.
2,24.25.31 bis; Jos. 3,7; Hos. 8,10, probably), it is the bare infin.; in 3 cases
the term is construed with ב (viz. Deut. 16,9; Ez. 9,6; 2 Chr. 20,22); and in the
rest it is used absolutely; e.g. Num. 17,11.12; 2 Chr. 29,27; 1 Sam. 3,12 (cf. Gen.
44,12). In 1 Sam. 3,2 החלו כהות ועינו, which is usually rendered his eyes began
as dim ones (GES.²⁵ § 142,4; DRIVER, Sam., l. c.), and alleged as a parallel, it is
easier to point כְּהוֹת infin. (cf. Gen. 27,1; Zech. 11,17), with 𝔊 ἤρξαντο βαρύνεσθαι,
bearing in mind the usual construction of החל, and the fact that כָּהָה is not else-
where used of the eyes in OT (in Is. 33,1 שורר is infin. Poel; cf. Hos. 10,2).
Moreover, And Noah began as a husbandman would at least require ארמה rather
than האדמה; cf. 25,27 שדה איש ... ויהי.
On the other hand, SCHUMANN's And Noah, the husbandman, began, and planted
a vineyard is objectionable: (a) because the expression Noah, the husbandman,
is without parallel in the whole book, and could only imply a distinction from
some other Noah who was not such; and (b) because, of all the OT instances
of החל, Ezr. 3,8 is the only possible parallel for the construction began and planted.
𝔖 ܘܫܪܝ ܢܘܚ ܒܐܪܥܐ and 𝔙 coepitque Noe agricola exercere terram show that
the want of a verb was felt in connection with ויחל. It is simplest to restore
להיות, as in 10,8. The sense is that Noah was the first husbandman and vine-
planter, like Shin Nung in China. To say that this would conflict with 4,2 is to
forget that the two stories are quite independent of each other. Cf. 4,26. —
May איש conceal אָרָשׁ-Assyr. errîšu, to till? Cf. Aram. אריס cultor, אריכות cultura
(=Assyr. errišu, errišûtu, DELITZSCH, Assyr. Handwörterbuch, p. 140b).

(21) 𝔐 אהלה. 𝔎 אהלו; a substitution of modern for ancient spelling (so 12,8; 13,3).
The ה suffix still occurs sporadically in OT, e.g. 49,11 bis. Its disappearance
in other cases is doubtless due to transcribers. It is regular on the Moabite
Stone (9th cent. B. C.).

(22) 𝔐 ויגד; 𝔊 καὶ ἐξελθὼν ἀνήγγειλεν—ויצא ויגד. The term בחוץ (ˆ₈ $) implies a prece-
ding (ויצא 39,12).

(26) 𝔐 ברוך יהוה אלהי שם. So all the Versions. We should expect Shem rather than
Shem's god to be the object of the blessing. Ham — as an undutiful son —
is cursed in the person of Canaan, his son, and Japhet is virtually blessed; the
context, therefore, requires something similar in the case of Shem. BUDDE
accordingly has restored ברוך יהוה שם. 𝔊ᴸ omits ὁ θεός.

(29) 𝔐 ויהי. Some MSS, 𝔐, ויחי, as usual.

10 (2) 𝔐 מֶשֶׁךְ; but 𝔐 מושך (nine MSS מושך), 𝔊 Μοσοχ—Μόσχοι (Herod.), Assyr. Mušku
or Musku, all suggesting מִשֶׁךְ. So SCHRADER, KAT² 84 note, who thinks also
that the pointing תֻּבַל is only a reminiscence of Tubalcain, and that the Assyr.
Tabalu indicates תַּבַל.

(4) 𝔐 𝔖 רדנים; some MSS, 𝔐, 1 Chr. 1,7 רודנים—𝔊 Ῥόδιοι (=דדן in Ez. 27,15).

(5) As איי הגוים cannot include all the preceding names; and as, on the other hand,
the words בגויהם ..... בארצתם are clearly of wider scope, and comprehend all
the Bene Japheth before enumerated, ILGEN was certainly right in restoring אלה
בני יפת to introduce בארצתם וגו׳; the whole sentence forming the usual summary
after the manner of P; cf. vv. 20.31.

(8) 𝔐 ילד, 𝔐 הוליד (P's word).

(9) An explanation of the term גבור (mighty one=sovereign, despot), which does not
well harmonize with v. 10.

(10) Babylon was not a comparatively modern Semitic foundation, but an old
Sumerian city, identical with Gudea's Gishgalla (PSBA, Nov. '92, p. 54; Jan.

10 1893, p. 108; cf. *Records of the Past*, New Series i, 46; [see also *op. cit.* pp. 75,
    col. ii, l. 2; 76, col. iii, l. 9 and SCHRADER's KB iii, 2 (1892) pp. 21.23].
    𝔐 אֶרֶךְ, 𝔊 Ορεχ = אֶרֶךְ, which agrees with the native Babylonian *Uruk*, Greek
    'Ορχοή, now *Warka*. [Cf., however, the Assyr. *Arki-itu*, the Lady of Erech].
(13) 𝔐 לוּדִים, 𝔊 Λουδιειμ = לוּדִיִּים.
    𝔐 עֲנָמִים; 𝔊 עינמים, in partial agreement with 𝔊 Αινεμετιειμ. 𝔖 ܒܚܒܪ implies
    נַעֲמִים.
    𝔐 כַּסְלֻחִים; 𝔊 Χασμωνιειμ = כַּסְמֹנִים.
(14) 𝔖 explains כַּפְתֹרִים by *Cappadocians*!
(17) 𝔐 הָעַרְקִי = Assyr. *Arqâ a*. But אך הָעָרוּק; 𝔊 τὸν Ἀρουκαῖον.   10
(18) 𝔐𝔊 נֹצוּ; אך נֻצָה 9, 19 is due to reading מִשְׁפַּחַת as *singular*.
19. The bounds are specified in two directions, the limit in the one case being Gaza,
    in the other Lesha. WELLH. ליצא or לשע. The words וּמִסְפֹרָה וְאֹרָה וְצָבֹיִם are an
    interpolation. אך has a different statement: וַיְהִי גְּבוּל הַכְּנַעֲנִי מִנְּהַר מִצְרַיִם עַד הַנָּהָר
    הַגָּדוֹל נְהַר פְּרָת וְעַד הַיָּם הָאַחֲרוֹן. Cf. 15, 18; Deut. 11, 24.   15
20. 𝔐 בְּנֹהִים; two MSS and אך לְנוֹ. So 𝔐, אך v. 31. But in v. 5 both have בָּנוּ, while
    𝔊 has ἐν τοῖς ἔθνεσιν in all three places.
(21) 𝔊 ἀδελφῷ Ιαφεθ τοῦ μείζονος; so the Heb. accents, against the fixed order of
    the names of Noah's sons, *viz.* Shem, Ham, and Japheth. Had it been meant
    that Shem was the younger brother (and so the youngest of the three) the natural 20
    mode of speech in a clause relating to Shem would rather have been אֲחִי יֶפֶת
    הַקָּטֹן, *Japheth's younger brother*. But, in fact, the sole reason for the reference
    to Shem's age in this place was to warn the reader against supposing that because
    he is dealt with last, he was therefore the youngest; and to affirm the racial
    superiority of the Bene Eber, from whom the Hebrews sprang.   25
(23) 𝔐 𝔖 מַשׁ; אך משא (v. 30); 𝔊 Μοσοχ = מֶשֶׁךְ (v. 2); 1 Chr. 1, 17. Perhaps the original
    was מִישָׁךְ; cf. Jos. *Ant.* i, 6, 4 Μησαναῖοι.
(24) 𝔊 καὶ Αρφαξαδ ἐγέννησεν τὸν Καιναν (var. Καιναν) καὶ Καιναμ ἐγέννησεν τὸν
    Σαλα κτλ. Cf. Luke 3, 36. 𝔖𝔐𝔒𝔄 agree with 𝔐 אֶת שָׁלַח יָלַד וְאַרְפַּכְשַׁד; but there
    is no reason to regard the inserted name as an interpolation, while its omission 30
    may be accounted for by a doubt about קֵינָן as a name belonging to the earlier
    list, 5, 9.
(25) 𝔐 יֻלַּד; אך ילדו; 𝔊 ἐγεννήθησαν.
(26) 𝔐 𝔖 יֶרַח; 𝔊 Ιαραδ or Ιαρεδ = יֶרֶד, 5, 15. See SMITH's *Dictionary of the Bible*
    s. v. JERAH and JOKTAN.   35
(27) 𝔐 אוּזָל, אך איול = 𝔊 ΑἰζήΛ.
(28) 𝔐 𝔖 עוֹבָל; אך and 1 Chr. 1, 22 עֵיבָל. , 𝔊.
(30) 𝔐 אך מֵשָׁא; 𝔊^A Μασσηε. 𝔊^B Μανασση = 𝔖 ܡܢܫܐ. The last two forms imply מִישָׁא
    misread מנשא. The other differences depend on pointing.
(32) 𝔐 אך בְּנֵיהֶם; 𝔊 κατὰ τὰ ἔθνη αὐτῶν = לְגוֹיֵהֶם. See on v. 20.   40
    𝔐 וּמֵאֵלֶּה; 𝔊𝔖 בָּאֵלֶּה, as v. 5.
    𝔐 הַגּוֹיִם rightly. אך prefixes אֵי (= 𝔊 νῆσοι) from v. 5.

11 (1) 𝔐 אך דְּבָרִים אֲחָדִים; 𝔊 καὶ φωνὴ μία πᾶσιν — a paraphrase.
    3. 𝔐 נִשְׂרְפָה לִשְׂרֵפָה, *let us burn them unto burning*, i. e. *thoroughly*. The Heb. לִבְנָה 45
    does duty for kiln-burnt bricks (Babylonian *agurru*) as well as sun-dried ones
    (Bab. *libnâti*); cf. Ex. 1. 14.
    אך הַחֹמֶר, *plene*, to mark the *o* vowel, and לְחֹמֶר (*leg.* לַחֹמֶר), to mark the *o*. 𝔊 rightly
    ἄσφαλτος. Bab. *kupru*; see the inscriptions of Nebuchadnezzar, *passim*.
(6) 𝔐 אך הַחִלָּם *infin. c. suff.* 𝔊 ἤρξαντο = הֵחֵלּוּ is preferable. 𝔖 as if הֵשֵׁבוּ Jer. 18, 11'. 50
    𝔐 יָזְמוּ, אך יָבְצוּ corrupt). The impf. of זָמַם, like that of בָּלַל v. 7, is only found
    here. The pointing יָזְמוּ, יִזְּמוּ, may possibly indicate the dialect of the original
    source ?, but is quite as probably a mistake or a caprice. Cf. the *perf.* זָמָּה 9, 19.

Gen.   8

11 (7) For נבלה 𝕾 has ܢܚܘܬ; cf. 10, 25; ψ 55, 10.
𝕸 שפתם; 𝕴ᴸ, wrongly, שפתים dual; and afterwards שפת את איש ישמעו.
(8) 𝕸 (and 𝕾𝕺𝕵𝕬) העיר; 𝕴ᴸ את העיר ואת המגדל = 𝕲 τὴν πόλιν καὶ τὸν πύργον.
(9) 𝕲 τὸ ὄνομα αὐτοῦ = שְׁמָהּ.
𝕴ᴸ שפת את; but cf. v. 7.
For 𝕸 יהוה in the second half of the verse 𝕲 reads Κύριος ὁ θεός.
(10) 𝕸𝕴ᴸ𝕾𝕺𝕵 אלה; two Heb. MSS, 𝕲 ואלה.
𝕸 ויולד; 𝕴ᴸ ויוליד throughout the chapter.
𝕸 אחר; 𝕴ᴸ אחרי.
(11) 𝕴ᴸ + ויהי כל ימי שם שש מאות שנה וימת: *So all the days of Shem came to six hundred years; then he died.* The same recension adds a similar summation in each case, down to Nahor inclusive; cf. 5, 5 ff. 𝕲 is briefer with καὶ ἀπέθανεν = וימת. 𝕾𝕺𝕵 follow 𝕸.
The framework of the narrative being otherwise identical with that of c. 5, it is perhaps more likely that some impatient reviser omitted the summations as statements of the self-evident, than that P curtailed his customary formulæ, or that 𝕴ᴸ interpolated the summations.
(12) 𝕸 ושלשים; 𝕴ᴸ𝕲 + ומאת. 𝕾𝕺𝕵 follow 𝕸.
For the first name in this list of ten patriarchs from Shem to Terah or Abram the numbers of 𝕸𝕴ᴸ𝕲 agree. Shem lived 100 years before and 500 after the birth of Arphaxad. In the ensuing cases we note a systematic alteration such as we have already observed in 5, 3 ff. The sudden drop from Shem's 100 years to the 35, 30, 34, 30, 32, 30, years respectively for the corresponding period in the lives of the six subsequent patriarchs, seemed improbable. Consequently, 𝕴ᴸ𝕲 add 100 years in each case; so that, *e. g.*, Arphaxad lives 135 instead of 35 years before the birth of his successor; and so for the rest of the six names. In the case of Arphaxad, Shelah, Peleg, Reu, Serug, 𝕴ᴸ subtracts the 100 years from the period following the birth of the successor, as 𝕲 has done in 5, 3 ff. Thus 𝕴ᴸ really corroborates 𝕸 in seven cases out of eight. The exception, Eber, may therefore be set down to textual corruption. According to 𝕸, Eber lived for 430 years after the birth of Peleg; according to 𝕴ᴸ, not 330, as analogy would suggest, but 270. Now a glance at the corresponding numbers in 𝕸, from Shem to Nahor inclusive, shows a progressive diminution in every case but this of Eber, the numbers being 500; 403; 403 (𝕲 330); 430; 209; 207, 200; 119. This fact at once throws suspicion on Eber's number 430. 𝕲ᴬ has 370, which is confirmed by 𝕴ᴸ 270 as the original reading of 𝕸. How then, it may be asked, did the שלשים שנה וארבע מאות שנה of 𝕸 originate? Beyond doubt, in the שנה ושלשים וארבע of the previous line (v. 16), to which a transcriber's eye had wandered.
According to 𝕲ᴬ, the years of Arphaxad and Shelah's second period were 430 and 330 respectively. Instead of the 30, 𝕸𝕴ᴸ both give 3, which is possibly right, as 30 occurs in each case in the previous line of the Hebrew (vv. 12. 14), and might have been erroneously repeated in 𝕲's Heb. MS.
𝕲ᴮ gives τετρακόσια πεντήκοντα for Shelah's second period (v. 15). If we suppose that τετρακόσια τριάκοντα was the original reading of 𝕲, allowing for the error just noticed, we shall see that the three lists are in relative agreement as regards the first seven names:

	𝕸		𝕲		𝕴ᴸ	
SHEM	100	500	100	500	100	500
ARPHAXAD	35	403	135	403*	135	303
SHELAH	30	403	130	403*	130	303
EBER	34	370*	134	370	134	270
PELEG	30	209	130	209	130	109
REU	32	207	132	207	132	107
SERUG	30	200	130	200	130	100

11 In the cases of Nahor and Terah the divergence is greater, but may be accounted for partly by corruption, partly by systematic alteration. According to 𝔐, Nahor was 29 at the birth of Terah. This harmonizes well enough with Serug's 30, and the rest of the corresponding numbers. Nahor survived for another 119 years; or according to 𝔊 129. Which is right? The change of 𝔐's תשע עשרה to 𝔊's 5 תשע ועשרים or תשע ועשרים, was an easy corruption, ה and ם being not infrequently confused at the end of a word; and the fact that 𝔍 gives 148 as the sum of Nahor's years confirms 𝔐, and makes the corruption highly probable (29 + 119 = 148).

But, further, 𝔍 and 𝔊 give 79 instead of 29 as Nahor's age at the birth of Terah. The change from עשרים to שבעים might possibly be due to corruption; 10 but more probably it was an intentional substitution of a number more consonant with the corresponding ones in their lists. Having altered 29 to 79 in the first period, 𝔍 was obliged to alter 119 to 69 in the second, in order to avoid prolonging Nahor's life beyond the 148 years of 𝔐.

As to Terah, 𝔊 agrees with 𝔐 that he was 70 at the time of Abram's birth, and 15 that his age at death was 205. 𝔍 agrees as to the 70, but makes his total age only 145, a correction or conjecture, inspired by the feeling that the son could not have attained to a greater age than the father.

Upon the whole, it is evident that the numbers of 𝔐 are generally preferable, i. e. more original, in this list.   20

𝔐 את שלח. So 𝔍𝔖𝔘𝔙𝔄. But 𝔊 τὸν Καιναν — את קינן. So in v. 13, to which 𝔊 adds: καὶ ἔζησεν Καιναν ἑκατὸν τριάκοντα ἔτη καὶ ἐγέννησεν τὸν Σαλα· καὶ ἔζησεν Καιναν μετὰ τὸ γεννῆσαι αὐτὸν τὸν Σαλα ἔτη τριακόσια τριάκοντα καὶ ἐγέννησεν υἱοὺς καὶ θυγατέρας καὶ ἀπέθανεν. ויחי את שלח שנה ומאת וילד : ויחי קינן אחרי הולידו את שלח שלשים שנה ושלש מאות שנה ויולד בנים ובנות וימת: See note 25 on 10,24. 𝔊's numbers being the same (130,330) for both Cainan and Shelah, may be thought suspicious; but the fact may only indicate conjectural restoration of a partially mutilated text. Possibly, the name of Cainan was cast out from the Hebrew list in order to give Abram the place of tenth patriarch, which in 𝔊's text belongs to Terah.   30

13 𝔍+: ויהיו כל ימי ארפכשד שמנה ושלשים שנה וארבע מאת שנה וימת, which agrees with the total of 𝔐 (35 + 403 = 438).

(15) 𝔍+: ויהיו כל ימי שלח שלש ושלשים שנה וארבע מאות שנה וימת, in agreement with the total of 𝔐 (30 + 403 = 433).

(17) 𝔍+: ויהיו כל ימי עבר ארבעים שנים ומאת שנה וארבע מאות שנה וימת, which agrees with the total of 35 𝔐's numbers as corrected above (34 + 370 = 404).

19 𝔍+: ויהיו כל ימי פלג תשע ושלשים ומאתים שנה וימת, in agreement with the total of 𝔐 (30 + 209 = 239).

(21) 𝔍+: ויהיו כל ימי רעו תשע ושלשים ומאתים שנה וימת, in agreement with the total of 𝔐's numbers (32 + 207 = 239).   40

(23) 𝔍+: ויהיו כל ימי שרוג שלשים שנה ומאתים שנה וימת, in agreement with 𝔐 30 + 200 = 230).

25 𝔍+: ויהיו כל ימי נחור שמנה וארבעים שנה ומאת שנה וימת, in agreement with 𝔐 (29 + 119 = 148).

27 𝔐𝔖𝔊𝔘 ואלה. 𝔍 אלה.   45

28 𝔐 באור כשדים; 𝔊 ἐν τῇ χώρᾳ τῶν Χαλδαίων בארץ כשדים (So 15,7: ἐκ χώρας Χαλδαίων). But 𝔖 rightly באורא דכבדאי. So 𝔖 ‎ܒܓܠܒ‎ ܛܠܡ. Ur was Uru in Southern Babylonia, the seat of the worship of the Moon god, long since identi- 50 fied with the mounds of El-Muqáiyar.

(29) מלכה and יסכה may possibly be phonetic or dialectic variants of the same (tribal or local) name; cf. כשדים = Assyrian Kaldu. The weakening and disappearance

11 of *m* is a well-known feature of Babylonian. But that *Isah calls her existence to an error in reading a cuneiform character*, i. e. 𒌋𒅎 *iš, mil*, is a mere fancy. Nor is the name *without an etymology* in the Aramaic tongue to which it belongs. Bar Ali very naturally connects it with ܐܣܟܐ; see PAYNE SMITH, s. v. ܐܣܟܐ ; Against SAYCE, *Higher Criticism and the Monuments*, p. 160.

(30) 𝔐 וילד; 𝔖 ילד, i. e. יָלַד. The form וְלַד may be a genuine survival, and perhaps gives a better rhythm. The difficulty is that one would expect other instances of the kind; whereas ולד only occurs here and in 2 Sam. 6,23 Kᵉthîb, and is easily accounted for in both places by the common confusion of ו and י. Besides, וַיִּים in a few passages of Exodus, and the obscure וְי Prov. 21,8, are the only instances of words with initial ו in OT Hebrew, apart from ולד and one or two, more or less doubtful, proper names. Is it a trace of the Aramaic origin of the story (*cf.* the Targumic וְלַד), like the names Terah, Nahor, Haran, Iscah?

(31) 𝔐 strangely (sic) אברם ונחור בניו כלתו אשת מלכה ואת שרי ואת. The motive of this arbitrary and ungrammatical alteration was doubtless the previous mention of Nahor's death (v. 25 𝔐 𝔊).

𝔐 אתם ויצאו can hardly be right after ויקח תרח. 𝔘 אתם ויצא = 𝔊 καὶ ἐξήγαγεν αὐτούς (אֹתָם), or 𝔖 ܘܐܦܩ ܐܢܘܢ = ויצא אתם, is better. But it is perhaps simplest to correct אִתָּם; *cf.* 12,4.5.

(32) 𝔊's first ἐν Χαρραν, restricting the 205 years to Terah's residence at Haran, is clearly a blunder.

12 (2) 𝔐 ברכה; 𝔖ℭ𝔘𝔍 imply ברוך or מברך, an easier reading.

(3) 𝔐 rightly מברכיך; but some MSS מברכך *sing.*, like the following מקלליך, which however must be corrected to מקלליך with one MS, 𝔘𝔊𝔖𝔍; *cf.* the use of the 25 formula elsewhere (27,29; Num. 24,9).

After האדמה 𝔖 adds ܘܒܙܪܥܟ = ובזרעך, an ancient gloss, which recurs in 𝔐 at 28,14. *Cf.* 26,4; 22,18.

(4) 𝔐 וילך, from the next clause; 𝔖 ויעש rightly.

(5) 𝔐 הנפש את; 𝔊 πᾶσαν ψυχήν. For ארצה in the second half of the verse, 𝔐 ארץ; but *cf.* 31,18; 42,29; 46,28.

(6) 𝔐 בארץ. 𝔊 + εἰς τὸ μῆκος αὐτῆς = לארכה (13,17).

𝔐 מורה אלון *Teacher's* (i. e. Priest's or Seer's, Is. 30,20) *Oak* or *Terebinth*; *cf.* Jud. 9,37 (DILLMANN).

𝔐 מַמְרֵא; *cf.* 𝔖𝔄 *Oak of Mamre* (ܡܡܪܐ); but 𝔊 τὴν δρῦν τὴν ὑψηλήν, with which *cf.* Deut. 11,30 אלוני מרה (*leg.* אלון מרה, or perhaps אלון הַמֹרֶה), 𝔊 τῆς δρυὸς τῆς ὑψηλῆς; and 22,2 ארץ המריה, τὴν γῆν τὴν ὑψηλήν. In these three places 𝔊 appears to have misread מרה as מרם, i. e. מרום *height*; *cf.* Jud. 7,1 גבעת המורה.

𝔊 gives δρῦς for אלה eight times, including 12,6; 13,8; 14,13; 18,1; for אלה seven times; and for אלון, probably pointing אלון, thrice (Hos. 4,13; Is. 44,14; Zech. 11,2).

𝔐 is sometimes uncertain about אלון–אלה; *cf.* Jos. 19,33 with Jud. 4,11. In 35,4 and three other places אלה is τερέβινθος (= בטנים in 43,11); *cf.* איל τερέμινθος, 14,6. In 35,8 אלון is βάλανος.

𝔐 את, 𝔊 + κατῴκουν = יָשָׁב (13,7). So 𝔖.

(7) 𝔐 ויאמר; 𝔘 + לו. So 𝔊𝔖𝔍; yet *cf.* v. 18.

(9) 𝔐 הנגבה, 𝔊 ἐν τῇ ἐρήμῳ. So in 13,1.3, and a few other passages. The rendering does not, however, imply any difference of reading.

(11) 𝔐 הקריב, 𝔊 + Αβραμ; *cf.* v. 14. So again after ויאמר.

𝔐 את, 𝔘 אתי, and again in v. 13. A trace of the older text, which is also found in seven passages of 𝔐 Kᵉthîb, e. g. Jud. 17,2; Jer. 4,30.

(15) 𝔐 פרעה (𝔘 ביתה האשה בית). 𝔊 paraphrases: καὶ εἰσήγαγον αὐτὴν πρὸς Φαραω = ויביאו ביתה פרעה. For πρός = בית, see also 44,14; Job 1,4.

12 (16) 𝔐 וּבָקָר אֹהֶל; ᵂ-ⁱ מְאֹד כָּבֵד מִקְנֶה (26,14; Ex. 12,38). In what follows, 𝔊 has the same order as 𝔐, but ᵂ transposes וַחֲמֹרִים, and makes it precede אֲתֹנֹת. 𝔖𝔍 agree with 𝔐𝔊.

(17) 𝔐 בֵיתוֹ וְאֶת is probably an early gloss, assimilating the passage to the parallel narrative 20,17.18. All the Versions express it, e.g. 𝔖 ܠܗ ܕܐܝܬ ܘܟܠ (= אִתּוֹ 5 וְאֶת בֵּיתוֹ; an improvement). Yet we might refer to 14,12 for a similar halting addition.

𝔐 גְּדֹלִים; 𝔊 ↓ καὶ πονηροῖς וְרָעִים (Deut. 6,22).

(19) 𝔐 לָמָּה. So 𝔊𝔅𝔇; but 𝔐𝔖𝔄 לָמָה.

𝔐 אִשְׁתֶּךָ; 𝔊 ↓ ἐναντίον σου לְפָנֶיךָ (13,9). 10

(20) 𝔐 וַיְשַׁלְּחוּ; 𝔊 συνπροπέμψαν וַיְשַׁלְּחוּ.
At the end of the verse ᵂ adds עִמּוֹ וְלוֹט; 𝔊 καὶ Λωτ μετ᾽ αὐτοῦ, an old gloss accounting for 13,5. The words recur immediately, 13,1.

13 (3) 𝔊 mistranslates, καὶ ἐπορεύθη ὅθεν ἦλθεν κτλ., and so 𝔍 per iter quo venerat. 15 לְמַסָּעָיו means by stages; lit. according to his removals; cf. Ex. 17,1.

(5) 𝔐 ᵂ𝔊𝔇𝔖 צֹאן; 𝔊 ↓ πρόβατα καὶ βόες καὶ κτῆνη (+ καὶ σκηναί 𝔊ᴸ וְאֹהָלִים וּמִקְנֶה וּבָקָר וְצֹאן; cf. 4,20. 𝔖 adds at the end ܛܒ ܛܒ: מְאֹד מְאֹד (15,1. 2 Sam. 8,8).

(6) 𝔐 נָשָׂא; ᵂ rightly נָשְׂאָה fem. (36,7).

(7) 𝔐 יֹשֵׁב; ᵂ יֹשְׁבִים = 𝔊 κατῴκουν.

(8) 𝔐 תְּהִי; ᵂ תִּהְיֶה.

(9) 𝔐 הֲלֹא; 𝔊 καὶ ἰδού; הִנֵּה; and so 𝔖 ܗܐ.
הַשְׂמֵאל and הֵימִן might be pointed as infin. abs. thus, הַשְׂמֵאל and הֵימִן, ᵂ, however, has הַשְׂמָאלָה and הַיְמִינָה, with local relation made explicit. Cf. 24,49; 2 Sam. 2,19 25 infin. constr.; Is. 30,21 impf.

(10) 𝔐 הֲלֹא; ᵂ כִּי, as if אִלּוּ. But כִּכַּר is of doubtful gender Ex. 29,23 fem.; 1 Sam. 10,3 masc.). 𝔖 suggests אֶרֶץ instead of כִּכַּר; cf. ψ 42,7.

𝔐 יְהוָה bis; 𝔊 τὸν θεόν... τοῦ θεοῦ; so 𝔖. Cf. 19,29 and 18,1 𝔊. So again v. 13 ἐναντίον τοῦ θεοῦ for לַיהוָה, and v. 14 ὁ δὲ θεός for יְהוָה. 30
The temporal determination עֲמֹרָה......לִפְנֵי, which intervenes awkwardly between the two terms of the comparison, is probably an old gloss. בְּאָכְכָה צֹעַר also is highly suspicious, following as it does upon a reference to the land of Egypt. We prefer the צֹעַן (Zoan) of 𝔖, with EBERS. (𝔖ᴸᴹ עַד, however).
וּבָאַךְ, 𝔊𝔖; 𝔐 ב.
35

(11) 𝔐 הַכִּכָּר בְּעָרֵי, vaguely, among the cities. 𝔊 corrects ἐν πόλει τῶν περιχώρων, and continues καὶ ἐσκήνωσεν ἐν Σοδόμοις, in order to harmonize the passage with 19,1 ff. where Lot lives in a house in Sodom itself.

14 Verses 14-17 probably belong to a reviser. They interrupt the sequence of the narrative (vv. 13.18); and, besides, Abram's settling at Hebron, v. 18, cannot be 40 regarded as a natural sequel to the command of v. 17. Hence ᵂ corrects בְּאֵלֹנֵי, v. 18, to וַיֵּלֶךְ, so as to produce an appearance of agreement with the הִתְהַלֵּךְ of v. 17.

(16) 𝔐 הָאָרֶץ עֲפַר; 𝔊 τὴν ἄμμον τῆς γῆς, an odd rendering, repeated at 28,14, due to reminiscence of the parallel simile הַיָּם כְּחוֹל 32,12; 41,49; Hos. 1,10). 45

(17) Add at the end with 𝔊 καὶ τῷ σπέρματί σου εἰς τὸν αἰῶνα - עוֹלָם עַד וּלְזַרְעֲךָ (v. 15).

(18) 𝔊 παρὰ τὴν δρῦν τὴν Μαμβρήν, so also 14,13; 18,1; probably because a single tree was pointed out as the actual one in later times. Perhaps מ בְּאֵלֹנֵי was read, with the old ending of the genitive sing. (31,39; 49,11); instead of פ בְּאֵלֹנֵי. For 50 ש by at, see Ex. 10,13.
After אֱמֹרִי 𝔖 adds הָאֱמֹרִי (14,13).

14 (1) The Hebrew construction looks, at first sight, like an anacoluthon. ויהי... present no variant; and 𝔊 simply violates the sense with ἐγένετο δὲ ἐν τῇ βασιλείᾳ (= בִּישִׁי) Is. 1, 1) τῇ Αμαρφαλ βασιλέως Σενναάρ, Αριωχ βασιλέως κτλ. which would require a construction like 2 K. 15, 29. A possible correction would be (ההם) ויהי בימים) 𝔍 et factum est in illo tempore; cf. 6, 4. Or we might restore 5 אברם after בימי (LE CLERC), supposing it to have fallen out owing to its likeness to אמרפל; cf. 26, 15. 18. We might get the same sense by the smaller change of reading בימו (בְּיָמָיו בְּיָמוֹ) in his days (10, 25; 2 K. 8, 20; 23, 29). Cf. also 1 Chr. 5, 10. But, after all, 𝔐 may be right; cf. Is. 7, 1.

𝔐 תדעל. 𝔊^B Θαργαλ, 𝔊^A Θαλγαλ, Θαλγυ, indicate תרעל (r being weakened in some 10 cases to l, as in Bakku=כרע). So 𝔖 ܬܪܓܠ Targil or ܬܪܓܠ Targal ($𝔍). The cuneiform Tu-ud-vul-a=תרעל, found by PINCHES on a Babylonian tablet, seems to me very doubtful. See, however, SCHRADER, Über einen altorientalischen Herrschernamen in Sitzungsberichte of the Berlin Academy, Oct. 24 '95. Cf. PINCHES, Transactions of the Victoria Society, 1896. — P. H.].

𝔐 אלסר ܀ 𝔊 תלסר 𝔖 ܐܠܣܪ=Pallisar=תלשר Is. 37, 12. SAYCE suggests a con- 15 fusion of Assyr. Larsa^{ki} with âl Sarri = city of the king, by way of explaining the Hebrew אלסר. But why not âl Larsa^{ki} = the city of Larsa? Moreover, Assyr. ל = Heb. שׁ, not ס. [Cf. Johns Hopkins University Circulars, August 1887, p. 118].

𝔐 גוים 𝔊 ἐθνῶν; so 𝔖^c ܥܡܡܝܢ 𝔖^a ܥܡܡܐ 𝔍 gentium. The word must be corrupt, 20 as the context implies a national name. 𝔖 ܓܠܝܐ (=גלים) Gelanites or Gelaites; see PAYNE SMITH, Thes. Syr. s. v.

(2) 𝔐 puns very curiously on the personal names, vv. 1. 2; e. g. תרעל was crafty as a fox (תעלא), ברע and ברשע were noted for evil (בביש=ברע) and wicked (ברשיעא) deeds; שנאב hated (שני) his own father (אבוי). ברע, however, may be compared 25 with בריעה, 1 Chr. 7, 23 (where also there is a play on ברעה in ill fortune); and ברשע should perhaps be בלשע (cf. 10, 19 לשע). FRIEDRICH DELITZSCH has equat- ed שנאב with Sanibu (Parad. 294); but 𝔊 Σενναάρ suggests سنار ost, Aram. ܫܘܢܪܐ. 𝔐 שמאבר 𝔊 Συμόβορ, 𝔖 ܫܡܐܝܪ (ܫܡܐܝܪ), evidently a corruption of 𝔐. שמאבר suggests a doubt whether this name may not have originated in a mar- 30 ginal gloss שם אבד name lost! The confusion of ד, ר, is, however, very common between 𝔐 and 𝔖.

𝔐 ומלך בלע היא צער. Bela is elsewhere a king's name (36, 32); possibly, therefore, the original reading here and in v. 8 was ובלע מלך צער. The phrase may, of course, indicate a lacuna in the source.   35

The K^ethib צבים, Q^eré צביים, appears as צבאים in 𝔖, as in Hos. 11, 8.

(4) 𝔐 ושלש 𝔖 correctly ובשלש.

(5) 𝔐 רפאים 𝔖 הרם; 𝔊 τοὺς γίγαντας, 15, 19; Deut. 2, 11. 20; 3, 11.

𝔐 ואת הזוזים בהם; 𝔊 καὶ ἔθνη ἰσχυρὰ ἅμα αὐτοῖς (=בהם עזוים ואמת (25, 16; ψ 117, 2). 𝔖𝔍 also point בָּהֶם; but 𝔖^{cod} have דבהמתא, who were in הַמְתָא. The name הם 40 is probably corrupt. Seven MSS of 𝔖 read חם (cf. 1 Chr. 4, 40). That Zuzim = Zamzummim has long been inferred from Deut. 2, 20 ff. חם=Bab. Dūzu; and הם or המת (𝔊) may possibly be a disguise of רבת Rabbath. But SAYCE's notion that הם points to a direct transcription of this chapter from a cuneiform docu- ment (Higher Criticism, p. 160f.) is utterly improbable. There is no evidence 45 that Ammon was ever called Am or Ammi, or anything else but Ammān, عمان, (see SCHRADER, KAT² 140). And in OT the nation is always בני עמון.

(6) 𝔐 בהררם 𝔖 בתררי (49, 26). So 𝔊𝔍𝔖𝔄.

(7) 𝔐 תמר 𝔊 τοὺς ἄρχοντας=שרי; and so 𝔖. — תמר חצצן 𝔖𝔊^O Engedi.

(8) אתם 𝔖 בלם, an interesting variant.

(10) 𝔐𝔍𝔊^Oועמרה 𝔊𝔖𝔄 עמרה ומלך. But it seems better to omit the previous מלך 50 as a gloss, and read ועמרה סרם וינסו (v. 11); the city names standing for their peoples.

14. 𝔐 שָׁמָּה; 𝔊 שָׁם. So 15,5 הַשָּׁמַיְמָה for הַשָּׁמַיְמָה.
    𝔐 הָרָה; 𝔊 rightly הָהָרָה = 𝔊 εἰς τὴν ὀρινήν.

(11) רְכֻשׁ, 𝔊 τὴν ἵππον = רֶכֶשׁ, 1 K. 5,8 collective. So also in vv. 16.21. But 𝔊 rightly רֶכֶשׁ in all the places. (Assyr. rukûšu, animal suitable for riding; cf. HAUPT, Hebraica iii, 110; DELITZSCH, Neuer Commentar über die Genesis, 1887, p. 251, n. 1; see also the note on Ezra 1,4).

(12) The words בֶּן אֲחִי אַבְרָם are unsuitably placed in 𝔐 (cf. 𝔊𝔖), where they are transposed to follow (לוֹט), and appear to be an interpolation. The epithet הָעִבְרִי, v. 13, seems to indicate the first mention of Abram by name; and Lot is called אָחִיו, not בֶּן אָחִיו, vv. 14.16. 𝔊𝔖𝔒𝔗 agree with 𝔐.
    𝔐 וְרִכְשׁוֹ; 𝔊 כָּל רְכוּשׁוֹ.

(13) 𝔐 עָנֵר; 𝔊 ענרם or עָנְרָם or עָנָרָם, Anu is high; or possibly a corruption of עמרם. But 𝔊 Αυναν = עִינָן, which might be a mistake for עֵינָם (Num. 1,15). 𝔖 ܥܢܝܪ 'Anir.

(14) 𝔐 וַיָּרֶק; 𝔐 ירק, which can only be explained as an Aramaism (ארִיק = he looked to or inspected, is probably due to the common confusion of ר, ד, v. 2). On the other hand, the use of הריק in the sense of letting loose or drawing out troops is without parallel in OT. Its only other occurrences in the Hexateuch are 42,35; Ex. 15,9; Lev. 26,33. In the two latter passages it is used of drawing the sword; cf. ψ 35,3 הָרֵק חֲנִית, which might almost suggest וירק את חניתו here. In that case the clause מֵאוֹת ... יִלִידֵי might be a later addition explaining the corrupt חֲנִיכָיו. That word, however, though a ἅπ. λεγ., has sufficient warrant in the uses of חָנַךְ Prov. 22,6; ܚܢܟ to train, discipline, render expert or experienced (strictly, to put a rope in a horse's mouth; see LANE s.v.). 𝔊 ἠρίθμησεν τοὺς ἰδίους οἰκογενεῖς αὐτοῦ (= וַיִּפְקֹד אֶת יְלִידֵי בֵיתוֹ) omits חֲנִיכָיו, for τοὺς ἰδίους = וִי as elsewhere (cf. 15,13). וַיִּפְקֹד (= ἠρίθμησεν, 1 Chr. 21,9) is near enough to וָיָּרֶק to be possibly right. 𝔖𝔗 he armed (𝔒 girded), his young men seems to depend partly on conjecture as to the meaning of וירק, partly on the term הַנְּעָרִים, v. 24.
    𝔐 𝔊𝔒𝔖𝔗 וַיִּרְדֹּף; 𝔊𝔖𝔗 + ὀπίσω αὐτῶν = אַחֲרֵיהֶם; but 𝔐.

(15) 𝔐 וַיֵּחָלֵק; so 𝔖. Plur. 𝔊𝔒𝔗𝔙 (et divisis sociis), 𝔊 καὶ ἐπέπεσεν = וַיִּפֹּל (confusion of ח, פ; ף lost). Cf. 1 K. 16,21, but על פי וַיֵּחָלֵק is an unparalleled expression in OT. For וַיְחַלֵּק, see 31,23, where also, as here, וַיִּרְדֹּף immediately precedes (ר ל; ב ח). Otherwise, וַיֵּחָלֵק (31,36) might suggest itself.

(17) 𝔐 שָׁוֵה; 𝔐 הַשָּׁוֶה = 𝔊 τὴν Σαυήν. The valley of the Level (v. 5 only) is a strange designation, which the Targums render מֵישַׁר מַפְנָא a leveled plain.

(18) Verses 18-20 look like an interpolation. They interrupt the connection of vv. 17, 21 ff. in a surprising way; a difficulty which still presses, even if we suppose, with KUENEN, that the whole chapter is of very late origin. The mention of the goods, and the women, and people (v. 16) obviously prepares the way for the king of Sodom's request for the surrender of the persons (הַנֶּפֶשׁ; v. 21). On the other hand, the mention of the King's Dale (v. 17), which was near Jerusalem (2 Sam. 18,18) may have suggested the introduction of the Melchizedek episode here in the form of a parenthesis. On the assumption, however, that the whole narrative is of a piece, Abram's giving tithe of the spoils to the priest-king of Salem is not perhaps in vital contradiction to his oath (v. 23) that he would reserve nothing for himself. It might be alleged that the king of Sodom's proposal (v. 21) was suggested by his having just been a witness to the tithing of the recovered goods. In any case, it is clear that the introduction of אֵל עֶלְיוֹן קֹנֵה שָׁמַיִם וָאָרֶץ into v. 22 belongs to the author of vv. 18-20.

(19) 𝔐 וַיְבָרְכֵהוּ. So 𝔊𝔖𝔒𝔗𝔙. But 𝔊 וַיְבָרֶךְ אֶת אַבְרָם.

(22) The equation of יהוה with עליון אל looks like the work of a Redactor; cf. the יהוה האלהים of 2,4 ff. 𝔊𝔒𝔗 express יהוה, but 𝔊𝔖 omit it; while 𝔐 substitutes האלהים.

(24) 𝔐 בִּלְעָדַי. Not l! or Without me! cf. 41,16.44. But 𝔊𝔖𝔗 imply בִּלְעָדַי or בִּלְעָדָי = בְּלִעֲדֵי praeter.

15 (1) 𝔐 אנכי מגן לך. 𝔊 ἐγὼ ὑπερασπίζω σου pointing מָגֵן part. Hif. of גנן (Is. 31,5). So 𝔖; but cf. ψψ 3,3; 18,3; 84,11 &c. (cf. also מגן 14,20; Prov. 4,9).
𝔐 הרבה; 𝔚 ארבה I will multiply. But cf. 2 Sam. 8,8; 12,2. 𝔊𝔖𝔗𝔒𝔍 agree with 𝔐. — שכר implies offspring; 30,18 note; ψ 127,3.

(2) 𝔊 renders well ἐγὼ δὲ ἀπολύομαι (=גוע Num. 20,29). Cf. ψ 37,13. 𝔐ου. ובן משק ביתי הא דמשק אליעזר. It is futile to stand by this text. Who does not see that the rendering And the son(?) of the possession of my house is Eliezer's Damascus (EWALD), or is Damascus (namely) Eliezer (DELITZSCH), is absolutely incongruous with the style of JE, besides being questionable Hebrew? The Versions give little help. 𝔖 is the most sensible: ܘܐܠܝܥܙܪ ܕܡܣܩܝܐ ܒܪ ܒܝܬܝ and Eliezer, the Damascene, a son of my house, i. e. a homeborn slave (Eccl. 2,7; v. 3) or one of my dependents, is to inherit me i. e. my wealth. 𝔊 ὁ δὲ υἱὸς Μασεκ τῆς οἰκογενοῦς μου οὗτος Δαμασκὸς Ελιεζερ- ובן משק [בת] ביתי הא משק אליעזר really confirms 𝔐; משק being treated as the name of Eliezer's mother, and the inserted word being a mere conjecture. HITZIG proposed to omit דמשק as a gloss on משק, and KAUTZSCH and SOCIN follow him with the rendering and the heir of my wealth will be Eliezer. This, no doubt, gives the general sense (cf. 𝔖); but it is difficult to believe that the characteristic play on the words דמשק - משק is not original. Cf. 2,23; 3,20; 4,1,25; 5,29; 9,25,27; 10,25; 11,9; and see Dr. I. M. CASANOWICZ's thesis on Paronomasia in the OT, Boston, 1894. Now it is clear that דמשק alone cannot mean the same as דמשקי (unless indeed we point דֻּמַּשְׂק); but בן דמשק might (cf. Ezek. 23,15; Lam. 4,2). On the other hand, בן משק ביתי is a needless periphrasis for מָשָׁק ביתי; which is, in fact, implied by יירש אתי, v. 3b, and by 𝔖 (V. 3 looks like a later recension of v. 2; an attempt to give the sense, and eliminate obscurity). Pointing thus, and transposing בן, we get ומשק ביתי הא בן דמשק אליעזר, and he who will possess my house is a Damascene — Eliezer. A root משק is sufficiently attested by ממשק (Zeph. 2,9; cf. Is. 14,23); and Eliezer's mother might have been a slave obtained from Damascus (if בן ביתי, v. 3, is right; Eccl. 2,7).

(3) יירש 𝔐; ירש 𝔚 (cf. v. 4). But הגה c. partic ip. is usual (v. 12).

(4) 𝔐 והנה; 𝔊 καὶ εὐθὺς ... ἐγένετο. Cf. the usual phrase, so frequent in Jer., Ezek., and the later prophets, ויהי דבר יי אל וגו׳. Cf. also 1 Sam. 15,10. Else, point דָּבָר.
𝔐 ממעיך; 𝔊 ἐκ σοῦ = ממך. So one MS of 𝔚. Cf. 17,6.

(5) 𝔐 ויאמר; 𝔊𝔖𝔍 + לו.
𝔐ου𝔖𝔍 ויאמר לו; 𝔊 ^ לו.

(6) ויאמן; instead of the ungrammatical והאמן of 𝔐ου. One 𝔚 MS makes this correction. See also 38,5; 21,25; 28,6. 𝔊 καὶ ἐπίστευσεν Αβραμ· ויאמן אברם. So 𝔖𝔍. In such cases, we see an ancient confusion of ' with ה ,הֶ ,הָ. KLOSTERMANN's והא האמן is, however, very attractive.
𝔐 ויחשבה לו צדקה; 𝔊 καὶ ἐλογίσθη αὐτῷ εἰς δικαιοσύνην quoted Rom. 4,3, Gal. 3,6; Ja. 2,23 = ותחשב לו לצדקה (ψ 106,31); so 𝔖𝔍. Correct לצדקה with 𝔊. 2 Sam. 19,19 is not quite parallel. — ביהוה, 𝔖𝔍 באלהים; cf. next note.

(7) 𝔐 יהוה; 𝔊 ὁ θεός; so again, v. 18.

(8) 𝔐 במה; 𝔊 κατὰ τί = במה. But cf. 42,33 בזאת.

(10) 𝔐 הצפר; 𝔚 הצפרים = 𝔊 τὰ ὄρνεα. The sing. is hardly collective in the sense that it is so in ψ 8,8, where all birds are meant, or as העם is collective in v. 11, where the number is quite indefinite. Was הצפר written in 𝔐's MS?

(11) 𝔐 הפגרים; 𝔊 + τὰ διχοτομήματα αὐτῶν=גוריהם (v. 17); an explanatory gloss; or perhaps a conflate reading (הבתרים, variant of הפגרים?).
𝔊 καὶ συνεκάθισεν αὐτοῖς=וישב אתם is an instance of mispointing. 𝔖𝔒𝔍 read rightly וַיַּשֵּׁב אֹתָם.

(12) השמש is fem. here as in v. 17 (באה). Render therefore: and it happened (when) the sun was about to set or near setting.

15,13—16,11 — Genesis — 65

15 (12) 𝔐 אימה חשכה גדלה, *a terror, viz. a great darkness*; an explanatory apposition. The appositional phrase may, however, be taken from a parallel narrative. Cf. Job 4,13.14. 𝔖 gets rid of the doubt with וחשכה *and a great darkness*. 𝔊 φόβος σκοτεινὸς μέγας, taking חשכה as an adjective; but cf. Is. 8,22; ψ 18,12.

(13) 𝔐 לא להם; 𝔊 ¦ καὶ κακώσουσιν αὐτούς]= והרעו להם (19,9; Ex. 5,22), which may 5 have fallen out by homoeoteleuton; but may also have originated in an alternative rendering of ועבו אתם; cf. 𝔊 16,6.

(14) 𝔐 יעבדו; 𝔖 ܢܦܠܚܘܢ = יעבדוני, a needless correction. 𝔊, rightly, ᾧ ἐὰν δουλεύσωσιν. 𝔐 יצאו; 𝔊 ¦ ὧδε = הנה (v. 16).

(15) האסף, so 𝔊⁰ and 𝔖 ܬܬܟܢܫ = תתכנש; 𝔐 תבוא. Cf. 25,8; ψ 49,20.   10
𝔐 תקבר; 𝔊 τραφείς; a copyist's blunder for ταφείς.

(16) קהל גדול ישובו הנה 𝔐 ודור רביעי ישוב ; 𝔖 ܘܕܪܐ ܪܒܝܥܝܐ ܢܗܦܘܟ (cf. 1,31; 2,3). Jer. 31,8 favors 𝔐.

(17) 𝔐 ועלטה היה *and intense darkness* (Ezek. 12,6.7.12 only) *had set in*; *or it had become intensely dark*; cf. Arab. غلس c. accus. 𝔊 φλὸξ ἐγένετο, misreading ולהם 15 3,24; ψ 104,4 πυρὸς φλέγα [sic].
𝔐 תנור עשן; 𝔊 better κλίβανος καπνιζόμενος = ת' עשן (Is. 7,4; so 𝔖𝔍).
לפיד אש only recurs, Zech. 12,6; Dan. 10,6. 𝔊 λαμπάδες πυρός here; because the sense is: (*a smoking baking jar*) *with* (?) *flashes of fire* issuing from it; cf. Ex. 20,18 הלפידים *the flashes* of lightning.   20
לפיד is only accidentally like λαμπάς, being a form like אביר, צדיק, אסיר &c., derived from a root לפד, cognate with Assyr. *nabâṭu*, 'to shine' (cf. נשבה, לישה, לשבה &c.). נחבה = Aram. שבא &c.).

(18) 𝔊 ἕκει = שם; a corruption of בים, due to partial effacement or fading of letters. ܢܗܪܐ = מנהל; so Lagarde. Cf. 1 K. 8,65. 𝔐 מצרים, which could only mean the Nile.   25

(21) 𝔐 הגרגשי; 𝔖 ¦ ܘܝܬ ܚܘܝ, so 10,16.17. 𝔊 καὶ τοὺς Εὐαίους κ. τοὺς Γεργεσαίους.

16 (2) 𝔐 אל אברם; 𝔊𝔎 + ἐν τῇ Χαναάν = בארץ כנען; a gloss anticipating v. 3.
𝔐 אבנה; 𝔖 ܐܬܒܢܐ = אבנה is a mere scribal error for אבנה. The curious Heb. idiom *to build oneself up* or *be built up*, in the sense of *getting oneself a family* 30 *or having a house*, *i. e. a family* made for one (30,3; cf. Ex. 1,21; Deut. 25,9; Ruth 4,11; 1 Sam. 2,35) may be compared with the use of the same root in Assyrian, *banû* = to build, and *to create* or *procreate* offspring, e. g. *bânû'a, bânû'i, my Creator* (of a god), or *my father*. (Cf. Haupt, *Rûtim lô bēnayim* in the *Johns Hopkins University Circulars*, vol. xiii, p. 114].

(5) חמסי עליך *my wrong i. e. the consequences of it be upon thee!* Cf. 27,13; 38,29. 35 So 𝔖; but 𝔊 ἀδικοῦμαι ἐκ σοῦ, *I am wronged through thee*, in consequence of thy behavior; as if the Heb. meant *My wrong is owing to thee*. 𝔊⁰ דין לי עלך, *I have a quarrel with thee*. (Cf. Arab. دين لي عليك *dain li 'alêka* — thou owest me something.
𝔐 יהוה; 𝔊 ὁ θεός.   40
𝔐 ביניך; ܒܝܢܝ = the more usual בינך. The superlinear point calls attention to the anomaly as a doubtful reading; cf. 18,9; 19,23; 33,4; 37,12 for similar instances.

(6) 𝔐ܛ⁰ בידך; nine MSS of 𝔐 בידיך; so 𝔖𝔎 ἐναντίον σου = לפניך.   45

(7) 𝔐 יהוה; 𝔊 Κυρίου τοῦ θεοῦ = יהוה אלהים.
The second clause of the verse looks like a *doublet* from the parallel source. 𝔊⁰⁹ explain שור by חגרא 'so v. 14, for which A حجاز *Ḥijâz* is a scribal error (ج for ر; 𝔖 גדר (*sic corrig.*).

(8) 𝔐ܛ⁰ ויאמר; 𝔊 ¦ αὐτῇ ὁ ἄγγελος Κυρίου = לה מלאך יהוה, as in vv. 9,10,11. 𝔖𝔍 50 + לה only.

(9) 𝔐𝔊⁰ ידיה *plur.*; 𝔖𝔍 ידה *sing*. Cf. 1 Pet. 5,6.

(11) The anomalous punctuation וילדת recurs Jud. 13,5—7 only, where, as here, וילדת

Gen. 9

16   should be restored; *cf.* Jud. **13**,3. For the part. (used of the third pers'., see
       17,19; Is. **7**,14. *Cf.* NESTLE, *Marginalien* p. 15 (the points suggest alternatives).
  (12) 𝔐 פרא אדם is well rendered by 𝔖 ܚܡܪܐ ܒܪܝܐ, *the wild ass of mankind.* 𝔊 ἄγροι-
       κος ἄνθρωπος (= איש שדה, **25**,27); perhaps reading (בְּרָא) ἀγρός (Dan. **4**,9.15)
       instead of פרא.   5
  (13) 𝔐 ותקרא; 𝔊 + Αγαρ. 𝔊 otherwise agrees with 𝔐 in the first half of the verse,
       except that it points רֹאִי instead of רֳאִי, rendering ὁ ἐφιδών με. But 𝔐 can hardly
       be the original text; for how could אַתָּה אֵל רֳאִי be a personal name? Plainly, the
       pronoun is superfluous, and worse; but pointing אַתְּ, we see that it is a variant
       of אֱלִית, or *vice versa* (*cf.* דבר את **17**,3; **23**,8; **42**,30). *El Roi* (pausal רֳאִי, not רֹאִי 10
       as 𝔐) is formally a good name, whatever its original significance. The sacred
       writer suggests *God of Vision = God that may be seen, still without dying.* The
       second clause in 𝔐 — הגם הלם ראיתי אחרי רֹאִי — is much more corrupt. 𝔊 καὶ
       γὰρ ἐνώπιον ἴδον ὀφθέντα μοι; perhaps reading פָּנַי for הלם (Ex. **33**,11 ἐνώ-
       πιος ἐνωπίῳ); *cf.* v. 14. But ἐνώπιον may be corrupted from ἐνώπνιον = חלם; 15
       so 𝔖. The name of the well, באר לחי ראי, and the whole context, show that
       WELLHAUSEN was right in restoring אלהים in place of this unsatisfactory word.
       אחרי is probably a corruption of וָאֵחִי (*cf.* WELLH.); and being read אֶחִיֶה (*cf.* 3
       and Ex. **33**,23), ראי was then added to complete the sense, such as it was. הגם את
       האלהים ראיתי ואחי: *have I even seen God, and survived?* suits the entire context 20
       as nothing else could.
  (14) 𝔐 קרא *impers.* (**11**,9); but ܡ̈ܢ קראה *fem.* So 𝔊𝔖.
       𝔐 באר לחי ראי *well of the Living One who sees me*; but this does not agree with
       the point of the whole, which is that Hagar saw God, not *vice versa*. We must
       point לֶחִי ראי, and render *Well of Life* (i. e. *survival*) *of Vision* (חִי, חַי, *life*, as in 25
       the well-known formula חי נפשך, 1 Sam. 1,26). The ל is in any case so peculiar,
       that MICHAELIS was probably right in supposing that לְחִי *jawbone*, i. e. a rock
       so shaped (Jud. **15**,19) was the original name. ראי then will have been some
       animal, *e. g.*, as WELLHAUSEN suggests, a species of deer; *cf.* اروى *urwiye,* pl.
       اروى *arwai* mountain goat. The name on which J thus plays will really have 30
       been *Well of the Roe's jawbone,* and *El Roi* will have been an animal deity.
       For Kadesh and Bered 𝔖 has ܪܩܡ *Raqem* and ܓܕܪ *Gadar* (mistake for *Gerar*);
       𝔗ᴼ רקם and חגרא (v. 7); Saad. رقيم *Raqim* and برد *Barid* (a mistake for بَرَد
       Barid). 𝔊 Βαραδ.
  (15) 𝔐 ילדה; 𝔊𝔖W (*i. e.* WALTON's text in the London Polyglot) + לו, but ^ 𝔖ᴴᴹ.   35
       𝔐 בנו; 𝔖W + אלה (**21**,3): הנולד לו־ܐܠܗ an additional mark of P's authorship.

17 (1) 𝔐 אל שדי, so 𝔊ᴬᴱ'ˣ; 𝔖W + אלהים. 𝔊 ὁ θεός σου; not implying a different reading.
   (2) 𝔐 במאד מאד *with muchness of muchness* — very greatly (Assyr. *mu'du = multitude;
       mu'du = multus*; so 𝔊ᴼˡ'ˢ𝔍Α. But 𝔊 σφόδρα = מאד (so again vv. 6.20).   40
   (3) 𝔐 אני, 𝔊 καὶ ἐγώ = ואני; so seven MSS of ܡ̈ܢ. But 𝔊ᴼˡ'ˢ𝔍 as 𝔐. *Cf.* 9,9.
   (4) 𝔐 (𝔊ᴼˣ) את שמך. Some MSS and ܡ̈ܢ + את; *cf.* **35**,10.
   (5) 𝔐 שמך; 𝔖 משעיך (**15**,4). But 𝔖ᴴᴹ as 𝔐.
   (6) 𝔐ܘܐܬ, 𝔊 καὶ αὔξη = ואתה. OLSHAUSEN + אתה; *cf.* **9**,12.
       𝔐 תשמרו, so ܡ̈ܢ𝔖ᴼˡ'ˢ𝔍Α; but 𝔊 *sing.*   45
       𝔐 אחריך. 𝔊 + εἰς τὰς γενεὰς αὐτῶν = לדרתם (v. 9), which doubtless belonged to
       the gloss ובין זרעך אחריך in its original form.
  (11) 𝔐 ונמלתם. The pointing וּנְמַלְתֶּם is preferable; *cf.* v. 27 גמלו. 𝔐 והיה is ungram-
       matical; read והיתה with two MSS, 𝔗ᴼ, and ܡ̈ܢ. *Cf.* **9**,13. For לאות 𝔊 has ἐν
       σημείῳ = באות. *Cf.* note on **10**,20.   50
  (12) 𝔐ܘܐܡ𝔖ᴼ ילד בית, 𝔊 ὁ οἰκογενὴς τῆς οἰκίας σου = ילידי ביתך, a mistake due to
       glancing at v. 13; *cf.* Α𝔗 (*your house*).
  (13) 𝔐 יליד, ܡ̈ܢ ילידי, as v. 23.

17 (14) After עָרְלָתוֹ 𝔊 + τῇ ἡμέρᾳ τῇ ὀγδόῃ = או ביום השמיני, *on the eighth day; cf. v. 12.* 𝔐𝔖𝔊𝔍𝔄.

(16) 𝔐𝔖𝔒𝔗𝔍𝔄 מִמֶּנָּה ... והיתה וברכתיה 𝔊𝔖𝔍 refer 16^b to the son: καὶ εὐλογήσω αὐτόν ... καὶ βασιλεῖς ἐθνῶν ἐξ αὐτοῦ ἔσονται. We prefer 𝔐.
𝔐 מַלְכֵּי, some MSS מַלְכֵי; so 𝔖𝔊𝔍𝔄. But cf. v. 20^b. 5

(17) 𝔐 בְּלִבּוֹ, 𝔊 + λέγων = לֵאמֹר ; cf. 39, 14; 43, 3; 47, 5.

(18) 𝔊 Ἰσμαὴλ οὗτος ζήτω, reading לוּא as הוא. For לוּא = לוֹ, cf. 23, 5. 11. 13; 1 Sam. 14, 30.

(19) 𝔐 אֱלֹהִים, 𝔊 + πρὸς Ἀβραάμ = אֶל אַבְרָהָם ; so some MSS, 𝔖𝔚𝔍, but 𝔐𝔒𝔗𝔄𝔖𝔍𝔐 as 𝔐. 10
𝔐 אֲבָל, 𝔊 + הִנֵּה.
𝔐 לְמוֹעֵד ... אֹתוֹ. So 𝔐; but some words must have fallen out; otherwise we should have וְאֶת זַרְעוֹ ... אֹתוֹ, *with him ... and* with his seed. The defect may be supplied from v. 7: להיות לו לאלהים ולזרעו. Many MSS, 𝔐𝔊𝔖𝔍𝔄 confirm this with ולזרעו. 15

(20) 𝔊 gives ἔθνη for נָשִׂיאִם (*A shereefs*), which being perhaps half effaced, was read לאמם.

(23) 𝔐 בְּעֶצֶם, 𝔊 ἐν τῷ καιρῷ = בְּעֵת. So again, v. 26. Cf. 7, 13; Ex. 12, 17.

(24) 𝔐 שנת, 𝔐 שנים 𝔊𝔒𝔈 (שְׁנֵי יָ׳) rightly. Instead of 𝔐 תשעים שנה ותשע שנה we must read תשעים שנה ותשע שנים; cf. 23, 1. 20
𝔐 בְּשַׂר, 𝔐 בשר את rightly (vv. 11. 14. 25.).

(27) 𝔐 אתו נמלו *were circumcised with him*; so 𝔐. 𝔊 περιέτεμεν αὐτούς = כָּל אַדָם cf. v. 23 ; 21, 4 ; Jos. 5, 4. 7 ; 𝔖 ܐܬܡܚܘ.

18 (1) 𝔐𝔖𝔒𝔍 יהוה, 𝔊 ὁ θεός = אלהים. The vague plural agrees better with the imme- 25 diate sequel, which was, no doubt, the reason for the substitution. 𝔄 goes further, with *an angel of God*; cf. 𝔈 *the glory of* י׳.

It might be supposed that cc. 18. 19 embody extracts from two originally independent stories; the *first* relating a visit of JHVH, who announces to Abraham the birth of Isaac and the doom of Sodom for which Abraham makes interces- 30 sion (18, 1. 9 *and He said*, 𝔊, 13. 17. 18. 20. 21. 23. 33 ; after which, JHVH rescues Lot, who pleads successfully for the exemption of Zoar from the general overthrow 19, 18 'reading *Him* for a reviser's *them*'. 19. 25. 27. 28.; the *second* relating a visit of Three Men, conceived as בני אלהים or more briefly אלהים, who after being hospitably entertained by Abraham (18, 1 *And Elohim appeared*; 35 2. 8), proceed to Sodom where they are similarly entertained by Lot; but, being shamelessly molested by the men of the place, they resolve to sweep it off the earth, sparing only their good host and his family 18, 16; 19, 1 *reading And the men come*; 14. 17 *they said*, 𝔊 ; 26). Allowing for one or two insertions and alterations by a reviser 18. 19. 22; 19, 1 *the two angels*; 13 *because the cry* &c.), 40 and for gaps caused by intentional omissions (Sarah's cakes not served, 18, 6. 8; 19, 17-19, 26), this gives two fairly connected narratives. The objection is that there is little 19, 9 שׁפוט ... וַיֹּאמְרוּ הָאֶחָד; 26) which may belong to E² or nothing in the language of the sections, thus demarcated, to prevent us from assigning the whole to J. 45
𝔐 הָאֹהֶל, so 𝔊𝔖𝔍𝔄; but 𝔊 τῆς σκηνῆς αὐτοῦ = אהלה (So again v. 2, but v. 6 τὴν σκηνήν). Cf. 9, 21; 18, 9; 24, 67.

3) 𝔐 אֲדֹנָי, noted as קדש by Masorah, in order to make it agree with יהוה, v. 1. This necessitated the further change from plur. to sing. in the suffixes and verbs of this verse. But 𝔐 reads בעיניכם, העבדכם, עבדכם, instead of 𝔐 בעיניך, תעבר, עבדך; in 50 agreement with the sequel, vv. 4. 5, and with the general meaning of the context. It is obvious that Abraham does not at once recognize that his visitors are divine; he merely treats them with friendly hospitality. The expression *three men*,

18 v. 2, indicates that there was nothing extraordinary in their appearance (*cf.* Jud. 13,6); they looked like travelers (vv. 3. 5). The first hint of their quality is given, v. 10; and Sarah's fear, v. 15, suggests a dawning perception of the fact. We, therefore, point אֲדֹנָי, as in 19,2, where the term is noted as אֵל.

אֲדֹנָי recurs in vv. 27. 30. 31. 32; **19**,18; **20**,4; not elsewhere in Genesis. *Cf.* Am. 5,16; 7,7.8 &c.

(4) 𝔐 מְעַט‎.

𝔐 וְרַחֲצוּ, but 𝔊 καὶ νιψάτω, 𝔖𝒲 [Syriac]; 𝔖ᴱᴹ [Syriac] plur.

הָעֵץ‎ not collective; *cf.* 𝔊 ὑπὸ τὸ δένδρον, and see on 13,18.

(5) פַּת, 𝔖 ܠܚܡܐ, *J buccellam*, is a ἅπαξ λεγ. in Gen. See Lev. 2,6; 6,14 (𝔓). 𝔊. 10

𝔐 לְבַבְכֶם אַחַר, 𝔏 לבבכם ואחר. לבבכם only recurs in ψ 48,14; Is. 66,14; לבבכם about forty times.

𝔐 הַעֲבֹרוּ, 𝔊 + εἰς τὴν ὁδὸν ὑμῶν = לדרככם (19,2).

𝔐 עֲבַרְתֶּם עַל, 𝔊 ἐξεκλίνατε πρός = סרתם אל; *cf.* 19,2.3. So 𝐉. This must be right, as עבר would hardly be used in different senses in two consecutive lines; and the 15 strangers *had* 'turned off' the road to visit Abraham, for when he first noticed them, they were נִצָּבִים עָלָיו (v. 2).

𝔐 וַיֹּאמְרוּ, 𝔊 καὶ εἶπεν; an alteration to conform with the sing. of v. 3. So again, v. 9ᵃ (*cf.* v. 10).

(6) 𝔐 וַיֹּאמֶר, 𝔊 + αὐτῷ = לה; so again, v. 15. 20

𝔐 סֹלֶת, 𝔊; ἅπαξ in Gen. Σεμίδαλις here = קֶמַח, as in 1 Sam. 1,24 (Usually = מנחה).

(8) 𝔐 וַיֹּאכֵלוּ: הָעֵץ וַיֹּאכֵלוּ וְהוּא ... וַיִּתֵּן לִפְנֵיהֶם, so 𝔐; but the order of 𝔊, according to which ויאכלו follows לפניהם, is better. The talk would begin after the meal (*cf.* 19,3), and the setting on is usually followed at once by the eating (*cf.* 25,34; 2 Sam. 25 12,20).

(9) The dotted אֵלָיו — noted as נקוד על איו — indicates a doubt about the reading; but whether אל אברהם, or אלהים, or simply לו, was in the scribe's mind, cannot be determined. *Cf.* on 16,5.

𝔐 וַיֹּאמַר, 𝔊 ὁ δὲ ἀποκριθεὶς εἶπεν = וַיַּעַן וַיֹּאמֶר (v. 27). 30

(10) 𝔐 כָּעֵת חַיָּה, but 𝔊 κατὰ τὸν καιρὸν τοῦτον (= לַמּוֹעֵד הַזֶּה) = εἰς τὸν καιρὸν τοῦτον, v. 14) εἰς ὥρας (= כָּעֵת חַיָּה v. 14). We restore למועד הזה בעת חיה, on account of v. 14, and 2 K. 4,16, the only place where the phrase recurs. As εἰς ὥρας means *next year* (Plut. *Pericles* 13), it is evident that 𝔊 regarded the expression in the text as equivalent to 𝐈's למועד הזה בשנה האחרת (17,21). The obscure חיה 35 must be an old word for *Spring*, the season of new or reviving life in the animal and vegetable world (*cf.* Lucretius, *De Rer. Nat.* i, 21). The pointing כָּעֵת *now*, Num. 23,23; Jud. 13,23; *cf.* כַּיּוֹם can hardly be right. בעת חיה *about spring tide* is a phrase like לְעֵת עֶרֶב, 8,11. If it be urged that בעת חיה *about this time, in spring* is similar to כָּעֵת מָחָר *about this time, to-morrow* (*cf.* Jos. 11,6 כָּעֵת 40 הַזֹּאת), then 𝔊 has למועד הזה in this verse and 𝔐 למועד (*cf.* 21,2), must be rejected as old glosses. The idiom בעת חיה was no longer understood by 𝔗𝕺 which renders כְּעִדָּן קַיָּם at *a time when you are (still) living*, nor by 𝔖 ܒܚܝ ܠܟܝ *at this time, she being (still) alive*.

𝔐 וְהִנֵּה בֵן לְשָׂרָה, 𝔊 καὶ ἕξει υἱὸν Σαρρα; *cf.* 15,4. 45

𝔐 וְהוּא אַחֲרָיו *it* (the door) *being behind him*; but 𝔐 אַחַד הִיא = 𝔊 οὖσα ὄπισθεν αὐτοῦ, *she being behind him*; as though 𝔐 had וְהוּא.

(11) 𝔐 כְּנָשִׁים אֹרַח; read נשים כָּאֹרַח; *cf.* 31,35.

(12) 𝔐 אַחֲרֵי בְלֹתִי הָיְתָה לִּי עֶדְנָה, 𝔊 οὔπω μέν μοι γέγονεν ἕως τοῦ νῦν = הָיְתָה בִלְתִּי אֲבָל לִי עֶדְנָה, not understanding the ἅπ. λεγόμ. עֶדְנָה, and misled by the idiom of the 50 perf. הָיְתָה; but 𝔄, rightly, μετὰ τὸ καταριβῆναί με; Σ, μετὰ τὸ παλαιωθῆναί με.

(13) 𝔐 שָׂרָה, 𝔊 + ἐν ἑαυτῇ = בְּקִרְבָּהּ (v. 12).

(14) 𝔐 מֵיְהוָה, 𝔊 παρὰ τῷ θεῷ.

18,15—19,1 — Genesis — 69

18 (15) 𝔐 ויאמר לא, 𝔊 καὶ εἶπεν αὐτῷ Οὐχί = ויאמר לה לא; cf. 𝔙 ויאמר לה לא, where לא has evidently fallen out.

(16) 𝔐 סדם, 𝔊 + καὶ Γομόρρας, v. 20; 19,28. Abraham, however, intercedes for Sodom only (vv. 24.26), the place where Lot was living; and Gomorrah is not named again until 19,24.

(17) 𝔐 מאברהם, 𝔊 𝔖 + עבדי my servant.
𝔐 אשר, 𝔊 את אשר.

(19) 𝔐 אשר למען ידעתיו; cf. Ex. 33,12; Am. 3,2 for the sense of ידע: I know him — re-cognize him, in order that he may charge his sons ... and they may keep &c. But 𝔊 ידעתי ὅτι, I know that he will charge &c. is a more usual way of speaking; 𝔖 I know him (אֹ), that he will charge ... that they may keep &c.
𝔐 את אשר, 𝔊 πάντα ὅσα = את כל אשר; so 𝔙.

(20) 𝔐 זעקת, but 𝔊 κραυγή as v. 21; 19,13; 27,34. OLSHAUSEN supplies שמעתי before this word. הן or הנה would be enough, but nothing is necessary: The outcry (קבלת 𝔖) against Sodom ... verily it is loud. 𝔊 𝔖 take כי Is. 7,9 in both clauses as a particle introducing direct speech (ὅτι). Instead of רבה is loud, 𝔖 has בֹאת = באה has come, from the next line (a proof of translation from the Hebrew). 𝔊 mispoints הצעקתם, αἱ κραυγαὶ αὐτῶν; so 𝔙.

(21) 𝔐 הבאה הצעקתה, but 𝔊 αἱ κατὰ τὴν κραυγήν αὐτῶν; so 𝔖𝔙. This suits better with עשו. 𝔖 read הצעקתה like אימתה, ישתתה.
𝔐 הבאה accented milʿel, as perf. 𝔊 τὴν ἐρχομένην = הבאה milraʿ, the participle is correct. Cf. 12,7; 46,27.

𝔐 עשו כלה, cf. Ex. 11,1. 𝔊 συντελοῦνται = עשו כלה; so 𝔖 ܥܒܕܘ ܥܘܠܐ, 𝔙 opere complexerint. 𝔗 took כלה in the sense of destruction (Is. 10,23); and if 𝔐 be right, we must needs understand they have wrought ruin, according to the use of the phrase עשה כלה, Jer. 4,27; 5,10, and refer it to acts of violence and op-pression, such as צעקה might imply. OLSHAUSEN restored כלם; and so A ܐܟܠܗܘܢ their whole body, all of them.

(22) Also 𝔐 ואברהם עודנו עמד לפני יהוה, and so all Versions (cf. 19,27). We adopt the well known correction suggested by the Jews — the only תקון סופרים in Genesis — transposing the two proper names. This agrees better with the context and with 19,1; where, however, שני may be a gloss suggested by this passage and 19,8 two daughters.

(23) 𝔊 + καὶ ἔσται ὁ δίκαιος ὡς ὁ ἀσεβής = יהיה כצדיק כרשע v. 25.

(24) 𝔐 הספה, 𝔊 ἀπολεῖς αὐτούς. We therefore add אתם. 𝔖𝔙 take אף in the sense of anger (רגז).

(27) 𝔐 אדני, some MSS יהוה; so again v. 31.

(29) After the first ויאמר 𝔊 + אליו (perhaps from dittography of אולי).
𝔐 אעשה, so A; but אשחית, 𝔊 ἀπολέσω, 𝔖 ܐܚܒܠ. So v. 30. 𝔙 perculiam, v. 29, faciam, v. 30.

(33) 𝔐 יהוה, 𝔊 ὁ Κύριος = אדני; see on v. 27.

19 1. 𝔐 שני המלאכים, so the Versions; but so far they have been called אנשים ה, see also vv. 5.8.10.12.16. A reviser substituted המלאכים here and in v. 15; yet he left האנשים in vv. 10.12, in spite of the intervening designation of the Sodomite mob by the same word, v. 11. 𝔊, however, has המלאכים in v. 12 also; and 𝔊 presents οἱ ἄγγελοι in v. 16 as well as v. 15. We restore האנשים, as המלאכים does not recur in OT in the sense of angels; cf. 32,7 for its ordinary meaning; we find only מלאכי אלהים 28,12; 32,1 𝔔, מלאכי רעים ψ 78,49 𝔔, and מלאכי five times, vv. Job 4,18; ψ 91,11; 103,20; 104,4; 148,2 all much later than J. On the other hand, we have the frequent expression מלאך יהוה the Angel of JHVH or JHVH's Messenger 16,7.9.10.11; 22,11.15; cf. 24,7.40 JHVH ... His Angel; while in 16,13 JHVH's Angel is identified with JHVH Himself (cf. Ex. 23,20.21 I send an

19 *Angel before thee . . . my Name is in him*; Ex. **33**,14 *My Face shall go with thee*; Is. **63**,9 *the Angel of His Face*). This explains why מלאכי יהוה is never found. It also helps us to understand the point of view of Gen. **18**,19. We may render מלאך by *Angel*; but in the older scriptures we have to think, not so much of spiritual beings existing independently of the particular occasion, as of special manifestations of Deity. The corresponding formula of E, מלאך האלהים (Ex. **14**,19; *cf.* Jud. **13**,6; 2 Sam. **14**,17.20) is similarly used to imply the particular mode of Divine self-manifestation. Accordingly, in **48**,15.16 we find האלהים and המלאך as convertible terms (*cf.* Hos. **12**,4.5 with **32**,25.31). (*Cf.* CHEYNE's and SOCIN's notes on the English translation of Is. **63**,9 and Hos. **12**,5).

(3) 𝔐𝔰 אפה, so 𝔄𝔍; but 𝔊 + αὐτοῖς=להם, so 𝔖𝔗O.

(5) 𝔐 לו, 𝔰 אליו=𝔊 πρὸς αὐτόν.

(6) The פתח, which 𝔊𝔄 omits, is the forecourt (𝔊C πρὸς τὸ πρόθυρον).
𝔐 סגר, so 𝔊𝔖W𝔗O𝔄𝔍; but 𝔰 סגרו; and so 𝔖UM.

(8) 𝔐 הָאֵל, with note סבירין האלה; 𝔰 האלה. So again, v. 25; **26**,3. The supposed archaism is merely an unusual instance of *scriptio defectiva*; we therefore point הָאֵלֶ. Perhaps 𝔐's archetype had האל׳.
כי על כן *because, (viz.) for this reason; because — upon this account*; or simply *because then=inasmuch as, considering that, since*. This passage well illustrates the idiom. It would have been fatuous to urge that the men had entered his house to escape molestation, which is the meaning of AV. But it was a very strong argument to say: Let them alone *inasmuch as they are guests*; in other words: Do not violate the sacred laws of hospitality.
𝔐 בצל קרתי, here only. 𝔊𝔖 pointed קֹרֹתַי *my rafters* (Cant. **1**,17); but 𝔗O𝔄𝔍 as 𝔐.

(9) גש (𝔰 גשה) הלאה, *Go further off!* (Is. **18**,2; **49**,20); or *Stand back there!* 𝔊 ἀπόστα ἐκεῖ.

(10) 𝔐 ידם, so 𝔍; but 𝔗O𝔖𝔄 *their hands* (=𝔊 τὰς χεῖρας).
𝔐 הדלת, so 𝔗O𝔖𝔄𝔍; but 𝔊 τὴν θύραν τοῦ οἴκου=דלת הבית.

(11) 𝔐 הפתח should be הדלת (=𝔊 τὴν θύραν). The people were already in the פתח or πρόθυρον, and wanted to break down the דלת (v. 9).

(12) The reading of 𝔐 חתן ובניך ובנתיך is attested by 𝔗O𝔄𝔍. 𝔖𝔗J alter the ungrammatical חתן to חתניך; *cf.* 𝔊 γαμβροὶ ἢ υἱοὶ ἢ θυγατέρες. חתן may have originated in a marginal gloss by some one who recollected that no sons of Lot had been mentioned hitherto, and wished to correct בניך in accordance with the sequel (vv. 14 16; *cf.* 𝔰 and some Heb. MSS חתן בניך ובנתיך, a reading which even more clearly indicates the intrusive character of חתן. The question itself implies that *the Men* did not know the particulars about Lot's family. Although, therefore, ובניך might have originated in dittography of ובנותיך, we read בניך ובנתיך.
𝔐 המקום, 𝔰𝔊 + הזה (v. 13).

(13) 𝔐 לשחתה, so 𝔊 ἐκτρίψαι αὐτήν. As the singular suffix can only refer to המקום הזה, we might point לשחתה=לשחתו; but the sense demands לשחתם after צעקתם; so 𝔍 *ut perdamus illos*.

(14) לקחי בנתיו=*who were to wed his daughters*; *cf.* **27**,46. So 𝔍 *qui accepturi erant filias ejus*. 𝔊 wrongly τοὺς εἰληφότας; it is against the spirit of the story to suppose that any persons of Lot's own blood were left to perish in Sodom, as his married daughters were on this interpretation.
𝔐 קומו צאו. The dagesh in צ bars the reading קומו וצאו, which we find in 𝔊𝔄.

(15) הנמצאות includes his wife as well as his daughters. 𝔊 + καὶ ἔξελθε=וצא.

(17) 𝔐𝔰 ויאמר, so 𝔗O; but 𝔊 καὶ εἶπαν, and so 𝔖𝔍 (𝔄 dual). *Cf.* **18**,9.10, and v. 18 אליהם.
𝔐𝔰 המלט, 𝔊 σώζων σῶζε=המלט המלט (1 Sam. **27**,1).
𝔐𝔰 תביט. The unusual י may be only a *mater lectionis* (תַּבֶּט=תַּבִּיט).

19 (18) 𝔐 אֲדֹנָי with note קרי ; 𝔊 Κύριε. But how can this be right, after אֲלֵיהֶם *to them*?
(*cf.* also v. 2). Only on the understanding that JHVH who *sent* them (v. 13) was
somehow present with (or *in*) them. Hence the sing. in vv. 19.21 f. See note
on v. 1. Otherwise, we must suppose that the compiler has joined portions of
different accounts so carelessly as to violate sense. (𝔖 ܡܪܝ *my lords*, as in v. 2). 5
(19) The pointing עַבְדְּקָ is wrong; it should be Hif'il, as in 31,23. The construction
and meaning of Qal are different; see 2,24; 34,3; Deut. 28,60.
(20) 𝔊 + ἕνεκεν σοῦ = בִּגְלָלְךָ (12,13)? a striking instance of the ineptitude of some
glosses.
(21) 𝔊 εὐθαύμασα = נָשָׂאתָה (*cf.* Is. 17,12). 10
𝔐 לַדָּבָר, *cf.* 17,20 (𝔓). 𝔊 ἐπὶ τῷ ῥήματι = עַל הַדָּבָר.
(22) 𝔐 (𝔖) הָעִיר; 𝔊 + התהיא.
𝔐 צוֹעַר, ʲʷ צַעֲר; *cf.* v. 23. צְעִירָה. 𝔊 Σηγωρ; but 13,10 Ζογορα. See LAGARDE,
Übersicht 54f.
(23) 𝔐 יָצָא, ʲʷ יצאה rightly; *cf.* 15,17. 15
(26) There is a play on לוֹט, מֶלַח, in vv. 17.19.20.22, as though לוֹט = *Escaped One*.
Perhaps we should read: ולוט נמלט ותבט אשתו וגו׳.
(27) ילד has fallen out after בבקר (*cf.* v. 2); ... וישכם אל could not be a *constructio
praegnans* implying the same idea.
(28) 𝔐 עַל כָּל פְּנֵי אֶרֶץ הַכִּכָּר is suspicious. We find הַכִּכָּר and כִּכַּר הַיַּרְדֵּן, but never אֶרֶץ 20
הַכִּכָּר. We restore עַל פְּנֵי כָּל הַכִּכָּר; *cf.* ʲʷ עַל פְּנֵי כָּל הָאָרֶץ הַכִּכָּר (a *conflate* reading,
earlier than 𝔐?). 𝔊 ἐπὶ πρόσωπον [πάσης; so 𝔊ᴸ] τῆς γῆς τῆς περιχώρου, so 𝔖.
The אֶרֶץ or הָאָרֶץ is an accidental anticipation of the following הָאָרֶץ.
(29) For the first אֱלֹהִים of 𝔐, 𝔊 reads Κύριον = יהוה.
𝔐 אֶת עָרֵי, 𝔊 πάσας τὰς πόλεις = אֵת כָּל עָרֵי. 25
𝔐 בְּהָפְכוֹ, ʲʷ בהפכו, 𝔊 + Κύριον 𝔊ᴮ Κύριον τὸν θεόν = יהוה אלהים.
(30) 𝔊 + μετ' αὐτοῦ = עִמּוֹ at end. So ʲʷ𝔖.
(31) 𝔐 עָלֵינוּ, a scribal error for אֵלֵינוּ = 𝔊 πρὸς ἡμᾶς; so AJ.
(32) 𝔐 לַיְלָה, a scribal error for לֵיל, which ʲʷ has, but which does not recur in Gen.
Cf. 1 K. 1,12. 30
(33) 𝔐 הוא בַּלַּיְלָה recurs 30,16; 32.23; 1 Sam. 19,10; but it is very doubtful Hebrew,
and is naturally noted סבירין הַהוּא. The three ה's coming together is quite enough
to account for the omission of one of them. Otherwise, the apparent anomaly
might be due to abridged writing בלילה הוא, or even to the use of the now rare
לִיל (Is. 16,3). Read הַהוּא with ʲʷ; *cf.* v. 35. 35
(34) 𝔐 אָבִי. Read אָבִינוּ with 𝔊.
(35) 𝔐 וַתָּקָם, so 𝔊ᴼᴸᵐ; but 𝔊 καὶ εἰσελθοῦσα = וַתָּבֹא (v. 33); so 𝔖.
We read וַתָּבֹא וַתָּקָם, which is livelier than 𝔊, and more correct than 𝔐.
𝔐 עִמּוֹ, three MSS and 𝔊 את אָבִיהָ, as in v. 33.
(37) 𝔐 שֵׁם, ʲʷ אֶת שֵׁם (so in v. 38 also). 40
𝔐 מוֹאָב, 𝔊 + λέγουσα ἐκ τοῦ πατρός μου = לֵאמֹר מֵאָב; after which הוּא must have
fallen out before the following אָב (*cf.* 20,5 for repeated הוא).
𝔐ᴸₒᵥ עַד הַיּוֹם; so v. 38; 35,20. But 𝔊 ἕως τῆς σήμερον ἡμέρας = the usual עַד הַיּוֹם
הַזֶּה (26,33; 32.33; 47,26; 48,15). So 𝔖ᵁ.
(38) 𝔐 וַתִּקְרָא שְׁמוֹ בֶּן עַמִּי, 𝔊 καὶ ἐκάλεσεν τὸ ὄνομα αὐτοῦ Αμμαν, ὁ υἱὸς τοῦ γένους μου. 45
This portion of the Heb. text appears to have suffered considerably. We restore
וַתִּקְרָא שְׁמוֹ עַמּוֹן בֶּן לְאָב בֶּן עַמִּי הוּא, according to the context and general analogy.
בֶּן עַמִּי obviously explains the national name עַמּוֹן (Assyrian of 8ᵗʰ cent. *Ammâna*;
cf. 𝔊); which cannot therefore have been omitted in the original text, especially
as it is parallel to מוֹאָב, v. 37. 50

20 (2) This verse has an air of abridgment. We feel that some such link of connection
is wanting between 2ᵃ and 2ᵇ as is supplied by 𝔊 from 26,7ᵇ: ἐφοβήθη γὰρ

εἰπεῖν ὅτι Γυνή μού ἐστιν, μή ποτε ἀποκτείνωσιν αὐτὸν οἱ ἄνδρες τῆς πόλεως δι' αὐτήν = כי ירא לאמר אשתי היא פן יהרגנו אנשי העיר עליה; cf. v. 11. Moreover, the abrupt introduction suggests that the story is already so well known to the reader that details, otherwise necessary, may be omitted. In the parallel account just quoted, we read: *The men of the place asked about his wife, and he said: She is my sister*; a much more natural mode of introducing the incident for the first time. 12, 11 ff. has an even fuller explanatory preface. The present narrative can hardly be independent of those. It has, at least, been revised in view of them.

(3) 𝔐 על, ᴊᴇ + אורה (21, 11. 25).

(4) 𝔐 ארגי, so ᴊᴇ; but some MSS יהוה.
𝔐 הגוי גם צדיק תהרג. So Versions, 𝔊 merely adding ἀγνοοῦν to explain δίκαιον, and A substituting *man* for *nation*. The peculiar גוי, however, perhaps originated in dittography of גם. Abimelech himself is threatened, not his people; and הגם צדיק תהרג is a suitable remonstrance on his part. Cf. 18, 23. Had the meaning been general, we should have expected הָרוֹג (ψ 14, 5).

(5) 𝔐 הוא גם והיא *and she — she, too, = and she herself, too*. The היא is interesting as showing that the scribes were not quite certain about the supposed archaism הוא = היא, about which Comparative Philology makes us altogether skeptical. Cf. 38, 25. 𝔊ᴏ והיא גם היא 𝔖, but 𝔖 ܘܗܝ ܓܒܪ = וגם היא, omitting היא (so 𝔊ʲ); ᴊᴇ והיא גם, omitting הוא. Possibly היא is a gloss on הוא.

(8) 𝔐 האנשים, 𝔊 prefix כל.

(9) 𝔐 מה עשית, so 𝔊ᴏᴊ; 𝔊 τί τοῦτο ἐποίησας = מה ואת עש (12, 18; 26, 10); so A. But 𝔖 ܡܢܐ ܚܛܐܢ ܠܟ what have I done to thee? which agrees better with the sequel. 𝔐 חטאתי, 𝔊 חטאנו.

(10) 𝔐 מה ראית; so all Versions. *What hadst thou in view? what was thy object?* Cf. the use of رأى (Dillm.). But ראה is certainly not usual in this sense, and מה יראת *what wast thou afraid of?* is more suitable (26, 7). Cf. v. 11.

(11) 𝔐 כי יראתי כי אמרתי, ᴊᴇ כי אמרתי *I was afraid, for I thought*.

(12) 𝔐 אבמה; Jos. 7, 20 only. האבנו (four MSS) אבנו. Confusion of מ with נ.

(13) 𝔐 התעו, ᴊᴇ התעה. But for plur. cf. 35, 7 (also E).
ומארץ מולדתי ᴊᴇ מבית אבי (12, 1).

(14) 𝔐 צאן, ᴊᴇ צאן ובקר אלף כסף; so 𝔊. Erroneous inference from v. 16.

(16) *But to Sarah he said: See, I give thy brother a thousand (shekels) of silver! There thou hast a blind* (lit. *an eyecover*) *for all about thee!* Her credit with her household, which had been injured by her forcible abduction, would be restored, and the malicious taunts (cf. 16, 4) or gossip of men and maids would be checked, when they saw how dearly the unintentional insult had been atoned for. We point הִוא (→ היא) instead of הוא; but it is not necessary to read with 𝔊 לכל for 𝔐 ולכל.
𝔐 ואת כל ונכחת is corrupt. 𝔊 καὶ πάντα ἀλήθευσον = ואת כל תכחי, the term הוכיח being taken as synonymous with צדק in the special sense of *speaking the truth* (Job 33, 12; Is. 41, 26), which is ingenious but hardly right, the idea of rebuke to Sarah under cover of an apology being against the context. We correct וְאַתְּ צַלִי תֻּכַּחַת *and for thy part, have done with complaints!* say no more about thy wrongs; be satisfied with this reparation!

All the Versions treat ונכחת as a fem. sing.; but another possible correction would be: וּתְכַל תֻּכַחַת *that it* (i.e. the כסות עין) *may put an end to reproaches!* For כלה, cf. Num. 17, 25.

(17) 𝔐 וילדו. The original sound was probably וִילָדָיו *and his children* (Bredenkamp). V. 18 is an obvious gloss, which does not well agree with the implications of the previous narrative (e. g. v. 7).

(18) 𝔐 יהוה, ᴊᴇ אלהים.

21 (2) 𝔐 אשר דבר אתו; so 𝔗O. But 𝔊 καθὰ ἐλάλησεν αὐτῷ = כאשר דבר אִתּוֹ. Two Heb. MSS have כאשר, and 𝔖 has [illegible] = אִתּוֹ.

(7) 𝔐 ילדתי, ⅏𝔖 + לו: *cf.* v. 2.
𝔐 לזקניו, 𝔊 ἐν τῷ γήρει μου (ב for ל; *cf.* **10**,20). But see v. 2; **24**,36.

(8) 𝔐 יצחק, ⅏𝔊 + בנו.

(9) 𝔐 מצחק, 𝔊 + μετὰ Ισαακ τοῦ υἱοῦ ἑαυτῆς = את יצחק בנה (*cf.* **26**,8); so 𝔍. The omission obscures the play on the name, which is obviously implied by the use of the term מצחק.

(10) 𝔐 גרש, ⅏ + את, as symmetry requires.

(11) 𝔐 בנו, 𝔊 + Ισμαηλ (a gloss).

(13) 𝔐 האמה לגוי, ⅏ האמה הזאת לגוי גדול. 𝔖𝔍 also read גדול; *cf.* v. 18.

(14) 𝔐 שם על שכמה ואת הילד, dislocated Hebrew, which is not much improved by reading וישם (*cf.* **22**,6) with 𝔊𝔖. Restoring ואת הילד to its original place before שם, we get a natural antithesis as in **15**,10: *Abraham having taken bread and a skin of water, handed them to Hagar; but the child he put on her back, and so dismissed her.* As according to P Ishmael was over fourteen at this time (**17**,25), a reviser modified the text here; but vv. 15.18 show that Hagar carried her son.

(16) After the second מנגד 𝔊 + μακρόθεν = הרחק, as in the first clause. 𝔐 ותשא את קלה ותבך, but 𝔊 ἀναβοήσαν δὲ τὸ παιδίον ἔκλαυσεν = וישא [הילד] את קלה ויבך, rightly; *cf.* v. 17. Altered in 𝔐 for the same reason as v. 14; or perhaps rather because the suffix in קלה was misunderstood.

(17) 𝔐 הנער, 𝔊 + ἐκ τοῦ τόπου οὗ ἦν = באשר הוא שם; see end of verse.
𝔐 אל קול, some MSS and ⅏ את קול. The words וישמע אל', שמע אל', obviously refer to the name ישמעאל, which is conspicuous by its absence at the end of the verse.
𝔐 באשר הוא שם, if understood of the child's position, seems superfluous; unless we suppose an allusion in the unabridged story to the origin of the well Beersheba. The meaning would then have been that just where Ishmael lay, the spring burst forth (*cf.* vv. 14.19); though this miraculous feature has disappeared from the existing narrative. Otherwise, we might point שָׂם *positus* (*cf.* Num. **24**,21; 2 Sam. **13**,32), or read הוּשָׂם *positus est*, which would agree with the idea of the child's tender age and feebleness. On the other hand, באשר הוא שם gains in force if we render *in the place where He* (*i. e.* God) *is. Cf.* ψ **18**,6.

(19) מים, 𝔊 + ζῶντος = חיים; an original touch (**26**,19).

(20) 𝔐 ויהי רֹבֶה קַשָּׁת; for the construction, *cf.* **4**,2. Kautzsch and Socin render *und wurde ein Schütz, ein Bogenschütz*; suggesting that קַשָּׁת *archer* is an old gloss on the unusual רבה. But 𝔊 ἐγένετο δὲ τοξότης suggests קֶשֶׁת *bow* (*cf.* τοξότης in Am. **2**,15; 1 Chr. **10**,3; 2 Chr. **14**,8; **17**,17); and as רבה is really unsupported in the sense of *shooting*, and is easily confused with רמה, we restore יֹרֶה קֶשֶׁת: (*cf.* Jer. **4**,29; ψ **78**,9). 𝔗O has רְבֵי קַשָּׁתָא. *Cf.* 𝔖 *and he was learning the bow.*

(22) 𝔐 ויאמר, corrupted from ויבא, which is necessary to the sense.
𝔐 אבימלך, 𝔊 + καὶ Οχοζαθ ὁ νυμφαγωγὸς αὐτοῦ = ואחזת מרעהו (**26**,26). So again v. 32.

(23) השבעה לי הנה *swear to me here!* The הנה is emphatic, and calls attention to the name of the place Beersheba. So probably in v. 30. ^ 𝔊 in both places, but 𝔖𝔗O𝔄 support 𝔐.

(25) 𝔐 והוכח must be corrected to ויכח; *cf.* ⅏ ויכיח, and note on **15**,6.
𝔐 באר, 𝔊 *plur.* because of **26**,18.

(28) The unheralded expression *the seven ewe lambs of the flock*, which is hardly intelligible in the present context (hence ⅏ צאן; so 𝔊), and the allusion to the name Beersheba in the number *seven* (*cf.* v. 23), indicate another source. The former is perhaps the stronger evidence; there seems no reason why the same writer

21 might not have suggested more than one possible connection for a name like Beersheba (cf. vv. 6.9, where E has apparently done so in the case of *Isaac*).

(29) 𝔐 הנה *here* again calls attention to the fact that the name of Beersheba is to be accounted for (v. 23). The Versions take it as a demonstrative pronoun.

𝔐 בשבעת, 𝔊 הכבשות is right (so also in v. 30). This looks like an error due to dictation, the second guttural being indistinctly heard after the first.

𝔐 לברנת, 𝔊 לברתן as in v. 28.

(30) 𝔐 ויאמר, 𝔊 +אברהם.

(33) 𝔐 ויטע, 𝔊𝔖𝔙 +אברהם.

𝔐 עולם, 𝔊 העולם needlessly in a proper name. *El Olam* must have been the god of the old sanctuary of Beersheba. Cf. the *Old Bel* of the Babylonians, and the Greek Κρόνος.

22 (1) 𝔐 אברהם. Two MSS, 𝔊𝔖 repeat, as in v. 11. Cf. 46,2.

(2) 𝔐 יחידך, 𝔊 τὸν ἀγαπητόν; so again vv. 12.16. Perhaps confusion with ידידך; see Jud. 11,34; Jer. 6,26; ψ 60,7.

𝔐 אל ארץ המריה. 𝔊 εἰς τὴν γῆν τὴν ὑψηλήν — (𝔖)אל ארץ המרם; see on 12,6. 𝔐 ארץ המוראה (cf. 𝔐 מרא for מורה, 12,6), which the Samaritan Version renders לארע ראה *into the land of Vision*, connecting 𝔍 *in terram visionis*, with חותא וע. 8.14). 𝔖 לארעא פולחנא and 𝔄 اِلَی بَنِدِ العِبَادَةِ, *into the land of worship or service*, connect it with ירא *to fear*; apparently reading המרא (מורא = מורָא, ψ 9,20). 𝔗 has לטור מוריה, meaning the Temple Mount, called by the Chronicler הר המריה (2 Chr. 3,1; cf. Jos. Ant. i, 13,1.2): the only occurrence of המריה in OT. 𝔖 ارض الأمورين *into the land of the Amorites*, as if reading האמרי (cf. 21,34). In any case, יה — cannot be the Divine name יה, which is never found in local names; and as a gentilic מרי, מריה, is unknown, it is tempting to agree with BLEEK that the original reading was אל ארץ המֹרֶה (12,6; Jud. 7,1); which was afterwards intentionally altered in order to dissociate the story from the Samaritan Temple. But, upon the whole, we prefer the reading, or conjecture, of 𝔖, in spite of the obvious allusive references to the etymology of המריה in vv. 8.14.

(3) 𝔐 את שני נעריו *his two young men*; 𝔊 δύο παῖδας, because of 14, 14, 24. 𝔊 makes the ass fem. (so also in v. 5): cf. 1 K. 13, 13.

(7) 𝔐 ויאמר .... ויאמר. We should have expected לאמר in the second place; but cf. 46, 2. 𝔊 has λέγων (=לאמר) for the third ויאמר.

(8) 𝔐 שה, 𝔊 add.

(10) 𝔐 ויקח, 𝔊 λαβεῖν =ויקח wrongly.

(11) 𝔐 יהוה; 𝔖 אלהים in the Urmia edition, but 𝔖JBM ܡܪܝܐ =יהוה.

(12) 𝔐 אל scribal error for על (cf. 37, 22 בו). 𝔐 על; so 𝔊𝔖𝔙.

(13) 𝔐 אחר *behind*, 𝔙 *post tergum*; but this sense would require אחריו. Besides, when one *looks up*, one does not see what is *behind* but what is *before* one. Many MSS, 𝔊𝔖𝔙 rightly אחד. 𝔊 embodies both readings בתר אלין *after these things* דברא חדא *a ram*). Possibly אֶתָּא; a variant of נאחז from the margin (or vice versa).

𝔐 נאחז perf.; 𝔊𝔖𝔙𝔄𝔍 imply נאחז part., which is preferable after הנה.

𝔐 לעלה, 𝔐 עלה (2 K. 3, 27).

𝔐 בנו, 𝔊 prefixes יצחק.

(14) The designation יהוה יראה *JHVH chooses* (it), lit. *looks* (it) *out* (cf. 1 Sam. 16, 1. 17) is to be understood in the light of Deut. 12, 13, 14, where ראה and בחר are both used with reference to the site of the Temple. Cf. also v. 8, and 41, 33. The phrase certainly appears to be intended as a resolution of המריה (v. 2).

𝔐 אשר יאמר היום בהר יהוה יֵרָאֶה. KAUTZSCH-SOCIN render: *daher man noch heute zu sagen pflegt: auf dem Berge, wo Jahwe erscheint*. But how could *On the mountain where JHVH appears* be a popular saying? A popular saying must at

22 least be complete in sense, as EWALD perceived when he supplied *let us praise him!* though indeed there is nothing proverbial about such a saying as that. *In the mountain* (i. e. when perplexity is at its height; cf. Zech. 4, 7; Matth. 21, 21) *JHVH will choose* (or *provide*), would at least meet this requirement; cf. 𝔊 ἐν τῷ ὄρει Κύριος ὤφθη, 𝔖 ܗܘ ܘܚܙܐ ܠܘ ܛܘܪܐ *In this mountain the Lord will see*, 𝔍 *In monte Dominus videbit*; all pointing יֵרָאֶה, and the two latter יִרְאֶה. In view, however, of the not infrequent confusion of ב and ל (10, 20; 23, 10. 18) we emend לְהַר and render: *As the mountain where JHVH appears is called at the present day*; a statement of R explaining the obscure הַמֹּרִיָּה (v. 2) by the phrase יהוה יראה (as though מרִיה were contracted from מַרְאֶה־יָהּ = מַרְאֲיָה *appearance of Jah*).

Otherwise, the expression מַרְאֶה בָּהָר (Ex. 25, 40) might account for the origin of a proverb *In the mountain JHVH shows* (His will, or the like; pointing יִרְאֶה).

(16) 𝔐 יְחִידְךָ, 𝔊𝔖𝔍 + מִמֶּנִּי (v. 12), which is necessary to complete the sense. 𝔈𝔄. The כִּי (א 𝔖) of v. 17ᵃ is perhaps a relic of it (= כִּי).

(17) 𝔐 וְיִרַשׁ, i. e. וְיִירַשׁ as 𝔐.
𝔐 שַׁעַר, 𝔊 τὰς πόλεις = עָרֵי = קִרְיַת *cities*; 𝔖 ܐܬܪܐ *countries*. But cf. 24, 60, where also 𝔖 has *countries*.

(19) 𝔐 יַחְדָּו, 𝔊. Cf. vv. 6. 8.
(20) 𝔐 אַחֲרֵי, 𝔐 אַחַר as v. 1; 15, 1.
(23) 𝔐 יָלַד, 𝔐 הוֹלִיד.
(24) 𝔐 וּפִילַגְשׁוֹ וּשְׁמָהּ. Ew. § 344ᵇ accounts for the construction of הֹלֵד, but not for the awkward and unusual שְׁמָהּ. We restore לוֹ וּפִילֶגֶשׁ *and he had a subwife*. But perhaps we should correct שְׁמָהּ, the ו being dittography of the preceding ו: *And his subwife — her name was Reumah — she bare* &c.

23 (1) 𝔐 וַיִּהְיוּ חַיֵּי שָׂרָה is unusual; we should expect וַיִּהְיוּ שְׁנֵי חַיֵּי שָׂרָה; cf. 25, 7; 47, 9. 28. 𝔊 omits the redundant שְׁנֵי חַיֵּי שָׂרָה at the end of the verse. We regard this as a marginal correction of חַיֵּי שָׂרָה.
𝔐 קִרְיַת הָאַרְבַּע, 𝔐 עֵמֶק אֶל עֵמֶק בְּקִרְיַת אַרְבַּע. The strange addition אֶל עֵמֶק *by the Dale* (= 𝔊 ἥ ἐστιν ἐν τῷ κοιλώματι) is an old gloss (cf. 37, 14), which must be corrected after Jos. 15, 13 (= אֲבִי עֲנָק).
𝔐 וְלִבְכֹּתָהּ. The כ indicates that the letter was wanting in the archetype of 𝔐. See 2, 4. 𝔈𝔖𝔄 have the root בכה.

(3) 𝔐 וַיְדַבֵּר, 𝔊 + Αβρααμ; cf. v. 16.
(4) 𝔐 מֵתִי, 𝔐 rightly אֵת מֵתִי; cf. vv. 6. 8. The masc. מֵת is used of either sex, like the Arabic قتيل.

(5) 𝔐 לוֹ לֵאמֹר, so again v. 15. But לֵאמֹר occurs 77 times besides in Genesis, and always without any such superfluous addition (cf. vv. 3. 8. 10. 13); as appears to be true of the OT generally, except Lev. 11, 1.
The לוֹ (א א, 𝔊 μή; cf. ψ 100, 3) is part of the reply. The question whether we should read and point לֹא *Nay!=Not so!* politely deprecating his self depreciation; or לוֹ = א לוּא, *would that* . . .) is more difficult to decide. Upon the whole, לוֹ seems best (cf. v. 13 where לֹא שְׁמָעֵנִי would destroy the sense). 𝔊 did not understand the peculiar and apparently unique construction of לוֹ *c. impert.* cf. 17, 18; 30, 34). 𝔖𝔄 and virtually 𝔖 agree with 𝔐 (so again v. 14); but 𝔍 *dicentes: Audi nos, Domine!* correctly.

6, כִּי, so 𝔊; 𝔐 (after ך). So EGLI. 𝔐 מְקַבֵּר מִתְּךָ, 𝔊 + ἀπό = מִמְּךָ (v. 13). So A.
(8) 𝔐 אֶתְכֶם, 𝔊 + Αβρααμ.
𝔐 בְּצֹעַר, 𝔐 + תַּחְתֵּי, a gloss.
(10) 𝔐 לְכֹל, but v. 18 בְּכֹל. 𝔊 καὶ πάντων (so 𝔖𝔄) in both places, not understanding the idiom.

(11) 𝔐 שְׁמָעֵנִי אֲדֹנִי לֹא, *Nay, my lord, listen to me!* He waives all idea of payment, and offers field and cave as a present — the usual Oriental *façon de parler* in doing

23,13—24,14

23 business. So 𝔐𝔗𝔊𝔖𝔍, and 𝔄 who paraphrases *Don't mention price, my lord!* The order of words is not decisive for לא rather than לֻא (=לִי), for it is the same here as in vv. 14. 15, where we must restore לאמר: לו אדני שמע ; see on v. 5. Further, 𝔊 has παρ' ἐμοί γενοῦ, κύριε, καὶ ἄκουσόν μου = לי אדני ושמעני, which supports the reading לו (𝔊 having misread it לִי; cf. v. 13). We therefore point לֻא (cf. 2 Sam. 18, 12) with Hitzig, and render: *Would my lord listen to me!*

(13) 𝔐 העם, 𝔊𝔖 prefix כל.

𝔐 אך אם אתה לו שמעני, which is usually explained as an instance of *anacoluthon: If only thou — pray listen to me!* This, however, is without parallel in the book. 𝔐 reads לי instead of לו; so 𝔊 ἐπειδὴ πρός ἐμοῦ εἶ, ἄκουσόν μου *Since thou art on my side, listen to me!* a consecutive but improbable sense; cf. 𝔗𝔒 ברם אם את But if thou art about to do me a kindness. We might restore אך אם נאתה לי שמעני *Well, if thou consentest, listen to me!* (34. 15. 22. 23); cf. Hitzig and 𝔖 ܐܢ܊ܳ ܐܺܘ If thou be willing, hear me! ; or, as Abraham asked that Ephron would *give* the field (v. 9), and Ephron had thrice said that he would *give* it (v. 11), we may suppose that Abraham repeats Ephron's emphatic expression: אך אם נתתה לי שמעני, *Only, if thou have given it me, listen &c.* Possibly also לו ... אם = אלו (Esth. 7, 4; Eccl. 6, 6) : *If thou (emphatic) wouldst but hear me!* We prefer the second emendation, נתתה for אתה.

𝔐 נתתי, ∧ 𝔊. In this and the next verse 𝔊's MS was defective.

𝔐 ואקברה, 𝔊 καὶ θάψον = וקברה.

(14) 𝔐 לאמר לו: ∧ 𝔐 לא = λέγων, Οὐχί; see on v. 5.

(15) 𝔐 ארץ ארבע ארץ (∧ 𝔊) may have grown out of dittography of ארבע, or be a marginal gloss, as everywhere else in the chapter the term used is שדה. It is the *price*, not the land, that Ephron affects to make nothing of. (Did the name קרית ארבע suggest the number ארבע, as אליעזר = 318 suggested the number of Abram's young men in 14, 14?).

(17) 𝔐 אשר במכפלה *which was in Ha Machpelah.* The expression proves that Ha-Machpelah was a local name. 𝔊 ὅς ἦν ἐν τῷ διπλῷ σπηλαίῳ *which was in the double cave*; an instance of servile consistency at the cost of sense.

𝔐 לפני (v. 19), 𝔊 κατὰ πρόσωπον *bis*.

24 (3) 𝔐 לבני, 𝔊 + ליצחק (v. 4). So again, v. 7.
(4) 𝔐 כי, 𝔐 כי אם; so fifteen Heb. MSS.

𝔐 תלך, 𝔊 + καὶ εἰς τὴν φυλήν μου = אל משפחתי; probably only an alternative rendering of אל מולדתי, or else a gloss upon it.

𝔐 ליצחק, 𝔊 + ἐκεῖθεν = משם (v. 5); so J.

(7) 𝔐 השמים, 𝔊 + καὶ ὁ θεὸς τῆς γῆς = ואלהי הארץ, as in v. 3. The phrase is probably a gloss in both places. Cf. Ezr. 5, 11. 12; Neh. 1, 4.

𝔐 ואשר דבר, 𝔊 ∧ ¹ which may be dittography of preceding ר.
𝔐 לזרעך אתן את הארץ הזאת, 𝔊 σοὶ δώσω τὴν γῆν ταύτην καὶ τῷ σπέρματί σου, cf. 13, 15. Other Versions as 𝔐; cf. 12, 7.

(8) 𝔐 אהריך, 𝔊 + εἰς τὴν γῆν ταύτην = אל הארץ הזאת (v. 5).
𝔐 לא תשיב, 𝔐 לא תשב. Cf. on 19, 17.

(10) 𝔐 וכל can hardly be right. The slave did not take *all* his master's valuables with him; and וילך recurs immediately. 𝔊 καὶ ἀπὸ πάντων, omitting וילך and reading ומכל. We think מכל ויקח was purposely altered; but cf. 14, 11. 12 for a similar repetition. 𝔖𝔍 ומכל וילך.

(11) 𝔐 ויברך, 𝔊 καὶ ἐκοίμησεν = וירבץ (cf. 49, 8); their text being defaced here.
𝔐 אל, 𝔐𝔖𝔄 על. 𝔊 παρά = אצל (1 Sam. 20, 19)?

(14) 𝔐 הנער, Q're הנערה, and so throughout (vv. 16. 28. 55). The K'thib is an instance of *defective writing*, analogous to קראן, and not an archaism.

𝔐 אשקה, 𝔊 + ἕως ἂν παύσωνται πίνουσαι = עד אם כלו לשתת (v. 19).

24 𝔐 תבתת, but 𝔊 ἡτοίμασας = הכי(נ)ות; so 𝔖𝒞𝒪𝒜𝒥. So in v. 44. *Cf.* 41,32; 43,16,25.
    𝔐 ארני, 𝔄𝔊 + אברהם.
(15) 𝔐 לדבר, 𝔄𝔊 + לבו אל (v. 45); 𝔍 *intra se.*
(18) 𝔐 ותשקהו, 𝔊 + ἕως ἐπαύσαντο πίνων = עד אם כלה לשתת vv. 14-19).
(19) 𝔐 ותכל להשקתו, 𝔊. 𝔍 *Cumque ille bibisset; cf.* on v. 18.
    𝔐 כלו, 𝔊𝔍 + כלם. So again, v. 22, 𝔊 + כל after כלו; *cf.* v. 20.
21 𝔐 משתאה, 𝔐 משתה, a mere error, which, however, is combined in 𝔖 with the true rendering: ܡܣܬܟܠ, *potabat* et *contemplabatur.* We restore משתעה (Is. 41,10.23), as שעה, *to look at,* is used by 𝔍 (4,4.5). It is the Assyrian *šá'â, šitā'û,* to gaze at, ἀτενίζειν, &c.
    𝔐 מחריש, 𝔄𝔊𝔖 ומחריש; but the term is an old gloss on the obscure, because corrupt, משתאה, as if it were from שאה = שמם.
    Verses 22-25 appear thus in 𝔐: ²²ויהי כאשר כלו הגמלים לשתת ויקח האיש נזם זהב בקע משקלו ושני צמידים על ידיה עשרה זהב משקלם: ²³ויאמר בת מי את הגידי נא לי היש בית אביך מקום לנו ללין: ²⁴ותאמר אליו בת בתואל אנכי בן מלכה אשר ילדה לנחור: ²⁵ותאמר אליו גם תבן גם מספוא רב עמנו גם מקום ללון: It is not, however, likely that the man gave Rebekah the valuable presents *before* he had inquired her parentage; and the reverse is expressly stated, v. 47.
(22) 𝔐 משקלו, 𝔄𝔊 + וישם על אפה, *and put it on her nose*; an addition which is necessary to the sense; *cf.* v. 47. Further, וישם is implied by על ידיה; *cf.* 𝔄. The Versions here and in vv. 30.47 take נזם as *ear-ring* (35.4); but the addition אפה, v. 47, shows that it here means *nose-ring.*
(23) 𝔐 ויאמר, 𝔊. וישאל אתה ויאמר; which is perhaps original, but perhaps merely harmonistic with v. 47.
    𝔐 ללין; but ללון, v. 25, and always elsewhere (Jud. 19,10.15; 20,4; Jer. 14,8). 𝔄𝔊 ללין in both verses.
26 𝔐 ויקד 𝔊 καὶ εὐδοκήσας (= ויךץ); so again, v. 48.
27 𝔐 כי, so 𝔖 correctly. 𝔐 אנכי.
    𝔐 אחי, plur.; but 𝔊𝔖𝒪𝒥𝒜 אחי, sing., as in v. 48. On the other hand, in v. 55 𝔊𝔖𝒥 have plur.
29 Verses 29.30 are in disorder. We adopt ILGEN's re-arrangement, with KAUTZSCH-SOCIN. 𝔐 reads: ²⁹ולרבקה אח ושמו לבן וירץ לבן אל האיש החוצה אל העין: ³⁰ויהי כראת [𝔄𝔊 בראותו] את הנזם ואת הצמדים על ידי אחתו וכשמעו את דברי רבקה אחתו לאמר כה דבר אלי האיש ויבא אל האיש והנה עמד על הגמלים על העין:
30 𝔐 ויאמר, 𝔊𝔖𝒥 + לו.
(32) 𝔐 ויבא; 𝔍 *et introduxit* = ויבא, which MICHAELIS, OLSHAUSEN, KAUTZSCH-SOCIN prefer. But the change of subject is common, and את האיש would have been more natural after the causative stem.
33 𝔐 וישם, i. e. Q°ré וישם as a passive; so 𝔙. The K°thib ויישם recurs 50,26 without a Q°ré, where also 𝔄𝔊 ויישם. We think the י was repeated by mistake, as in 8,12 וייחל; and we read וישם = 𝔊 καὶ παρέθηκεν αὐτοῖς (לפניהם).
    For the second ויאמר of 𝔐, 𝔄𝔊𝔖 read the plural.
35 𝔐 connects באד with ברך, which is contrary to usage. We transpose with 𝔖; *cf.* 26,13; 27,33.
(36) 𝔐 בן, 𝔊 υἱὸν ἕνα = בן אחר; the following אחרי having been misread; *cf.* the reverse error, 22,13.
    𝔐 וקנתה, 𝔄𝔊 וקנת, pointing וקְנָתָה.
38 𝔐 אם לא, 𝔄 כי = 𝔊 ἀλλ' ἤ. The לא is a scribal error, having grown out of dittography of the following אל. We restore אם כי.
    𝔐 לבני, 𝔊𝔖 + משם (v. 7).
(40) 𝔐 יהוה, 𝔊𝔄 + ὁ θεός (= 𝔊⁸), an obvious interpolation; *cf.* v. 42. The same is true of αὐτός הוא, which was necessary in v. 7, but not here, though 𝔖 has it too.
(43) 𝔐 הנה, 𝔊 + καὶ αἱ θυγατέρες τῶν ἀνθρώπων τῆς πόλεως ἐξελεύσονται ὑδρεύσασ-

24 θαι ὕδωρ = ובנות אנשי העיר יצאת לשאב מים (v. 13). The homoeoteleuton המים....מים may have caused the omission of the clause; or a reviser may have judged it superfluous.

(44) 𝔐 לבן ארני, 𝔊 τῷ ἑαυτοῦ θεράποντι Ισαακ· καὶ ἐν τούτῳ γνώσομαι ὅτι πεποίηκας ἔλεος τῷ κυρίῳ μου Αβρααμ; probably interpolated from v. 14.

(45) 𝔐 השקיני נא, ms 𝔖 + מעם מים מכדך; 𝔍 + *paululum*; from v. 17.

(46) 𝔐 מעליה, 𝔊 ἐπὶ τὸν βραχίονα αὐτῆς (‸ 𝔊ᴿ) ἀφ' ἑαυτῆς, which is *conflate* of the two readings על ירה (v. 18) and מעליה.

(47) 𝔐 אח, 𝔊 + ἀνάγγειλόν μοι (v. 23).

(48) Neh. 9,12 is the only other instance of the perf. Hif'il of נחה. *Cf.* v. 27.

(49) 𝔐 על . . . . על, scribal error for אל . . . . אל; *cf.* Ex. 16,10.

(50) 𝔐 הרבר, as in 41,32; *cf.* 21,11; 34,19. Two MSS and 𝔊Λ + הזה needlessly.
𝔐 רע או טוב, ms רע וטוב.

The mention of Bethuel in this verse is clearly not original. The expression *mother's house*, v. 28, and the principal part played by Laban throughout, vv. 29 ff. 55, while Bethuel is not consulted at all (*cf.* v. 59 *their sister*, not *their daughter*), as well as the omission of Bethuel in v. 53, make it probable that Rebekah's father was supposed to be dead in the original form of the story. Josephus makes Rebekah tell the servant so (*Ant.* i, 16, 2); which at least proves that he felt the difficulty.

(55) 𝔐 ימים או עשור, ms ימים או חדש; 𝔖 [illegible] = חדש ימים, a phrase which occurs 29,14. We therefore read חדש ימים או עשור, *a month or ten days*. So OLSHAUSEN.
𝔐 אחר, some MSS and ms 𝔊 𝔖 𝔍 𝔗ᴶ Λ ואחר; *cf.* 18,5.

(60) 𝔐 רבקה, 𝔊Λ 𝔖 + אחתם; v. 59.
𝔐 לאלפי רבבה is meaningless. 𝔊 εἰς χιλιάδας μυριάδων (רבבת). We prefer 𝔗ᴼ לאלפין ולרבבן = לאלפים ורבבת; so 𝔖. *Cf.* Num. 10,36; Deut. 33,17.
𝔐 שנאיו, ms איביו.

(61) KAUTZSCH and SOCIN observe: *V. 61ª duldet 61ᵇ nicht neben sich.* But . . . ויקח וילך merely states the fulfilment of the bidding קח . . . ולך, v. 51; and 45,24 is a similar instance of inversion of the order of events. We agree, however, that the death of Abraham was probably mentioned at this point in the original text of J, but omitted by R, who wished to introduce P's relation of the same event afterwards (25,7 ff.).

(62) 𝔐 ויצחק בא מבוא באר לחי ראי is evidently unsound. ms 𝔊 במדבר instead of מבוא, which gives the sense: *Now Isaac had come into the wilderness of Beer Lahai Roi* (16,14). But *the wilderness* of Beer Lahai Roi is not mentioned elsewhere; and במדבר looks like a conjecture. Comparing 22,19; 25,11, we restore ויצחק בא מבא[ר שבע אל] באר לחי ראי *Now Isaac had come from Beersheba — i. e.* after the death of Abraham who resided there, 22,19 — *to Beer Lahai Roi*, where we find him settled afterwards, 25,11. As KAUTZSCH-SOCIN remark, there is nowhere any trace of his having separated from his father during the lifetime of the latter. (A transcriber inadvertently passed from the first to the second באר).

(63) 𝔐 לשוח, 𝔊 ἀδολεσχῆσαι, *to chat*, as if לשיח (ψ 77,3.6); but it was not necessary to go out into the field in order to chat, and v. 65 proves that Isaac was alone. Further, התלך בשרה there seems parallel to לשוח בשרה here; and 𝔖 actually renders *to walk in the field.* In spite of the ש, therefore, we identify this word with Ar. ساح يسيح *to take a walk, to ramble, to stroll*; *cf.* سيّاح, *rambler, pilgrim.* We may even point לשוח or לשיח, on the supposition that the ἅπ. λεγόμ. was confused with שיח. [*Cf.* NÖLDEKE, ZDMG 37,538].
𝔐 גמלים, ms הגמלים rightly. The ה fell out after ה.

(65) 𝔐 הלזה (37,19); ms הלז, owing to the following ה.

(67) 𝔐 האהלה שרה אמו is not Hebrew. *Into the tent of Sarah* might be expressed by

24 אהלה שרה (cf. ביתה יוסף, 43,17); but we should expect simply *into the tent*, האהלה; cf. 18,6. We think אמו שרה is a marginal correction of אמו at the end of the verse (cf. on 23,1). 𝔊 ͜ שרה.
𝔐 אחרי אמו, 𝔊 περὶ Σαρρᾶς τῆς μητρὸς αὐτοῦ. 𝔐 must be corrupt. At least the word מות has fallen out (25,11); for we cannot say *was comforted after his mother*, in Hebrew any more than in English. Further, according to the data of 17,17; 23,1; 25,20; Isaac's mourning for his mother must have lasted, if אמו be correct, three or four years, whereas 30 and 70 days were considered long (50,3; Deut. 34,8). The original text of J may have been אחרי מות אביו *after his father's death* (See WELLHAUSEN, *Composition, ad loc.*).

25 (2) 𝔐 ואת מדן ואת מדין, either a case of dittography, or the marginal correction ואת מדין has been incorporated in the text side by side with the defective ואת מדן; cf. 37,28 המדנים = המדינים 37,36.
There are thus five *Sons* of Keturah, as also of Dedan according to 𝔊 (v. 3), and of Midian (v. 4).

3) 𝔐 שבא, 𝔊 + καὶ τὸν Θαιμαν = ואת תימא (v. 15; Is. 21,14). 𝔊 writes Θαιμαν for תימן also (36,11.15). Sheba and Dedan are named together, 10,7; Ezek 38,13; Dedan and Tema, Jer. 25,23.
𝔐 אשורים, 𝔊 Ραγουηλ καὶ Ναβδεηλ καὶ Ασσουριμ = רעואל ונבדאל ואשורים. For Reuel, see 36,4.10; for Adbeel, v. 13.

5 𝔐 פקיד, ܠܝܨܚܩ, 𝔊 + 𝔖 בני (v. 6). — As 24,36 obviously refers to this verse, and as Abraham's death was originally recorded in that section of J's narrative, the first six verses of our chapter, as well as 11ᵇ, owe their present position to R.

6 𝔐 הפילגשים, 𝔖 ܐܡܗܬܐ, sing., meaning Keturah. פלגש, as a Semitic (Semitized word, recalls the sounds of פלג, *to halve, split*, פֿלַח *to split, cleave*, ܦܠܚ (= Assyr. *pilakku*), and פלש, ܦܠܫ, *palāša, to bore* or *dig through*; thus suggesting sexual intercourse; [cf. נקבה, זכר]. Possibly the Sumerian 𒊩𒆳 (KI LAG SI), *a female slave* (Assyr. *ardatu*), was pronounced in this sense *pi lag si* (?).

8) 𝔐 וישבע, ܘܒܨ̈ܝ ימים rightly 35,29).
𝔐 עמיו, 𝔊 τὸν λαόν αὐτοῦ, עמי was read instead of עמ. So again v. 17; 35,29; 49,33). So ܥܡܗ, but wrongly.

9) 𝔐 בניו, 𝔊 οἱ δύο υἱοί αὐτοῦ = שני בניו; but שני is a gloss.

10) 𝔐 השדה, 𝔊 + καὶ τὸ σπήλαιον = והמערה; probably a correction.
𝔐 את, 𝔖 + לאחזת קבר (23,20).
𝔐 קבר, ܒܩܒܪܝ, 𝔊 (Θαιμαν); but ܣܕܘܡ as 𝔐.

15 𝔐 חדד, so most MSS, and 1 Chr. 1,30. ܡܢ חדר, but 𝔊 Χοδδαν (Χοδδαδ, Χαλδαί) and A support 𝔐. Some MSS and 𝔖 חדר; 𝔊ᵒ הדר.
𝔐 קדמה; so 1 Chr. 1,31; but 1 Chr. 5,19 גרב rightly. Kedmah, *eastward*, is a singular name, and מ might be misread ק, while כ מ, are often confused.

18 𝔐 וישכנו, 𝔊 sing., which is shown to be right by the second member of the verse.
𝔐 באכה אשורה must be corrected to באכה שורה *as thou goest to Shur* (1 Sam. 15,7; 27,8, where מעולה is corrupted from מחוילה); a marginal gloss or variant reading of עד שור. The formula is already complete with the word מצרים, as the two passages of Samuel show (cf. also 2 Sam. 5,25; Gen. 10,19.30). *From Havilah to Shur which lies before Egypt* concluded the original verse; but R has added על פני כל אחיו נפל, because he remembered Hagar's (and so Ishmael's) Egyptian origin, and saw in אשר על פני מצרים a fulfilment of the oracle: ועל פני כל אחיו ישכן 16,12. 𝔐 נפל is unparalleled, 𝔊 κατῴκησεν, as if שכן cf. 16,12 κατοικήσει); and so ܫܪܐ (שרא). This may be right; but נחל *he received a heritage* (Jos. 16,4; cf. Num. 18,20) is nearer to נפל.

21) 𝔐 אשתו, 𝔊 ῥεβεκκαν ἀσθη = אשתי, as in the second member.

𝕳 יהוה, 𝕲 ὁ θεός = אלהים.

25 (22) 𝕳 למה זה אנכי is not quite enough for sense. 𝕾 ܠܡܐ ܗܢܐ ܠܚܝܐ *why do I live?* Cf. 27,46, and for the construction אנכי עיף, v. 30; in accordance with which we supply חיה.

(23) 𝕳 גיים K'thib (=גיים), is probably a scribal error for גוים Q're, 𝔊. 𝕳 צעיר, 𝔊 ὁ ἐλάσσων, which violates rhythm as well as grammar.

(24) 𝕳 תומם, 𝔊 τοῖμοι; *cf.* 38,27 תאומים (in the same phrase); Cant. 4,5 ✠. 𝕳 may be a vulgar pronunciation or an Aramaism, but is more likely a scribal error. Cf. Assyr. *tūʾāmu*.

(25) 𝕳 אדמוני, 1 Sam. 16,12; 17,42, of David ✠. Here the context requires the meaning *red haired* rather than *ruddy*. The *hairy garment* need not be of goat's hair, which in Syria is usually black. It might *e. g.* be of camel's hair (*cf.* Matth. 3,4 with Zech. 13,4). But see BUDDE, *Urgeschichte*, 217, Anm. 2. The original term may have been שער, *rough, shaggy* (Jer. 51,27) or, indeed, שעיר, for which R substituted אדמוני, thinking of אדום and perhaps also of اسمر *browny*. שער alludes to Esau's other name שעיר, and עשו may be = عثى (*uththa*) plur. of عثوة (*ithwe*) *long hair*; אדמוני, therefore, hardly agrees with the context.

𝕳 ויקראו, 𝔊 𝕾 sing. as usual; *cf.* vv. 26.30. But 𝔐 plur. in v. 26 also.

(28) 𝕳 ציד, 𝔊 𝕾 צידו, *his (Esau's) venison.* The Versions (except 𝕾) paraphrase בפיו, which is difficult, for it can hardly mean *nach seinem Geschmack* (KAUTZSCH). Some such expression as המתיק (Job 20,12) may have fallen out: *his venison was sweet in his mouth.* Cf. also Ezek. 3,3. But it is simpler to read לפיו *to his taste*.

(30) 𝕳 מן האדם האדם הזה, 𝔊 ἀπὸ τοῦ ἑψέματος τοῦ πυρροῦ τούτου = מן הנזיד האדם הזה; *cf.* v. 29. There is no special reason for repeating the epithet; while, on the other hand, a substantive is necessary to sense, and even to grammar.

(31) 𝕳 אל עשו, 𝔊 + יעקב.

(33) 𝕳 וימכר, 𝔊 + עשו.

26 (1) 𝕳 אברהם ... מלבד is an obvious interpolation; and v. 2ᵇ *Abide in the land that I will tell thee of!* (*cf.* 22,2ᵇ) stands in strange juxtaposition with v. 3ᵃ: *Sojourn in this land! — viz.* where thou now art. But further, if vv. 3ᵇ-5 be assigned to R, it is difficult to avoid the reference of the whole passage (vv. 2-5) to the same hand; for the command *Sojourn in this land!* is hardly enough by itself to justify the Theophany, as it is evident from v. 1 that it was already Isaac's intention to sojourn there. V. 2ᵇ may belong to a parallel story in E; and v. 5ᵇ has patent traces of D.

(3) 𝕳 את כל הארצות האל, 𝔊 πᾶσαν τὴν γῆν ταύτην; so again, v. 4. As to האל here and in v. 4 — 𝔐 האלה in both places — see note on 19,8.

(5) 𝕳 אברהם, 𝔊 + אביך (v. 3).

(7) 𝕳 לאשתו; *cf.* 32,30; 43,7. 𝔐 על אשתו (so 𝕾) and 𝔊 περὶ Ρεβέκκας τῆς γυναικὸς αὐτοῦ are easier but less idiomatic.

𝕳 אשתי, 𝔊 𝕾 𝔏 + היא, as required by grammar.

(8) 𝕳 כי, 𝔐 כאשר, an explanatory substitute.

(11) 𝕳 כל העם, 𝔊 כל עמו; suggesting an original כל עמה.

(12) 𝕳 מאה שערים, *a hundredfold* (Matth. 13,8); but some MSS and 𝔊𝕾𝔏 שערים *barley* instead of the ἅπαξ λεγ. שערים *measures.* Cf. سعر (*si'r*) *current price* or *rate of sale*; سعّر (*sī'ara*) *to fix a price*; 𝔈𝕺 על חד מאה כדשערוהי *a hundred times greater than what they had valued it at*; א *a hundred in amount* (بالخبز).

(15) V. 16 states the direct consequence of v. 14ᵇ. This verse, which interrupts the connection, was inserted by R. The like applies to v. 18. 𝕳 סתמום and v. 18 ויסתמום may be due to the natural assimilation of *n* before the labial *p*, rather than to neglect of gender, which is observed twice in v. 18 להן, and also in vv. 21.22.33. The *m* is, therefore, evidence of dictation.

of Abraham, his father.
After the second אברהם, 𝔊 + אביו.
After the second לחן, 𝔊 + אברהם.
(19) 𝔐 בנחל, 𝔊 + גרר.
(21) 𝔐 ויחפרו, 𝔊 ἀπάρας δὲ Ἰσαὰκ ἐκεῖθεν ὤρυξεν = ויעתק משם יצחק ויחפר (*cf.* vv. 17.22).
(22) 𝔐 ויחפר, 𝔐𝔖Λ plur.
𝔐𝔖 ופרינו, 𝔊𝔈𝔍Λ וְיִפְרִינוּ; *cf.* 28, 3.
(24) 𝔐 עברי; *cf.* 18, 17. 𝔊 אביך (from 24ᵃ). Λ ^.
(28) 𝔐 בינותינו בינינו. 𝔊𝔖𝔍Λ omit one of these equivalents. בינותינו recurs Jud. 11, 10 only; *cf.* בינים, 43, 23. בינינו crept in from the margin. It occurs four times besides.
(29) 𝔐 נגענוך, 𝔊 ἐβδελυξάμεθα = גְּעַלְנוּךָ (Lev. 26, 11); ג confused with ל, as perhaps in 25, 18.
𝔐 אתה עתה, 𝔊 ועתה אתה; so 𝔐, but without ו.
(32) 𝔐 לו, 𝔊 οὐχ = לא (*Have we not found water?*); *cf.* 23, 5.
(33) 𝔐 אתה, 𝔊𝔖 שמה (v. 22) rightly.
𝔐 שבעה *seven* = שבע; see 21, 28.31. 𝔖𝔍 curiously point שְׁבֻעָה *Plenty*. As the name of the well was שבע, and no trace of שבעה is found elsewhere, we restore שבע here. שבעה may represent a marginal gloss, שְׁבֻעָה *oath*.
𝔐 על כן, 𝔊𝔖 + קרא rightly (11, 9; 21, 31).
(34) 𝔐 בארי (Hos. 1, 1 only) may have been influenced by באר in the previous line; *cf.* Judith 8, 1 מררי.
החוי, so 𝔊𝔖; 𝔐 החתי. *Cf.* 36, 2.

27 (1) ותכהין, 𝔐 *plene* ותכהינה; but *cf.* the reverse, v. 7.
(2) לא, 𝔊𝔖𝔍Λ ולא. The ו was perhaps omitted after preceding י.
(3) The ἅπαξ λεγ. תליך (𝔐 תליתך) is rendered *the quiver* by 𝔊𝔈ᴶ𝔍 and Aben Ezra; *the sword* by 𝔖𝔈ᴼ and Rashi. Sword and bow are mentioned together, 48, 22; *cf.* our term *hanger*. A hunting-knife may be meant.
(5) להביא is right. 𝔊 τῷ πατρὶ αὐτοῦ would require לצוד לאביו ציד.
(9) שבים, 𝔊 רכים ושובים (18, 7).
(16) חֶלְקַת. As חֶלְקַת elsewhere is a plot of land (33, 19), we point חֲלָקֹת with 𝔊 (τὰ γυμνά), fem. plur. of חָלָק, v. 11.
(18) ויבא; 𝔊𝔖𝔍 וַיָּבֹא, as in vv. 10.14.31; where, however, ל follows, not אל as here.
(24) אתה, 𝔐 האתה. *Cf.* 18, 12; Job 2, 9 (In 2 Kings 20, 9 *leg.* הֲיֵלֵךְ).
(25) 𝔐 מציד, 𝔊𝔍Λ מצידך; but *cf.* v. 31.
(27) שדה, 𝔖𝔊𝔍 + מלא; *cf.* 2 Sam. 23, 11 חלקת השדה מלאה עדשים. If the original phrase here was מְלֹא עדשים, we have another reference to Jacob's lentile porridge (25, 34). Nor can it be fairly objected that this addition would spoil the rhythm; for this and the next verse are elevated (prophetical) prose, not poetry.
(28) תירש *must, new wine*, Aram. מאריתא (*cf.* ZDMG 32, 741 n.), has been assimilated to the Semitic root ירש, but is really derived from the Sumerian SIRAS, SIRIS (?), whence the Assyr. *sirašû, sirîšû* 'palm (?) wine,' or the like. [*Cf.* DELITZSCH, *Assyr. Handwörterbuch*, p. 512; JENSEN, *Kosmologie*, p. 412. The *û* in *sirâšû* represents the affix י, *cf. Hebraica* i. 179, n. 4; the name of the drink is *sirâšu*, or with إمالة, *serîšu*, with final *û*. The *e* in *serîšu* = *sirîšu* is due to the influence of the *r*; *cf.* DELITZSCH, *Assyr. Gramm.* § 36. For the إمالة, see HAUPT, *The Assyr. E-vowel*, p. 27, a & b. The primitive form of the word seems to be *sirašu*; *širâšu* and *sirîšu* are due to dissimilation; *cf. šabâšu* 'to be angry,' which is also spelled *šabâšu* and *šabâšu*; see JENSEN, *Kosm.* 279, n. 2; ZIMMERN, *Busspsalmen*, 69, 53.]

27 (29) וישתחו, so also 43,28. ⅏ and Qᵉrê in both places וישתחוו, as in the next line here. לאחיך, ⅖ sing., and so 𝕋ᴼ (לאחוך), which usually agrees with ⅏. The translators remembered that Jacob had but one brother; but parallelism requires the plur. Cf. ψ 50,20.

(33) ⅏ מכל is possibly a perversion of ממנו (𝔄), 2,17. HITZIG proposed אֹכַל. גם, ⅏𝔖 וגם (ו precedes).

(34) בשמע, ⅏⅖ rightly prefix ויהי (29,13), which was omitted after יהיה. We restore: ואברכהו גם ברוך יהיה, for: ואברכהו גם ברך ויהי.

(36) הכי, ⅖ δικαίως, 𝔍 juste (similarly 𝕋ᴼ)—הֲכֵן? But cf. 29,15. 𝔖 ܐܣܛܝ seems to indicate אך; see 29,14.15 in that Version.
ויאמר + ⅖𝔖 עשו לאביו.
ברכה + ⅖ אבי.

(37) ⅏ ולכה; probably due to confusion with the expletive לכה (19,32; 31,44). ⅏ rightly ולך.

(38) וירם יצחק, so ⅖ κατανυχθέντος δὲ Ἰσαακ (Lev. 10,3). ⅏. The sentence accounts for the repetition of עשו in what follows.

(40) תריד is very doubtful. ⅖ καθέλῃς, pointing תריד [cf. NÖLD. ZDMG 37,539f.] from ירד (24,18.46).

⅏ and the Book of Jubilees תארר thou wast great (Nif'al, Ex. 15,6.11; or perhaps Hif'il used intransitively); a figure like that of Is. 10,27 the yoke shall burst by reason of fat (cf. also Deut. 32,15). The root רוד hardly suits here (Jer 2,31; Hos. 12,1; ψ 55,3). DILLM. when thou strivest or exertest thyself; but how, except by striving, could Edom break his brother's yoke? ⅖ˡᵘᶜ when thou wishest (θέλῃς, ܬܨܒܐ; possibly ⅖ᴬ καθέλῃς is a corruption of καὶ θέλῃς); but the wish to be free would always be present with the subjugated race. 𝔖 ܬܬܘܒ 𝔍 and if thou repentest, and 𝔍 cum excuties imply תנור and תגיר respectively.

Esau's Blessing is certainly not metrical, but prophetic prose (cf. והיה כאשר, a prose construction). It should not, therefore, be divided into lines, as KAUTZSCH-SOCIN give it.

28 (2) ⅏ לך, ⅖ ἀπόδραθι = ברח (27,43); 𝔖 + לָךְ (12,1).

(4) ⅏ אברהם, ⅏⅖ + אביך (v. 13).
⅏ אתך, ⅖𝔄 אחריך; the usual phrase (17,7.8.9.10).
⅏ אלהים ⅏ (").

(6) ⅏ ושלח. Omission of ו after a similar letter. ⅖ καὶ ἀπῴχετο=וילך (26,31).

(9) מחלת ⅏ ⅏, ⅏ בשמת 𝔖 ܚܣܡܬ; cf. 36,3.
אל ישמעאל.

(10) ⅏ corrects the summarizing וילך to ללכת (cf. 𝔖𝔄).

(11) באה, cf. 15,17. ⅏ בא. (The ה fell out before ה.)

(13) נצב עליו was standing beside him (𝔄 before him); like the Three Men, 18,2. Was standing upon it (⅖𝔖𝔍) does not agree with the context, which states that angels of God were (all the while) ascending and descending the ladder. Else we might compare Am. 7,7; 9,1.
⅏ יצחק, ⅖ + μὴ φοβοῦ=אל תירא (15,1).

(14) ⅏ ובזרעך is an awkward addition to the usual formula (12,3; 18,18), and is probably a gloss, harmonizing the passage with 22,18; 26,4; as well as with v. 13.

(15) את כל אשר, so ⅖𝔄; ⅏ כל.

(18) שם, ⅖ ἔθηκεν ἐκεῖ=שם שם (dittography).

(19) לוז, ⅏ לוזה 𝔍 Luza; cf. Josh. 18,13.
⅏ לראשנה; see 13,4. The occasional confusion of ב and ל may account for the variation.

(20) אלהים, ⅖ Κύριος ὁ θεός (misreading יהיה as יהוה). [Cf. ⅏ אלהים = יהוה — יהיה, ψ 45,7].

(21) והשבני, so ⅖; cf. v. 15. ⅏ ושבתי.

28 יהוה. Perhaps E's expression was אל בית אל or אלהי המקום הזה.
(22) 𝔐 יהיה, 𝔗OΛ + לי omitted because of the following לי.

29 (1) 𝔊𝔍 ‸ בני, but *cf.* Is. 11,14. 𝔊 was influenced by ארץ קדם, 25,6. After קדם, 𝔊 + אל לבן בן בתואל הארמי אחי רבקה אם יעקב ועשו; an interpolation from 28,5.
(2) 𝔖𝔗OΛ ואבן; 𝔐 והאבן. The former is most natural here, with האבן in the reference, v. 3; *cf.* 1,3.4.
(3) 𝔖Λ הרעים *the shepherds*, the natural subject of וגללו and the following verbs, is preferable to 𝔐𝔊 העדרים *the flocks*; *cf.* v. 8, where 𝔖𝔊Λ rightly read הרעים for 𝔐 העדרים.
(9) רחל, 𝔊 + בת לבן.
רעה הא, 𝔊 + הצאן אשר לאביה (*cf.* 36,24); perhaps an inadvertent repetition; but it is quite as likely that 𝔐 represents a revision in which such apparent redundancies of expression have, to some extent, been pruned away.
(12) לאביה, 𝔊 + כדברים האלה; *cf.* v. 13 *ad fin.*
(13) שמע, 𝔊 שם; so again, Num. 14,15; 1 Kings 10,1.
(14) 𝔐 וישב עמו. וישב is possibly a corruption of ויעבד (ע and ש are often confused); or ויעבד may have fallen out after the similar וישב. Thus עבדתני, in the next verse, becomes intelligible as a reference to the previously stated fact. Jacob had already given practical proof of what he could do, v. 10. But the supposition is hardly necessary; *cf.* vv. 19.20.
(16) Wellhausen is probably right in connecting לאה with לוי. Here we are told that Leah's eyes were רכות *weak, dull*, 𝔊 ἀσθενεῖς. The story evidently implies that one sister was ugly, the other beautiful. Now לאה agrees very well with the root لوق *to be ugly*; II *to look ugly* or *malignantly*; and the same idea may perhaps be found in לוי; *cf.* the curse on Levi, Gen. 49.
(23) אליו, 𝔊 אל יעקב. 𝔐 may have originated in אל יע'.
אליה, 𝔖𝔊 + יעקב. The two *Jacobs* may both be original; see on v. 9.
(24) 𝔐 + לה לבן, which perhaps originated in dittography. 𝔖𝔖 ‸ לה.
לשפחה, so 𝔖𝔗O; 𝔐 ‸ ל. *Cf.* v. 29; to which 𝔊𝔖 assimilate the order of words here.
(27) ונתנה, Nif'al perf. (38,14) with Strong Waw, and accusative following. 𝔖𝔖𝔊𝔍 substitute ואתן, understanding the verb as 1 pers. plur. impf. Qal cohort. with Weak Waw.
(28) לבן, so 𝔊. 𝔐 לו, noting that a few copies omit the second לו.
(30) 𝔐 גם את רחל. 𝔊𝔍 ‸ גם, which is due to the previous גם אל רחל.
(31) יהוה, 𝔊 + אלהים (2,4 &c.).
(32) בן, 𝔊 + ליעקב.
The obscure name ראובן sounds like the Egyptian *Ra uben*, and so may possibly preserve a trace of Israel's sojourn in Egypt. But it is more likely cognate with رؤوب *ra'ûb*, a chief who mends matters; a big, portly chief. The root رأب is to mend, and reconcile, or repair a breach between people; a meaning which would suit the estranged relations between Jacob and his hated wife, and her hope about her son. See also note on 30,15. The name has a double assonance; first with ראה בְּעָנְיִי, and then with יאהבני (or rather יאהבני; see 19,19).
(33) The name שמעון is perhaps an animal designation; *cf.* سمع *sim'*, said to be a hybrid between the hyena and wolf. Then we might point אחים (Is. 13,21) in 49,5. צבעון (36,2; *cf.* צבעים, ضبع) might be a dialectic variation of שמעון; *cf.* דישן, ריצא, *gazelle*; זמן = ذمن; and similar cases (*cf.* ZA ii, 263,1).
קראה, so 𝔖𝔖Λ𝔍, in agreement with v. 35; *cf.* also vv. 32.33. 𝔐𝔊Λ קרא (ἐκλήθη).

30 (3) With בלהה, *cf.* بَلْهَاء (*balhâ*) *simple, artless, easily misled*, said of a young woman; and the incident, 35,22 (also perhaps 37,2).

30 (8) Rachel seems to say: *A God's bout* have I wrestled with my sister, *i. e.*, I have had an arduous, a superhuman struggle with her; I was overmatched, but have won at last. Or the meaning may be: *Wrestlings with God have I wrestled i. e.* I have earnestly striven with Him in prayer; *cf.* v. 6; 32, 24f.; Hos. 12, 4f. = *like my sister* (*cf.* 𝔊ᴼᴬ). Similarly 𝔖ᴮᴹ ܚܕܬ ܐܣܒܠܬ ܥܡ ܚܬܝ ܘܐܦ ܐܙܟܝܬ *I begged of the Lord, and intreated with my sister, and moreover I prevailed*. (Did these Versions connect the name *Naphtali* with the root of התפלל?).

𝔙 *comparavit me Deus cum sorore mea et invalui* = *God matched me with my sister, and I overcame!* takes נפתולי אלהים in the sense of *wrestlings appointed* to *by God*.

גם, so 𝔐ᵂ; 𝔐 י (omitted after י).

(10) The form of this verse in 𝔊 is: ותבא אליה יעקב ותהר זלפה שפחת לאה ותלד ליעקב בן; *cf.* vv. 4. 5. It is difficult to believe that 𝔐 is not an abridgment of this. See also v. 12.

(11) בָּגָד or בְּגָד (*c. artic.* as in Is. 65, 11), means *With God's help!* Gad being a god of luck. For the construction, *cf.* ψ 18, 30. בְּךָ. 𝔐 points as = בָּא גָד *God is come!* and so 𝔊ᴼˢ; but 𝔊 ἐν τύχῃ is nearer the mark.

(13) באשרה *With Ashera's help!* Ashera, like Venus, being a goddess of good fortune, and the Canaanite equivalent of the Babylonian *Ištar Mylitta*, in connection with childbirth. See PSBA, May '94. 𝔐 בְּאָשְׁרִי, *Through my luck!* But (*a*) אשר is not found elsewhere; (*b*) the expression of the text, whatever its precise form, must be parallel to בגד in sense; (*c*) י and ה might easily be confused in the old writing (ה, א), if the change was not rather made intentionally, upon theological grounds.

(15) לאה, so 𝔊. 𝔐 לה. 𝔖 לה לאה. ולקחת, perf. with Strong Waw. 𝔐 ולקחת as if infin. (so 𝔊ᴼ ולמסב); but *cf.* Num. 13, 9. 10; Is. 7, 13; Ezek. 34, 18.

That it is Reuben who finds the love-apples, agrees with his sensual character 35, 22; 49, 4); and as they were believed to be potent as philters, there may even be a reference in the original story to the meaning of his name (*Reconciler*; 29, 32).

(16) 𝔐 תבא, *add.* + הלילה; 𝔐 ההוא, so *al.*; 𝔐 הוא; see on 19, 33.

(18) It is evident from the words שכרי and לאיש that the writer resolves יששכר into איש שכר *man of hire, hireling*; *cf.* שְׂכִיר-אִישׁ, 1 Chr. 2, 13. [See also KITTEL's note on 1 Chr. 7, 1]. 𝔊 adds to the name the ancient gloss ὅ ἐστι Μισθός = הוא שכר. *Cf.* שכר, 1 Chr. 26, 4; and Jer. 31, 16; ψ 127, 3; also the note on 15, 1.

It is conceivable that we have here a vestige of Egypt, שכר representing the name *Sokar* or *Seker*, an Egyptian god; so that Issachar = *Sokar's Man*. But perhaps it is an old appellative of the *ass* as the tribal totem (49, 14), meaning *The Red*, like חמור the common name of that animal; the root being شقر, which we see in أشقر (*ašqar*), *sorrel* or *reddish brown*, of horses; *cf.* such names as יחמור, a reddish kind of antelope. In this case, the unvocalized second ש may be due to *Volksetymologie*. NESTLE, however, regards it as a *mater lectionis*, indicating that the first ש is שׂ; *cf.* BLEEK-WELLH.⁹ § 268 (p. 585); *Transactions ix Congress Orient.* 2, 62. In that case, Amos 5, 11 בושסכם is similar. *Cf.* also the Palmyrene ישׂכרלה and the Sabean ישׂכראל.

(20) The name of *Zebulun* (*cf.* Jeshurun) suggests to the writer the two different roots *zabad*, *he gave*, and *zabal* (*cf.* Zebul, Jud. 9, 28). As to the former, *cf.* Jozabad, Zebadiah, and other names. The latter is not to be explained here by reference, with FRIEDR. DELITZSCH, to the Assyrian *zabālu*, which means to *carry*, *bring* (= Sumerian SAGILA, *carry on the head*); but according to the Heb. use of זבול,

30 *dwelling*, to which there is an evident allusion: *At last my husband will dwell with me*. Cf. also איבל and Phen. בעלאבל. The double assonance is hardly decisive for two sources; cf. 29, 32; 30, 13. 𝔊 αἱρετώ- יחתרי Mal. 3. 17).

21 *Dinah* is not explained; perhaps because the meaning — *judgment, vindication* — was considered self-evident (cf. c. 34). But the same might be said of *Dan*, which is explained. This looks as if the extract were not complete. 𝔊 καὶ ἔσται τοῦ τέκτωι, i. e. ותעמד טלדת (29, 35).

(23) *Joseph* is here connected with אסף *asiph*, to take away; but in v. 24 with *yosiph*, to add 35, 18. The different Divine names point to E and J respectively. *Joseph* is hardly an adaptation of the Assyrian *âšipu*, diviner (SAYCE); the sibilants do not correspond. The Ephraimite ס = שׁ Jud. 12, 6 does not get rid of the fact that *âšipu* appears in Hebrew as אָשָׁף, whereas יוסף is never אשף. It might be well to add, however, that the first stem consonant of אשא *to enchant* is not א, but ג; cf. DELITZSCH, *Handwörterbuch*, 247. As to the sibilants, see *Johns Hopkins University Circulars*, August '87, p. 118; cf. ZA ii, 278, n. 1. If the name were of Egyptian origin, and related to *Oosiph*, we might, perhaps, compare ... *sef*, babe; cf. Rames. But the old Canaanite town *Ispel* (Karnak lists of Tutmes III.) may be יוספאל; which would prove that the name was indigenous to Palestine. (Cf. יוספיה, *Josiphiah*; i. e. Joseph-Jah'; and Mr. PINCHES has lately found the personal names *Yasupili* and *Yaqubili* i. e. Joseph-el and Jacob-el, in Babylonian contracts of the period of Hammurabi, about 2500 B. C.

24 יהוה, 𝔊 אלהים, both here and in v. 27: deliberate alterations (in the latter case, to agree better with 31, 19. 30).

25 ולארצי, so 𝔄; 𝔐 ארצי.

(26) אתך, i. e. probably אתך; cf. 29, 27. 30, where עבד is construed with עם.

(27) 𝔐 נא מצאתי חן בעיניך; but it would be hard to parallel the supposed aposiopesis in these narratives. Something has fallen out: שבה עמדי בי *stay with me, for I have taken the omens* &c. (29, 19); cf. 𝔄 who supplies אל *stay!* or אל תלך בי *do not go, for* &c. (v. 26). There is no proof that נחשתי *omen, ver- muthen, veruchmen* (GES. BUHL); cf. 44, 5. 15. 𝔊 οἰωνισάμην; as if the Heb. were נחשתי!

בגללך, 𝔊 ἐπὶ τῷ δῷ εἰσόδῳ may indicate לרגלך (v. 30); or else the Aramaism בעללך *at thy entering*.

(28) ויאמר, 𝔊 𝔖.

29 עבדתי, so 𝔖; 𝔐 𝔄. Cf. v. 26.

(30) The meaning of לרגלי is determined by that of its antithesis: לפני. As the latter *before my coming*, it must mean *after my coming, in my wake*. See Is. 41, 2, CHEYNE. We point לרגלי, after the analogy of ברגלי *behind him*, Jud. 5, 15, and as a closer parallel to לפני. 𝔖𝔄 *on my account* or *through me*; as though the word were בגללי v. 27. But cf. Hab. 3, 5. where also לרגלי is contrasted with לפני.

(31) 𝔐 אשמר אצנך אשמר. The second verb, which is superfluous after the first, which involves it, must be a gloss; perhaps on אעבר (v. 32), for which it might be an ignorantly suggested substitute, and which it resembles closely enough for con- fusion. If it be kept, the accentuation must be altered, so as to get the sense: *I will again be shepherd — thy flock* (instead of *my own*) *will I keep*. But 𝔊 𝔖 𝔄 ואשמר.

(32) Jacob does not propose that he shall be paid at once and beforehand for his new term of service. He has to earn his hire before it is paid, just as in the former term of seven years' service for Rachel. Every year there will be, of course, the natural increase of the flocks under his charge; which, thanks to his skill and the blessing of JHVH, as he is careful to remind Laban, has hitherto

30 been wonderfully great (vv. 29.30). In future he would like to have a share in this increase, so largely due to his own good shepherding; but what share? Only the abnormally colored births. All lambs wholly white, all kids uniformly dark-brown or black — the normal colors — are to belong to Laban; only black lambs and particolored kids are to be Jacob's perquisite (vv. 32.33). Abnormal coloring would, of course, be the exception; but crafty Jacob is careful to seem to reduce his own chances still further by the proposal that Laban shall at once remove all the abnormally colored animals that happen to be in the flocks already, so as to prevent their breeding with the others (v. 32). Covetous Laban eagerly closes with a plan so obviously disadvantageous to Jacob; and forthwith takes the preliminary step of removing these animals, which he puts under the charge of his own sons, who were not likely to be favorable to Jacob (*cf.* 31,1), and then moves his camp to a considerable distance from Jacob and the flocks left in his care; so that Jacob is quite precluded from the ordinary means of increasing the number of unusually colored animals (vv. 34-36). The purport of the whole story is to show how Jacob's superior cunning and resourcefulness made the best of a hard bargain; and the remaining verses (37-42) relate the extraordinary means by which he contrived to make his employer's uniformly colored flocks produce an unusual proportion of black lambs and particolored kids. It is perhaps significant for the origin of this popular tale that the *white sheep* — *ṣôn laban* — belong to *Laban* (The White); while *Jacob* (as if, The Streaked) is to have the striped and spotted cattle; *cf.* the Arabic uses of the root עקב in عقاب (*ʿuqâb*) *striped* or *variegated garments* (= ابراد *abrâd*); عقبة (*ʿuqbe*) *variegated* or *figured cloth*; اعقاب *successive strokes*; and Heb. עקבות *footprints, traces.*

(32) עבר (*cf.* 𝔍 *gyra* = סְחֹר), the imperative, suits the context better than 𝔐 אעבר, 𝔖 אעברה, which may be due to the preceding verbs ארעה...אשמר. Laban would hardly trust Jacob to remove the animals; *cf.* v. 35 ויסר *and he* (Laban) *removed*; and v. 31 אם תעשה *if thou* (Laban) *wilt do* &c.

והסר, so 𝔊 καὶ διαχώρισον. 𝔐 הסר, which might be *infin. abs.* But the imperative is more natural (so 𝔍 *et separa*), as ויסר follows, v. 35.

כל שה חום בכשבים וכל שה נקד וטלוא בעזים; *cf.* 𝔊 πᾶν πρόβατον φαιὸν ἐν τοῖς ἀρνάσιν καὶ πᾶν διάραντον καὶ λευκὸν ἐν ταῖς αἰξίν. 𝔐 כל שה נקד וטלוא וכל שה חום בכשבים וטלוא ונקד בעזים cannot be right, as נקד וטלוא describes only the abnormally colored goats, and cannot be made to include the sheep, which are described by the term חום (vv. 33.35). It does not therefore help us much to remove Athnach to the first וטלוא, as DILLM. proposes. There is no reason for repeating the characteristic of the goats; and נקד וטלוא is the regular order of the terms (vv. 33.35.39).

והיה שכרי, strictly understood, would refer to the animals which Jacob proposes that Laban should separate from the rest of the flock; but the whole context must determine the meaning, which is: *and such shall* in future *be my hire*. Conversation is not always rigidly logical and precisely grammatical; nor is the verbal accuracy of a modern historian to be expected of the old Hebrew popular *raconteur*.

(33) צדקתי either *my sense of right, my conscience*; or objectively, *my right, what is due to me* on the basis of our agreement; *cf.* Is. 54,17.

In 𝔐 לפניך follows שכרי, awkwardly enough for the obvious sense of the verse. We transpose it to follow צדקתי, and restore אל for על, thus getting the statement: *And my* (stipulated) *right shall answer* (witness) *against me before thee* (*cf.* 1 Sam. 12,3: where לפני=נגד here) *hereafter, when thou comest to my hire*; *viz.* to inspect it, and see that I have not defrauded thee. The second member of the verse proves that there is a reference here to such a visit on the part of Laban.

30 יבוא suggests כל for על *(when all my hire comes before thee)*; and 𝔄 corrects אביא *(when I come about my hire before thee)*; while 𝔍 *quando placiti tempus adveneri coram te* corrects עד for על.

(35) הנקדים, so 𝔊 τοὺς ῥαντούς (v. 33); cf. τὰς ῥαντάς=הנקדות which follows immediately. So also 𝔖; cf. v. 32.
𝔄𝔏 העקדים *striped, brindled* (31, 10).

(36) בינו *between himself*, i.e. his own encampment, which would include his sons (v. 35). 𝔊𝔄 בינם, referring to the latter.
ויאמר מלאך אלהים אל יעקב בחלום ויאמר יעקב ויאמר הנני ויאמר שא נא עיניך וראה את
כל העתודים העלים על הצאן עקדים נקדים וברדים כי ראיתי את כל אשר לבן עשה לך אנכי האל
בית אל אשר משחת שם מצבה ואשר נדרת לי שם נדר ועתה קום צא מן הארץ הזאת ושוב אל
ארץ אביך ואשיבך עמך, an interesting attempt to bring the narrative into harmony with 31, 7 13; see especially vv. 11 13 of that chapter.

(37) לחשף *so as to lay bare* the white on the rods. 𝔄𝔏 מחשף is generally explained as an Aramaizing *infin. abs.*; but the form is unique in JE (לחצב, לפצא, Num. 10, 2, 13 belong to P). 𝔊 περισύρων suggests מחשא *repeatedly laying bare*. 𝔖 also part. חלב, 𝔊 τὸ χλωρόν חלה; so that the sense becomes *stripping off the green*. 𝔊 then continues: ἐφαίνετο δὲ ἐπὶ ταῖς ῥάβδοις τὸ λευκὸν ὃ ἐλέπισεν ποικίλον= וירא על המקלות הלבן אשר פצל נקד.

(38) 𝔄𝔏 ויחמנה, instead of ותחמנה, may be an archaism or an Aramaism, but is just as likely to be a mere textual corruption; especially as תבאן and ותלדן precede and follow. י and ת are sometimes interchanged, e.g. 38, 29.

(39) 𝔄𝔏 ויחמו הצאן אל המקלות, for ויחמנה וגו׳, as in the last verse. ויחמו הצאן may be a marginal substitute for the strange ויחמנה of v. 38, inserted in the wrong place; and אל המקלות also looks like a needless interpolation, unless it belongs to v. 38: *and the flock conceived when they came to drink at the rods* (24, 11; but 𝔊 has ב for אל, as in v. 41). ויחמו הצאן would hardly be followed directly by ותלדן הצאן in the same narrative. נקדים, 𝔄𝔖.

(40) When his device had proved successful, Jacob *separated the young* (הכשבים includes the kids); putting the unusually colored ones, which by the agreement were his own perquisite, in droves by themselves, as soon as they were old enough to be parted from their dams. 𝔄𝔏 ויתן פני הצאן אל עקד וכל חום בצאן לבן. But the equipollence of phrases demands כל עקד (so 𝔊𝔒𝔄, Houbigant), in connection with וכל חום; the former expression, of course, meaning the abnormally colored kids, the latter the lambs. 𝔊 ἐναντίον=לפני, instead of פני; so also 𝔖. 𝔄𝔏 could only mean: *he put the face of the flock* &c. 𝔐𝔊𝔖 conjecture איל *ram* for אל. But even if איל might stand for תיש (v. 35) or עתור (31, 10), we should have to read איל again for כל in the next clause. Instead of בצאן לבן, due perhaps to the following צאן לבן, 𝔊 has preserved ἐν τοῖς ἀμνοῖς=בכשבים.

The meaning of the text as restored is: *putting before the main flock every striped and every black one among the young*. One object of putting his own cattle in front was doubtless to give them the first feed of the pastures. The next clause adds by way of further explanation: *he set them in droves by themselves* 32, 17, *and put them not along with Laban's flock*. לו because of the sing. כל עקד and כל חום. Otherwise we might render as 𝔊: *he set for himself droves by himself* &c. Cf. also 43, 32.

Verses 41. 42 do not describe a second trick; they simply add a qualification of the one already described: *And whenever the sturdy cattle were in heat, Jacob would set the rods before the eyes of the flock in the water-troughs, that they might couple at the rods; but when the flock happened to be feeble, he would refrain; so the feebler young would fall to Laban's share, and the sturdier to Jacob's*.

(41) 𝔄𝔏 יחם. בכל עת has fallen out; cf. 31, 10. 𝔊 ἐν τῷ καιρῷ ᾧ ἐνεκίσσων. 𝔒 בכל זמן &c. 𝔖 Urmia *every year* &c, but 𝔖ᴴᴹ ܒܟܠ ܙܒܢ =𝔒.

30 (42) The sense of העֲטֻפִים (Lam. 2,19) and הקשֻׁרִים must evidently depend on that of המקשרות, v. 41, and בהעטיף in this verse. 𝔊 ἄσημα *unmarked* and ἐπίσημα *marked*; in disagreement with its version of the latter terms, and probably a mere guess. (𝔊 perhaps read ובהמליט for ובהעטיף; *cf.* Is. 66,7. At all events, it renders ἡνίκα γὰρ ἔτεκον, after explaining המקשרות by ἐν γαστρὶ λαμβάνοντα.) ΑΣ𝔍𝔖𝔗O understand the distinction to be that of spring and autumn lambs and kids; the former being the more robust (*lit.* well-knit), and therefore preferred by Jacob for breeding purposes. (𝔗O לקישיא — מבכיריא; and similarly 𝔖).

31 (2) 𝔐 איננו, by a construction κατὰ σύνεσιν, but 𝔰𝔪 אינם, which may be right, as ם might be confused with נו. So again in v. 5.

עמו, 𝔊 πρὸς αὐτόν = עליו or אליו. *Per contra*, in v. 5 𝔐 אלי, 𝔊 μετ' ἐμοῦ = עמי, and so 𝔗O.

(3) 𝔐 אבותיך, 𝔊 τοῦ πατρός σου, *cf.* 48,21. Plur. of אב with ארץ does not occur elsewhere in the Pentateuch; *cf.* also 12,1.

ואל מולדתך, so 𝔰𝔪; 𝔐 ולמולדתך.

(7) ויחלף, so 𝔰𝔪. 𝔐 והחלף; but *cf.* v. 41 ותחלף. It is simplest to suppose a confusion of י with ה in the old writing (𐤉, 𐤄); *cf.* on 15,6.

אלהים, 𝔰𝔪 יהוה, and so again vv. 9.16a.

(9) אביכן, so 𝔰𝔪 and vv. 5.6.7. 𝔐 אביכם, a mere slip of the pen. Similarly 𝔰𝔪 has לבניהם, v. 43, and בנימים for בנימין, 35,18 *et al.* *Cf.* also 36,28 ארן, 𝔊𝔍 Aran, *Aram*, and many similar instances. The confusion was perhaps due to indistinct pronunciation.

(12) [Both Siegfried-Stade, p. 552a below, and Gesenius-Buhl, p. 607a, point עֹשֶׂה instead of עֹשֶׂה].

(13) 𝔐 האל בית־אל is not Hebrew for *the god of Bethel* (35,7). The natural supposition that something has fallen out is confirmed by 𝔗O, which usually agrees so closely with 𝔐, but here gives האל הנראה אליך בבית־אל = אלהא דאתגליתי עלך בבית אל. This is probably the true text of 𝔐 (*cf.* 35,1). 𝔊 ὁ θεὸς ὁ ὀφθείς σοι ἐν τῷ τόπῳ, with במקום instead of בית־אל (*cf.* 28,11.17 ff.), may represent an older state of the Heb. text.

משחת לי, so 𝔊𝔖; 𝔐 ‸ לי.

ואשר, so 𝔰𝔪𝔊𝔗O; 𝔐 ‸ ו.

ועתה, so 𝔰𝔪𝔊; 𝔐 ‸ ו.

(15) כנכריות, 𝔊𝔖𝔍𝔄; *cf.* Job. 18,3; ψ 44,22. 𝔐 omits כ, owing to the following נ.

(16) כי confirms the negative answer implied by the question of v. 14. *Cf.* vv. 26.31. For אלהים in the second half of the verse, 𝔖 יהוה; perhaps therefore 16b belongs to J.

(18) 𝔐 מקנה קנינו אשר רכש; ‸ 𝔊𝔖, owing to homoeoteleuton with previous clause. For מקנה קנינו, which is not found elsewhere, we restore מקנהו וקנינו (so 𝔗O); *cf.* 34,23; 36,6.

(20) In v. 19 Rachel steals (ותגנב) Laban's *teraphim*. Here, Jacob steals a march (ויגנב) on Laban. Perhaps the former motive of Laban's pursuit of Jacob belongs to E, and the latter to J (*cf.* v. 27). — With *Laban ha-Arammi*, *cf.* the classical *Leucosyri*, or White Syrians (Nestle).

עד בלתי, 𝔰𝔪 על בלי.

(21) אל הר; *cf.* Num. 24,1; 2 K. 12,18; Luke 9,51. 𝔐 ‸ אל; but 𝔗O𝔖 have ל.

(24) מטוב עד רע, 𝔊 simply πονηρά, giving the sense. So again, v. 29.

(25) 𝔐 בָּהָר, but a defining proper name has evidently fallen out after this word; *cf.* the following contrasted בהר הגלעד. We therefore supply המצפה, which is otherwise strangely isolated in v. 49. Israel and the Ammonites occupy the same relative positions, Jud. 10,17. *Cf.* also רמת המצפה, Josh. 13,26. Lagarde anticipated this conjecture, as also אחלו for אחיו (*Agathangelus*, 157).

31 (27) 𝔊 inserts לפה נחבאת לברח after עשית, v. 26, and omits ותגנב אתי, beginning: καὶ εἰ ἀνήγγειλάς μοι, ἐξαπέστειλα ἄν σε = ולא הגדת וגו׳ (cf. 23,5). But 𝔐 is preferable. The repetition ותגנב אתי — ותגנב את לבבי is quite in the style of a complainant, harping on his grievance.

(29) עמך, so 𝔪𝔊𝔍. 𝔐 עמכם perhaps arose out of עמכה *script. plen.*
אביך, so 𝔪𝔊, as in v. 30. 𝔐 אביכם; an alteration to suit עמכם.

(30) ולמה, 𝔊𝔏 rightly. 𝔐 ‸ ו, destroying the connection: *However, thou hast actually departed, because thou wert homesick; but why &c.?*

(31) 𝔐 :מעמי; 𝔊 | καὶ πάντα τὰ ἐμά· ³²Καὶ εἶπεν αὐτῷ Ιακωβ, which looks original.

(32) מה לך, so 𝔊𝔏; 𝔐 לך מה.

(33) ויחפש 𝔪 (ויתחבש; fourteen MSS with 𝔖), 𝔊; ‸ 𝔐; cf. v. 35; 44,12.
𝔐 places ובאהל שתי האמהת after ובאהל לאה, which disagrees with the following מאהל לאה (not מאהלן). Laban would suspect Jacob most, his own daughters least. He therefore enters Jacob's tent first, then that of the two subwives, and lastly those of his daughters.
𝔪 השפחות, for האמהת, would indicate another source for the phrase in which it occurs.

(36) ומה, some MSS, 𝔪𝔊𝔖𝔏. But 𝔐 ‸ ו (owing to preceding י).

(37) 𝔐 כי משׁשת את כל כלי; but 𝔪𝔊 וכי, which is preferable, as the clause really belongs to the last verse.

(40) 𝔐 היתי ביום. We transfer היתי to the next verse; though the anacoluthon is perhaps not indefensible here; cf. v. 43.

(41) The repetition with which this verse opens (cf. v. 38) suggests another source. Possibly vv. 38 (רחליך וגו׳) to 40 are cited from a poem.
בצאנך *for thy flocks*, like the preceding בשתי בנתיך *for thy two daughters*. It is not carping criticism to point out that this hardly agrees with the previous narrative (30,31 ff.). 𝔊 felt the difficulty; for after rendering the latter phrase ἀντὶ τῶν δύο θυγατέρων σου, it renders this ἐν τοῖς προβάτοις σου, *among thy sheep*. See also on v. 7.

(42) 𝔊𝔖𝔍𝔏 ויוכחך; but cf. 1 Chr. 12,17.

(44) The words והיה לעד cannot refer to ברית; but to some material object which is to be the sign and memorial of the compact. Moreover, the accounting for the name of the borderland of גלעד being a principal motive of vv. 44–52, and גל appearing as the complement of עד in vv. 47.48.52, it is natural to suppose, with OLSHAUSEN, that ונעשה גל has fallen out of 𝔐. The proposal is carried out, v. 46. Otherwise, we might suppose the missing words to be ונבנה מזבח; cf. Is. 19,19.20; v. 54.

In Is. *l. c.* a מזבח is associated with a מצבה, and the two together are to serve as a sign and a witness (והיה לאות ולעד).

Possibly the original text of our story here contained the words: ונבנה מזבח ונצבה מצבה והיה לעד וגו׳ *and let us build an altar, and set up a maççebah; and let it serve as a witness* &c. (cf. 33,20). Thereupon, the speaker suits the action to the word, and erects a *maççebah*. Later theological prejudice would account for the omission supposed. The *covenant* must have been *made with sacrifice* (cf. v. 54); and the eating mentioned v. 46 will also have been a sacrificial meal.

𝔊 adds at the end of v. 44: ויאמר אליו יעקב הנה אין איש עמנו ראה אלהים עד ביני ובינך (cf. v. 50). This might have been omitted owing to homœoteleuton; and it agrees with v. 45, where Jacob sets up a *maççebah*, as at Bethel, 28,18. But יעקב, v. 45, appears to be an incorrect gloss; see vv. 49.51, the latter of which is 48ᵃ in 𝔊. The term ויריִמֶהָ, instead of ויצב, may be intentionally used as a play on הארמי (v. 20); cf. v. 51.

(46) 𝔐 ויאמר יעקב. The following לאחיו suggests that it was Laban rather than Jacob. Laban's *brethren* are specially mentioned (v. 23); and his boast of superior strength,

31 v. 29, implies that he is accompanied by numerous clansmen. No אחים accompany Jacob, v. 17 f.; and perhaps even אחינו, v. 32, and אחי ואחיך, v. 37, are Laban's companions with whom Jacob might claim kindred. *Cf.*, however, **35**,2.6.

וילקטו, so 𝔊; 𝔐 ויקחו.

ויאכלו, 𝔊 + וישתו; but Λ + לחם (v. 54).

𝔊 adds at the end of the verse (𝔐 48ª): ויאמר לו לבן הגל הזה עד ביני ובינך היום.

(47) This verse does not well agree with 48ᵇ. See also v. 49.

(48ª) 𝔊 ויאמר לבן ליעקב הנה הגל הזה והמצבה הזאת אשר הרימתי ביני ובינך עד הגל הזה ועדה המצבה הזאת. See vv. 51.52ª.

(49) והמצבה אשר הרים קרא המצפה כי אמר *And the maççebah which he had raised he called ha-Mizpah; for he said* &c. 𝔐 והמצפה אשר אמר, m והמצבה וגו׳. We expect the *maççebah* to be mentioned after the cairn, and its name to be specified and justified in like manner. Ewald restored והמצבה המצפה; but it seems probable that more words have fallen out between the two similar ones.

𝔐 יהוה, 𝔊 ὁ θεός = אלהים, as in v. 50, which is more natural in Laban's mouth.

(51) 𝔐 יריתי, 𝔊 ἔστησα, see v. 45.

(53) 𝔐 ישפטו, but m𝔊𝔖𝔙Λ sing.; assuming that Nahor's god was the same as Abraham's.

𝔐 אלהי אביהם, ^ some MSS and 𝔊. It is a transparent gloss, suggesting perhaps that the god of Abraham and of Nahor was the god of the two parties, Jacob and Laban; or else of Terah, their common ancestor. *Cf.* Josh. **24**,2. Had Laban spoken the words, it would not have been *after* the closing term בינינו (v. 37; Ex. **18**,16; Is. 5,3). 𝔖 corrects אבתינו.

(54) Jacob's invited *brethren* are Laban and his company.

לאכל לחם ויאכלו לחם. 𝔊 ויאכלו וישתו is probably evidence of another form of the text, if not rather a wanton alteration.

32 (2) לדרכו, 𝔊 + καὶ ἀναβλέψας τοῖς ὀφθαλμοῖς ἴδεν παρεμβολὴν θεοῦ παρεμβεβληκυῖαν = וישא עיניו וירא מחנה אלהים חנים; perhaps a variant of ויפגעו בו מלאכי אלהים.

(6) וצאן, so some MSS and m𝔊𝔖𝔙Λ rightly. 𝔐 ^ ו.

(8) 𝔐 והגמלים; so 𝔊ᴮ & Syr.-Hex., but ^ 𝔊ᴬ. (A gloss; otherwise ואת הגמ׳). *Cf.* **30**,43; **31**,17.

(9) 𝔐 האחת, scribal error for האחר (so m).

𝔐 הנשאר, 𝔊 השני.

(14) הבא בידו. Not the same as אשר בידו (*cf.* **35**,4): but *that which had come with him*, *viz.* his livestock; *cf.* 1 Sam. 14,34; 1 K. **10**,29. 𝔊 ὧν ἔφερεν. 𝔗ᴼ𝔖Λ *what he had brought with him*, as if pointing הֵבָא.

(16) 𝔐 בניהם; a scribal error, as in **31**,9.

(19) 𝔐 מנחה הוא שלוחה. 𝔊 δῶρα ἀπέσταλκεν shows that this was written מנחה הא שלחה, which 𝔊 read thus: מ׳ הָא שָׁלְחָה.

(21) בא m𝔊𝔗ᴼ; ^ 𝔐. The word fell out between יעקב אחר׳.

אפו = 𝔖 [illegible]; *cf.* Prov. **16**,14. 𝔐 פניו, which is without a parallel.

(22) 𝔐 במחנה. The statement והוא לן בלילה וגו׳ takes us back to v. 14ª: וילן שם בלילה ההוא. Jacob is still at Mahanaim (שם). The entire narrative, vv. 2-22, centres upon that ancient sanctuary, the name of which — *Two Camps* — is alluded to again and again. Thus we have *God's Camp*, v. 3, and Esau's 400 men imply another camp or host. Then, v. 8, Jacob divides his own following into *two camps*, which he mentions as evidence of his prosperity in his prayer, v. 11; and lastly, we have here במחנה, or rather perhaps במחנם (Final ם and ה are sometimes confused).

(23) 𝔐 בלילה הוא. But m rightly ההוא; *cf.* vv. 14.22; **19**,33. — יבק, m𝔊 היבק; *cf.* הירדן.

(24) את כל אשר, m𝔊𝔖𝔙Λ rightly. 𝔐 ^ כל.

32,25—34,2 — Genesis — 91

32 (25) בהאבקו עמו. The play on the name (יבק) is naturally repeated, to secure due attention.
(29) ישראל is explained by איש + שרה + אל (?); cf. note on 30,18.
(30) לי נא. It is the usual complement to הגידה. 𝔐.
(31) פנואל some MSS and 𝔊 𝔖𝔍; v. 32; Jud. 8,8; 1 K. 12,25. 𝔐 פניאל. 5
(33) הנשה. 𝔊 ὃ ἐνάρκησεν which became numb. 𝔊 thus renders יתקע, v. 25. Here, 𝔊 evidently read השנה and pointed השנה; cf. ܐܚܒ ܬ = ותקע, v. 25.

33 (2) שתי 𝔊𝔍; cf. 31,33. 𝔐.
ראשנם, 𝔐 ראשנה. Cf. 13,4; 38,28; note on 32,22. 10
(4) 𝔐 ויבכו; וַיִּשָּׁקֵהוּ. 𝔊 naturally transposes the doubtful term to follow ויחבקהו, yet cf. Luke 15,20. The superlinear dots seem to indicate a doubt, because the word interrupts the usual sequence *fell on his neck, and wept* (45,14; 46,29). וישקו 𝔊 ; שניהם can hardly be right, as it is preceded and followed by sing. verbs. The ו is perhaps due to that of וישא; or it may be a corruption of ה. Clearly 15 vv. 4.5 are concerned only with the unexpected behavior of Esau.
(8) 𝔐 לי לך. 𝔊 מי אלה לך (v. 5). The resemblance of ך .ה would account for 𝔐.
(11) 𝔐 הבאת; but 𝔊 הבאתי (= 𝔊 ἤνεγκα), and so 𝔖𝔍. With בכל cf. יש לי כל 24,1. Otherwise we might suspect רב for כל.
(13) 𝔐 עלי עלות. The second word, though attested by 𝔊 (ΝΖ עם), looks like ditto- 20 graphy; 48,7 is not really parallel.
𝔐 ודפקום *and should men overdrive them*. 𝔊 𝔖𝔍 הדפקים is a needless substitution. המקנה, so 𝔊 τὰ κτήνη, which includes the large as well as the small cattle. 𝔐 הצאן, indicating the latter only.
(16) להרבי requires ילדי, which we supply; see 32,2. 25
(17) שב, so 𝔊; 𝔐.
(18) 𝔐 שלם; 𝔊 εἰς Σαλημ, and so 𝔖𝔍. But the context indicates that Shechem was the city which Jacob had arrived at (cf. also c. 34); hence 𝔊 שלים *safe, sound* so Α, Rashi, and most moderns). The construction ויבא יעקב שלם, however, is unusual and suspicious; and it is easy to suppose that ב has fallen out after the 30 ב of עיר. This gives us בשלם, the phrase of 28,21; cf. יו שלום. Even this is not altogether satisfactory, for the phrase עיר שכם instead of שכם is unusual; and WELLH. may be right in correcting שכם for שלם; cf. 34,16 𝔊 שכם for 𝔐 שלם. The phrase עיר שכם is like עיר נחור, 24,10; that is to say, Shechem is a personal name. Moreover, we should rather expect בשלום in connection with Jacob's arri- 35 val at Bethel again than here (cf. 28,21 with 35,6); and yet more in connection with his return to Isaac, 35,27. GRÄTZ regarded עיר שלם as an interpolation due to Jewish jealousy of the Samaritans (*Urschrift*, p. 75). He also questioned שכם v. 19.
(19) The name of the בני חמור may be the real origin of *Bit Ḫumria*, the Assyrian 40 name of the kingdom of Samaria; and Jehu *abal Ḫumri* may conceivably mean Jehu *the Ḫamorite*(?), rather than *Son of Omri*, as is usually assumed. The quality of the ח is not decisive against this suggestion in the case of a proper name like חשר; cf. חנן, from חנן, حق, Assyr. *Ḫananu*; חמת, حماة, Assyr. *Ḫamatti* as well as *Amatti*.
𝔐 קשיטה here as well as Job 42,11; Josh. 24,32. If the word be connected with قسط *qisṭ, justice, a balance*, it must be pointed with ש not שׂ; cf. קשט *truth*.
(20) 𝔐 מזבח; ויצב שם. We emend with WELLH. Cf. 35,14.20; 8,20; 12,7.8; 35,7.

34 (2) תחוי, 𝔊 ὁ Χορραῖος = החרי; cf. 36,2. 50
𝔐 וישכב אתה ויענה; the terms are reversed 2 Sam. 13,14. 𝔊 μετ' αὐτῆς = אתה, which is probably right in every case; the alternative construction being עם שכב, e.g. 39,7. (Cf. BUDDE on 2 Sam. 13,14).

34 (5) 𝔐 והחריש, a scribal error; *cf.* 31,7. Sam. ותריש looks as if י had early fallen out, and then a careless copyist had inserted ה. But perhaps this is only another instance of ⺄ being misread ⺕ in the ancient text.

(9) 𝔐 אתָּנו. The alternative construction with ב (Deut. 7,3) indicates אִתָּנוּ.
לכם, 𝔊 לבניכם (a reminiscence of Deut. 7,3); but *cf.* v. 16.

(13) 𝔐 במרמה וידַבְּרוּ; 𝔖 reverses the order; and so SCHUMANN, SCHRADER &c. ענה ב, however, is a known construction (ψ 69,13; 1 K. 18,24; Ezr. 3,11); and וידברו may be corrupted — possibly from וַיְרַמּוּם *and deceived them* (29,25). But Ex. 5,9; ψ 35,20 suggest בְּדִבְרֵי מרמה. The following ויאמרו אליהם, v. 14, is against 𝔖.
𝔐 טמא. Sam.𝔊𝔖 plur., as in v. 27.

(15) זכר, 𝔖 + כאשר אנחנו נמלים; *cf.* v. 22.

(21) 𝔐 שְׁלֵמִים הם אתנו וישבו. Sam.𝔊𝔖 ישבו; see vv. 10.23. The use of שלם 1 K. 8,61 is different. Perhaps we should point שֹׁלְמִים (ψ 55,21).

(22) ולהיות 𝔖𝔗; *cf.* v. 16. 𝔐 ‸ ו (after ל); so 𝔊 ὥστε εἶναι.

(24) וימלו את בשר ערלתם כל זכר:, so 𝔊: καὶ περιετέμοντο τὴν σάρκα τῆς ἀκροβυστίας αὐτῶν πᾶς ἄρσην. 𝔐 וימלו כל זכר כל יצאי שער עירו: is due to a transcriber's eye having wandered to the preceding line (*cf.* 17,23.24; and v. 14).

(27) Verses 27-29 are not consecutive to v. 26, but a parallel account. It is questionable whether החללים here means *the slain*; people do not usually attack (באו על; v. 25; Jud. 18,27) the dead. Possibly it was intended as an equivalent to (ה)כאבים, v. 25; *cf.* ψ 69,26 כאב חלליך. Perhaps, however, 𝔍 is right: *Quibus egressis, irruerunt super occisos caeteri filii Jacob* &c., and we may read ובני with Sam.𝔊𝔖𝔗, ו having fallen out in 𝔐 after the preceding ו.

(29) 𝔐 שבו ויבֹזו ואת is awkwardly expressed. We follow Sam.𝔖 (𝔖 read בעיר for בבית at the end, and 𝔊 has both).

(31) יעשה, 𝔖 points יֵעָשֶׂה; *cf.* v. 7.

35 (1) 𝔊 εἰς τὸν τόπον Βαιθήλ, which is interesting in view of 28,11; 31,13.

(2) 𝔐 אשר בתֹכֲכם, 𝔊𝔖 מתככם.

(3) 𝔊𝔍𝔗 נעשה.

(4) שכם; 𝔊 + ויאבדם עד היום הזה:, an ancient gloss. See 2 Kings 19,18.

(5) יעקב, 𝔊 Ισραηλ.

(7) 𝔐 אל ביתאל; 𝔊𝔖𝔍 ‸ אל, which was perhaps corrupted from ההא (so 𝔖𝔍), which seems required after למקום. Besides, *God of Bethel* is an extraordinary name for a *place*. — 𝔊𝔖 + עשו at the end.

(9) עוד, 𝔊 + בלוז. — אתו, Sam.𝔊 + אלהים.

(12) נשבעתי, so 𝔖. 𝔐 נתתי.
אתננה, 𝔊 δέδωκα αὐτήν, in order to vary from the following δώσω. But it is evident that the second member of the verse is an addition.

(13) כאשר כלה לדבר אתו: *when he had done talking with him*; *cf.* 17,22; 18,33. 𝔐 במקום אשר דבר אתו is mere dittography (v. 14).

(16) After מביתאל 𝔊 inserts v. 21. — וַתַּקְשׁ, Hif'il, as in v. 17. 𝔐 וַתְּקַשׁ Pi'el.

(18) בצאת נפשה; *cf.* 42,28 ויצא לבם.
כי מֵתָה *for she died*; but 𝔊 ἀπέθνησκεν γάρ *for she was dying* = כי מֵתָה (so 𝔖ℭ[O]𝔗).

(20) 𝔐 ‸ הוה, which, however, ℭ[O]𝔖 preserve. See on 19,37.

(22) וישמע ישראל. The Masorah notes פסקא באמצע פסוק, perhaps suspecting an omission [? — *cf.* GEIGER, *Urschrift*, p. 373]. There may have been some reference in the source to the cursing of Reuben (*cf.* 49,3). 𝔊 + καὶ πονηρὸν ἐφάνη ἐναντίον αὐτοῦ = וירע בעיניו *and it was grievous in his eyes* (21,12; 48,17). *Cf.* also 34,7.

(24) ובני, Sam.𝔊𝔖𝔗; *cf.* vv. 25.26. 𝔐 ‸ ו.

(26) 𝔐 ילד; some MSS and Sam. plur., as in the same formula, 36,5.

(27) בארץ כנען 𝔊𝔖; ‸ 𝔐. — NESTLE proposes קִרְיָתָה ארבע; and in seven passages out of nine, the name is anarthrous. See Neh. 11,25.

35 (28) אֲשֶׁר חַי, from 𝔊. 𝔐. See 25, 7.
(29) 𝔊 alone has the addition, which, however, looks original, and seems almost necessary after קָבַר, besides being in the manner of P. But ⁀ 𝔐.

36 (1) עֵשָׂו should be repeated before הוּא אֱדוֹם; cf. vv. 8. 19; so 𝔊 only.
(2) בֶּן צִבְעוֹן, so 𝔊𝔖 here and in v. 14; cf. vv. 24. 25. 𝔐 צ׳ בַּת in both places. See 2 Chr. 11 48 for an instance of the opposite error.
𝔐 הַחִתִּי, scribal error for הַחִוִּי v. 20.
(3) 𝔐 בָּשְׂמַת see 26, 34'; 𝔐 מָחֲלַת 28, 9'; and so throughout (vv. 4. 10. 13. 17). In 28, 9, P has already named Mahalath bath Ishmael, the sister of Nebajoth, as Esau's third wife. If, therefore, Basemath be the original reading here, we can only attribute it either to a *lapsus memoriae* on the part of P, or to another hand, viz. R.
(5) 𝔊𝔖𝔒𝔄ℑ יְעוּשׁ, so Q're and v. 18. K'thib יְעִישׁ. Cf. v. 14. يغوث, the Lion-god; W. R. Smith, *Rel. Sem.* pp. 37. 43'.
(6) 𝔐 אֶל אֶרֶץ וַיֵּלֶךְ is obviously incomplete. 𝔊 שֵׂעִיר, in harmony with the context. But 𝔊𝔖 בְּנַעַן מֵאֶרֶץ וַיֵּלֶךְ suggests בְּאֶרֶץ, which was misread מֵאֶרֶץ, and then נַעַן was naturally substituted for שֵׂעִיר.
(10)ᵇ אֵלָה, so 3 MSS, 𝔊𝔖ℑ; ℸ 𝔐.
וּרְעוּאֵל, so 𝔊𝔖𝔄; ℸ 𝔐 after preceding v°. (20)
(11) 𝔐 וְגַעְתָּם. The preceding names are without the conjunction, which in this case may be due to repetition of the ו of צְפוֹ. ℸ 𝔊. But 𝔊𝔄 read ו with every name after the first.
(15) 𝔐: אַלּוּף קְנַז אַלּוּף עֵשָׂו; and then (v. 16) אַלּוּף קֹרַח אַלּוּף גַּעְתָּם. See vv. 11. 12, where גַּעְתָּם follows צְפוֹ, and קֹרַח does not appear at all among the Bene-Eliphaz. אַלּוּף קֹרַח in fact, belongs to v. 18, and is rightly omitted here by 𝔊. The transposition of גַּעְתָּם is warranted by the otherwise undeviating order of the names.
(19) 𝔐 הוּא אֱדוֹם is evidently wrong; cf. v. 8, 𝔊𝔖 rightly prefix עֵשָׂו.
(20) 𝔐 יֹשְׁבֵי, 𝔊 sing., in agreement with שֵׂעִיר, seems preferable.
(21) 𝔐 דִּישָׁן, 𝔊 Ῥισών, so again vv. 28. 30. A ο'ρίσων, 𝔖 *Daishan*. The name is probably corrupt, but must remain indeterminate.
(23) 𝔐 וּשְׁפוֹ, so 𝔊𝔖ℑ rightly; 𝔐 שְׁפִי.
(24) 𝔐 אַיָּה; 𝔊𝔖ℑ, 4 MSS, and 1 Chr. 1, 40 אִיָּה.
𝔐 הַיֵּמִם, 𝔊 τὸν Ἰαμειν, transcribing the Heb. הָאֵמִים *the Emim* Deut. 2, 10; Gen. 14, 5'; so ℭ גִּבָּרַיָּא, which is, on the face of it, unlikely; nor does A البغال *the mules* seem at all more probable. Possibly הַיֵּמִם is only an accidental repetition of הֵימָן *Heman*, which occurs just before (v. 22); in which case it seems hopeless to speculate what it was that Anah *found in the wilderness*. 𝔖, however, read or corrected הַמַּיִם *the water*; a plausible emendation, for water is just what a herdsman would desire to find in a wilderness. Moreover, יָמִם may be related to يمّ, *to put forth herbage*; cf. the phrase اغنى الرجل فضت الارض بالنبات *the man found or lighted on land that had produced* عشب, *and of which the pasturage had become abundant* (see Lane). The rendering *hot springs, aquae calidae*, is based by St. Jerome on the Punic dialect: *nonnulli putant aquas calidas juxta Punicae linguae vicinium, quae Hebraeae conterminae est, hoc vocabulo significari.* Cf. Hieron. *Quaest. Hebr. in libro Geneseos*, ed. Lagarde (Lips. 1868) p. 57. Unfortunately the *Punic* term compared is unknown. Syro-Hexapl. ܡܡܝܐ τὴν πηγήν; see Field. Cf. *Addenda* on p. 118'.
(25) בְּנֵי עֲנָה דִּישֹׁן. Possibly some names have fallen out. Yet the writer may have written בְּנֵי mechanically, having written it so many times already; or he may have intended to include Oholibamah (so 𝔖 𝔄), whom he afterwards specifies as a daughter; or he may even have remembered that Dishon was really a tribal name. 𝔖 ‸ בַּת עֲנָה. 𝔊 דִּישֹׁן *plene*.

36

(26) 𝔐 דִּישָׁן; 𝔊 ᾿Ρησων and 1 Chr. 1,41 דִּישָׁן rightly (ten MSS of 𝔊 דישן).
𝔐 קְרָן; 𝔊 S ܟܪܢ.

(27) וַאֲלָה, so 𝔊 ܘܓܠܘܢ; 1 𝔐. Both here and v. 28 ו, which fell out after ו, agrees with the context.

𝔐 וְעָקָן, 𝔊 and 1 Chr. 1,42; Num. 33,31 וְיַעֲקָן.

(30) 𝔐 לְאַלָּפֵיהֶם, 𝔊 ἐν ταῖς ἡγεμονίαις αὐτῶν = לְאַלֻּפֵיהֶם (1 Sam. 10,19); and so 𝔖 𝔘 𝔄.

(31) 𝔐 לִבְנֵי, so 𝔊 𝔘 𝔄. The ל is suspicious as unusual, and as altering the construction. We should expect בְ; and we have already met with several instances of בְ misread ל (see 10,20). 𝔊 ᾿Ιερουσαλημ = בירושלם; 𝔊ᴸ, Syr. Hex., Ald., Rom., Compl. and three MSS (mtz; cf. LAG. Gen. Graec. pp. 5 f) ἐν Ἰδουμᾳ, which is doubtless right.

(32) בֶּלַע should perhaps be בִּלְעָם, as, like the famous prophet of Aram Num. 23,7), he is surnamed בֶּן בְּעוֹר, and ם may have fallen out before the similar letter ב. The name may be compared with בֶּלֶג ('balg' or 'bilg') and בָּלִיג eloquent; which agrees with the reputation of the Edomites for wisdom and culture Jer. 49,7; Obad. 8; Bar. 3,22), as well as with what is recorded of the prophet Balaam ben-Beor (Num. 22–24).

בְּעוֹר is perhaps a variant of בְּעִיר, and بعير a camel; a name like חֲמוֹר ass, or עַכְבּוֹר mouse (v. 38).

𝔐 דִּנְהָבָה, as if Give Judgment! should probably be accented milra. 𝔊 Δενναβα; cf. Δενναβα= דהבנא Dahbana in Palmyrene. This confirms the suggestion that this first king was of Aramean origin. Cf. v. 37.

(33) 𝔐 חֻשָׁם, 𝔊 Ασομ = 𝔖 ܚܫܘܡ = חָשֻׁם (Ezr. 2,19; Neh 7,22). Perhaps consulting, like שָׁמוּל.

(35) בְּדַד may be a contraction of בֶּן דַּד or בֶּן הֲדַד son of Dad or Hadad; or of בִּלְדַּד Bel is Dad (cf. Eldad, El is Dad; Job 2,11. But דד in these names is perhaps דוֹד; cf. דּוֹדִי and Assyr. Dâdu.

(36) With מַשְׂרֵקָה cf. مَشرِق maśriqat, a sunny place. The forms correspond exactly.

(38) It is a curious coincidence that Saul is succeeded by Baal-hanan in Edom, as in Israel Saul was succeeded by El-hanan (David?).

(39) 𝔐 הֲדַר, but some MSS, 𝔖, and 1 Chr. 1,50.51 הֲדַד, which is confirmed by 𝔊 הדד, and 𝔊, which fluctuates between Αραδ, Αραδ, Αδαδ. The name Hadad was dynastic in Edom; cf. v. 35; 1 K. 11,14ff.

𝔐 פָּעוּ, 𝔊 Φογωρ = פָּעוֹר, which is probably right. Syr. Hex, however, .

𝔐 בַּת מֵי זָהָב; 𝔊 𝔖 בֶּן מֵי. With the name מְטָרֵד, cf. مِطرد mitrad, a short spear.

(40) 𝔖 לְתֹלְדֹתָם, instead of 𝔐 לְמִשְׁפְּחֹתָם, suggests the use of another text.

𝔐 בִּשְׁמֹתָם is curious, occurring as it does after שְׁמוֹת. 𝔊 ἐν ταῖς χώραις αὐτῶν καὶ ἐν τοῖς ἔθνεσιν αὐτῶν = בארצתם ובגויהם (10,20.31).

(43) עִירָם; so 1 Chr. 1,54. It seems identical with Irammu, the name of a king of Edom mentioned by Sennacherib (Taylor Cylinder ii,54). 𝔊 Ζαφωειν, Ζαφωιν = Ζαφωιν, &c. was identified by EWALD with צְפִי (v.11); 𝔊 Σωφαρ). He thus got the attractive total of twelve tribes, instead of eleven, for Edom as for his brother Israel; assuming, of course, that the real equivalent of עִירָם had fallen out of 𝔊. See NESTLE, Marg., p. 12. 𝔖 ܡܠܟܐܝܠ. (For the name Irammu, see BALL, The true name of the God of Israel in the Babyl. and Orient. Record, Feb. '89, vol. iii, p. 55; SAYCE, Records of the Past, New Series, vol. vi, London, 1892, p. 88, n. 9. Most Assyriologists read the name Malik-rammu. The reading of both el and Malik is uncertain. — P. H.).

עֵשָׂו, 𝔐 אֱדוֹם; but see v. 40, and the closing gloss here.

𝔐 לְמִשְׁפְּחֹתָם, 𝔊 לְמִשְׁכְּנֹתָם.

𝔐 הוּא עֵשָׂו אֲבִי אֱדוֹם; and so 𝔊. This form of the explanatory addition (gloss?), however, can hardly be original; cf. vv. 8.9.19.

37 (2) אלה, so 𝔊𝔄. ⁘ 𝔐 (after פ).
(3) 𝔐 ישראל, 𝔊ᴬ Ἰακώβ; but Syr. Hexapl. (LAGARDE, *Bibliotheca Syriaca*) as 𝔐.
𝔐 עשה, 1 Sam. 2,19 does not make it probable that this is frequentative. ܥܒܕ. Perhaps ויעשה (1 K. 16,25) was the original form; and as this was unusual, the ו was omitted by some ignorant copyist.
כתנת פסים is well rendered by 𝔖 ܟܘܬܝܢܐ ܕܦܕܝܐ, *a tunic with sleeves*.

(4) 𝔐 אתו, ܡܢ כל בניו, מכל rightly. A further reference to אתו would have been expressed by מכלם *above them all*, which indeed is what 𝔖𝔄 actually have.

(5) ויוסף עד שנא אתו is a natural anticipation of the result. It is, however, omitted by 𝔊. See DILLM.

(8) ויספו. The mention of *his dreams* — whereas we have read of but one dream as yet, and another immediately follows (v. 9) — suggests that this clause is a misplaced interpolation. ܚܠܡ indeed reads חלמו, but this is only an Aramaism (cf. 𝔖𝔘𝔅).

(9) 𝔐 לאביו, 𝔊 לאחיו ולאביו, which agrees better with vv. 10.11. *The sun and moon*, i. e. his parents, were not concerned in the former dream.

(10) 𝔐 ויספר אל אביו ואל אחיו is strange on account of the construction ספר אל, as well as superfluous after the statement of v. 9. ܠܐ has the usual ל instead of אל cf. 24,66; 40,9). ܥ 𝔊. The narrative might, no doubt, be made more coherent, according to our ideas, by transferring v. 5ᵇ to the place of 8ᵇ, and the latter to the end of v. 9. We might then read ויספר לאביו, and reject ואל אחיו as an intruding gloss.

(17) 𝔐 שמעתי, ܫܡܥܝܢ שמעתים.

(20) 𝔐 ונהרגה, ܢ$ ⁘ init.; and so again v. 27.

21 𝔐 ראובן. We adopt WELLHAUSEN's conjecture.

27 ובשרנו, so ܥ𝔊𝔖𝔍 rightly. 𝔐 ⁘ init., which fell out after ו.

28 אנשים מדינים סחרים. 𝔊 felt the same difficulty which oppresses modern critics, and accordingly turned this indefinite subject into a definite one; thus identifying the Midianites with the already mentioned Ishmaelites (Οἱ ἄνθρωποι οἱ Μαδιηναῖοι οἱ ἔμποροι, for which 𝔊ᴮ actually substitutes οἱ Ἰσμαηλῖται). The *puzzles of criticism* would seem to be neither newfangled nor fanciful, as is so often and so foolishly asserted.

(33) היא, so ܣ𝔊𝔖𝔄; ⁘ 𝔐. The Oriental Versions at least indicate the natural construction, even if they only supplied the missing pronoun.

(35) 𝔐 ויקמו, 𝔊 συνήχθησαν =ויקבו; see on 1,9. Perhaps a confusion of ו and מ in the old writing; or due to indistinct dictation, ܡ and ܘ being related sounds.
בבל, ܥ 𝔊; perhaps feeling the difficulty in the mention of all Jacob's daughters, when only one (Dinah) is otherwise known.
𝔐 לנחמו, 𝔊 καὶ ἦλθον παρακαλέσαι = לנחמו ויבאו. The added verb is necessary after ויקמו cf. 31,17, and favors that reading.

(36) והמדנים; so v. 28, and all Versions. 𝔐 והמדנים. Many MSS of 𝔊 Ἰσμαηλῖται ἔμποροι.
𝔐 אתו; ܥ𝔊 את יוסף (את ו?).
מצרימה, ܠܡܨܪܝܢ אל מצרים.
פוטיפר is probably the same name as פוטיפרע, 41,45; in Egyptian perhaps *Pu ti pe Ra*, the gift of Ra, a name like Mattaniah, Dorotheus, &c. (Cf. LAGARDE, *Genesis Graece*, p. 20; STEINDORFF, *Beitr. zur Assyr.* i, 336).

38 (1) עד, cf. v. 16. 𝔐 על seems improbable. אל may have been changed to על, as often, and then further to עד. The same may be said of 1 Sam. 9,9, which, moreover, is not quite parallel.

(2) 𝔐 ושמו must be right. But 𝔊 ᾗ ὄνομα (so 𝔖) is interesting, because it shows that the original spelling was ושמה שמה, which was misread שמה. Hence 𝔊 omits בת, v. 12.

38 (3) 𝔐 ויקרא, and 𝔊𝔄 ותקרא, as vv. 4. 5. 𝔖 ויקרא in all three places.

(5) 𝔐 והיה בכזיב. 𝔍 corrects היה בכזבה to ויהי בכזבה; but the datum evidently refers to the birth place of Shelah. So 𝔊 αὕτη δὲ ἦν ἐν Χασβι = והיא בכזבי. The name of the town in 𝔊 may have been the same originally as in 𝔐, ז and ב having been confused; see on 30, 13. According to 1 Chr. 4, 22, כוזבא (= כזבה) was a town of the Bene-Shelah. It was doubtless identical with the אכזיב of Mic. 1, 14; Josh. 15, 44. A pointed כזיב here (كوزيب). 𝔍 curiously renders: *quo nato, parere ultra cessavit*; and similarly 𝔖. The bringing of such a name into connection with Tamar, who is in turn deceived and deceiver, is significant for the origin of the legend. Moreover, as Tamar acts the harlot, we may perhaps compare the name כזבי, Num. 15, 25; *cf.* Assyr. *kuzbu* 'luxuriancy, lasciviousness'.

(9) ושחת seems to preserve the original meaning of the root שחת, *viz. to fall* - Assyr. *šaḫâtu*. שׁחֵת, השׁחית, *to corrupt, destroy*, are therefore strictly synonyms of הפיל. Possibly, however, the word is here used in its ordinary metaphorical sense of corrupt behavior, and has been substituted for some more direct expression which was offensive to the Masorites. 𝔖𝔊𝔄 render it so.

(11) 𝔐 שֵׁנִי. Lev. 22, 13 ושבה אל בית אביה suggests the pointing שֻׁבִי here, and תֵּשְׁבִי v. 12.

(12) 𝔐 ויעל על גוזי צאנו, so also 𝔊. But the phrase is strange; and v. 13 עלה לנז צאנו, compared with 31, 19 לגזז את צאנו, suggests our correction. על (for אל) may be dittography (two MSS of 𝔐 have לגזז); and ' may be a relic of את. We read גזל in v. 13 also for the ἅπαξ λεγ. לגז.

(14) 𝔐 ותכס seems to require פניה, as in v. 15. It might be pointed as Nif'al (Ezek. 24, 8); as תכסה might also in Deut. 22, 12; but we follow 𝔐 ותתכס; *cf.* 𝔊 𝔖𝔄; 24, 65. ה fell out after ה.
והוא לא נתנה לו; 𝔊 והיא לא נתנה לו 𝔐.

(15) פניה, 𝔊 + καὶ οὐκ ἐπέγνω αὐτήν, so 𝔍.

(16) 𝔐 אל, scribal error for על; *cf.* v. 21.

(18) 𝔐 ופתילך; see v. 25. 𝔊𝔖𝔊𝔍𝔄 sing. in both places.

(21) 𝔐 מקמה, 𝔐𝔊𝔖 המקום rightly; *cf.* v. 22. Enaim was not Tamar's *place*; *cf.* 18, 33; 30, 25).
𝔐 הוא, 𝔐 היא, The ה fell out in 𝔐 after ה. *Cf.* 19, 33.

(24) 𝔐 כמשלש, 𝔐 כמשלשת rightly, as חדש is masc. ת fell out before the similar letter ה.
לזנונים, 𝔊 ἐκ πορνείας, and so 𝔊𝔄. *Cf.* v. 25 𝔐 לאיש, 𝔊 ἐκ τοῦ ἀνθρώπου (but see v. 18).

(25) 𝔐 התפתה והפתילים, see v. 18. התבת for the ordinary חותם is ἅπαξ λεγ. Perhaps it is corrupt, and we should read התתמת (or התחתמת?). A transcriber may have altered sing. to plur. because of האלה. 𝔐 התתים והפתיל, 𝔊 ὁ δακτύλιος καὶ ὁ ὁρμίσκος.

(26) 𝔐 בני. We add the usual לאשה (v. 14).

(28) חום, so 𝔖𝔐 both here and in v. 30; *cf.* Jos. 2, 18; 𝔐 &c.
𝔐 יצא, 𝔊 ἐξελεύσεται, and so 𝔖𝔍. Either יצא, יֵצֵא, or a perfect of future certainty.

(29) 𝔐 כמשיב could only mean *like one who draws back*; and an Aramaizing infinitive (כמשב; *cf.* Num. 10, 2) is too rare to be lightly assumed. It would be better to restore the ordinary construction כהשיב (so Dillm.), as ה and מ are sometimes confused. But we prefer כמו השב; a construction employed by J in 19, 15. The *scriptio defectiva* במהשב, not being understood, led to false correction by omission of the ה. 𝔊 ὡς δὲ ἐπισυνήγαγεν.
מה פרצת עליך פרץ. 𝔊 τί διεκόπη διὰ σὲ φραγμός; *why was a fence broken through on thine account*? So 𝔍 *Quare divisa est propter te maceria*? 𝔖 *what a breach has been broken on thy account!* Ischol (so 𝔖𝔐 ܚܒܠ ... ܠܗ, implying פֶּרֶץ or פִּרְצָה, as though פֶּרֶץ were feminine. But the angry midwife is rebuking

38 the child himself for defeating her prophecy; the passive, therefore, is inappropriate. Nor can the sense be *Why hast thou made a rent for thyself?* as though עליך were the same as לך or עלינו; apparently in the sense *upon us* (=בנו, Ex. 19,22; 2 Sam. 6,8): *Why hast thou broken out upon us?* and so Λ: *How excellent thine increase in my days!* taking פרץ as in 28,14. It suits the context best to understand the words of 𝔐 as two exclamations: *What an outbreak hast thou made! Outbreak upon thee!* The imprecation, natural under the circumstances, is like עליך המסי 16,5; עלי קללתך 27,13; cf. also ψ 3,9. Yet, as פרץ has the appearance of *accus. cogn.*, it is conceivable that עליך should be corrected either into עלינו with 𝔊, or into על אחיך.
𝔐 ויקרא, 𝔖ᴬ ותקרא (so v. 30; cf. vv. 3.4.5. 𝔐 is either impersonal, or might perhaps be pointed as Nif'al, 35,10. The mother might name the children, but hardly the midwife.

39 (1) 𝔊 according to Syr. Hexapl. + ὑπὸ τῶν Μαδιανιτῶν; and 𝔖 also mentions the Midianites.
(4) 𝔐 בעיני, 𝔊𝔖 בעיני אדוניו‎, 𝔍 *coram domino suo*.
𝔐 וכל, 𝔊𝔖𝔍 + אשר correctly; as in v. 5 where the phrase is repeated.
(5) 𝔐 בביתו. There is no reason for this variation in the construction (cf. v. 4); and 𝔊 has ἐπί (= על) again; so also 𝔖Λ.
𝔐 בכל, 𝔊ᴬ ἐπί. Cf. last note.
(8) 𝔐 מה, 𝔊𝔖 מאומה, as before v. 6. 𝔖𝔒𝔍Λ as 𝔐.
𝔐 בבית, 𝔊𝔖𝔍 + בו, which has fallen out in 𝔐 before ו.
(13) 𝔊𝔖 + ויצא, as vv. 12.15; and so 𝔊𝔖 in v. 18.
(14) 𝔐 בביתה; but cf. 𝔊 and v. 11; 38;21.
לשכב, 𝔊 λέγων κοιμηθῇς=לאמר שכבי; cf. v. 17.
(15) אצלי = 𝔊 παρ᾽ ἐμοί. 𝔖Λ בידי, making her criminate herself; and so 𝔍 (*pallium quod tenebam*). But perhaps they thought of a struggle.
(17) כי, 𝔊ᴬ + ויאמר אלי שכבי עמי so; but Syr. Hex. and all other codd. of 𝔊, except 135, ויא אלי אשנבה עמך.
(20) 𝔐ᴜᴠ אסורי; Qᵉré rightly אסירי (cf. v. 22) *prisoners*.
(21) 𝔐 ויט; cf. 38,1. 𝔊 καὶ κατέχεεν (αὐτοῦ ἔλεος) = (ויט עליו חסן). So ψ 89,46 κατέχεας αὐτοῦ αἰσχύνην = העטית עליו בושה. But see Is. 66,12.
(22) האסירים, 𝔊 τοὺς ἀπηγμένους (so again 40,3; 42,16). See on v. 20.
(23) ראה את כל מאומה בידו... אין is only a verbal variation of ולא ידע אתו מאומה, v. 6. 𝔊 misconstrued both.
𝔐 וכל, 𝔖ᴬ וכל אשר; cf. v. 22.

40 (1) 𝔊 renders the simple משקה and האפה by ἀρχιοινοχόος and ἀρχισιτοποιός, harmonizing with v. 2; and so 𝔖. Cf., however, הבקן = the High-Priest.
(3) 𝔐 במשמר, better *abs.*, as v. 4; cf. 42,17. So 𝔊𝔖Λ. The same remark applies to v. 7. אל בית הסהר ‸ 𝔖.
שר הטבחים, *i. e.* Potiphar, according to 37,36 and v. 7.
(8) פתרים, 𝔊 ἡ διασάφησις αὐτῶν = פתרונם pointing ס.—). ΑΣ also sing. (Syr. Hex.).
(10) 𝔐 כפרחת. 𝔊 θάλλουσα מפרחת, Hif'il, ψ 92,13. ב and כ are sometimes confused. 𝔊𝔒 בר אפרחת cf. 𝔍 *באפרחת*, ב, מ, פעל Λ ܀ܒܢ ܦܪ ܓܬ ܐ, as if ב with the part. were used according to a Mishnic construction, in the sense *when it budded* (= כפרחה). But if 𝔐 be sound, we must rather render: *and it was as if budding* (lit. *like a budding one*). כ reminds the reader that all was but seeming; that what is being told is a dream, not reality.
𝔐 עלתה נצה. But נץ in OT means *a hawk*; and נצה is used collectively of vine blossoms, Is. 18,5; cf. Job 15,33. We therefore omit Mappîq. The phrase means: *it went up (in the shape of) bloom*, *i. e.* sprang into flower (cf. Is. 18,5.6); or

40 burst into bloom *all over*. The asyndeta mark the quick succession of the phenomena: *And it was budding — it sprang into blossom — its clusters bore ripe grapes.*

(13) ישא פרעה את ראשך, 𝔊 μνησθήσεται Φαραω τῆς ἀρχῆς σου, 𝔍 *recordabitur Pharao ministerii tui*; similarly 𝔖𝔗ᴼΛ. See also 𝔊 v. 20; ψ 15,4. 𝔊 missed the grim humor of the ambiguous phrase נשא ראש (vv. 13.19). In 2 K. 25,27 the addition of מבית כלא leaves no room for misunderstanding. We may render: *Pharaoh will elevate thee*; *i. e.* in this case metaphorically, to office; in the other (v. 19) literally, to the gibbet.

(14) 𝔐 כי אם זכרתני וגו׳ is very puzzling. No exact parallel can be adduced (Mic. 6,8; Job 42,8 *apud* GESEN.[12] are certainly not such). It looks as if ועתה אל תשכחני (*cf.* v. 23) had fallen out before these words; as if the sense had been: *And now forget me not; but if thou hast remembered me, when it is well with thee, pray do me a kindness* &c. *Cf.* Lam. 3,31.32. It is, however, simpler to restore אך for כי with WELLH. and DRIV. *Tenses*, Add. § 119δ. *Cf.* 𝔍 *Tantum memento mei, cum bene tibi fuerit, et facias mecum misericordiam*; which at least suits the context; 𝔊 ἀλλὰ μνήσθητί μου κτλ. For the construction, see 23,13.
חסד, 𝔖 + אמת (24,27). — מן הבית הזה, 𝔊𝔖𝔗ᴼ𝔍 מבית הסהר (39,20).

(19) 𝔐 ראשך מעליך; *cf.* vv. 13.20. מעליך is an inept gloss, which spoils the *double entente*; or perhaps it is an accidental anticipation of the following מעליך.

41 (3) 𝔐 רקית; 𝔊 λεπταί, *cf.* Is. 29,5; Lev. 13,30. 𝔪 רקות, as in vv. 19.20.27, is supported by the alliterative character of the phrase *ra'oth mar'eh weraqqoth basar*, with *r* in every word. So again, v. 4. But in v. 6, where 𝔊 has λεπτοί, as before, 𝔐𝔪 דקות is confirmed by the alliteration: *daqqoth ushduphoth qadim*, with *d* in each word.

(8) 𝔐 חלמו, 𝔪 חלמיו (see on 37,8), because of the following אותם. 𝔖 also plur.; but the plur. of חלום is always חלמות (v. 12; 37,8.19.20); and the interpretation, v. 25, expressly says *the dream is one*. *Cf.* also v. 15. Else we might read חלמתיו, with KAUTZSCH-SOCIN.
𝔐 אותם, 𝔊 rightly אותו; see last note.

(9) 𝔐 את פרעה; 𝔪𝔊 אל פ׳ (*cf.* v. 17, where 𝔐 אל, 𝔪𝔗ᴼ את).

(10) אתם, so 𝔪 (Λ dual); *cf.* 𝔊𝔖 ἡμᾶς. 𝔐 אתי.
𝔐 במשמר בית; 𝔊 ἐν φυλακῇ ἐν τῷ οἴκῳ, see on 40,3.

(13) השיב, *he*, *i. e.* Joseph *restored*, *scil.* in his interpretation. Otherwise, פרעה has fallen out.

(14) 𝔐 ויריצהו; Jer. 49,19. But 𝔊 καὶ ἐξήγαγεν (var. —ον) = ויציאהו; so Λ.
𝔐 ויגלח is transitive (Λ + *his hair*). For Hithp. see Lev. 13,33; and *cf.* 38,14. We might also point as Nif'al, a form not found elsewhere. 𝔊 corrects ויְגַלְּחֻהוּ.
𝔐 ויחלף. We point as Hif'il; see the same phrase, 35,2; *cf.* also 31,7.41. Hif'il will also be right in 2 Sam. 12,20. Pi'el is not found elsewhere.

(16) 𝔐 בִּלְעָדַי אלהים יענה את שלום פרעה; *cf.* 14,24 and note. Transferring Athnach to the preceding word לאמר, we might render: *Without me, God could give an answer of peace for the Pharaoh!* (*cf.* v. 44). So 𝔍: *Absque me Deus respondebit prospera Pharaoni*; and Λ *Without my knowledge, God will answer Pharaoh with peace* (*cf.* 𝔗ᴼ). Or pointing בִּלְעֲדֵי, with 𝔪𝔊𝔖, we might take it as a question: *Without God can one answer peace for Pharaoh?* So in 40,8 emphasis is laid on God as the true interpreter. *Cf.* 𝔖: *Thinkest thou that without God one will answer peace to Pharaoh?* Either seems preferable to 𝔊 Ἄνευ τοῦ θεοῦ οὐκ ἀποκριθήσεται τὸ σωτήριον Φαραω = 𝔪 בלעדי אלהים לא יענה וגו׳; pointing בִּלְעֲדֵי, יֵעָנֶה (*cf.* 𝔗ᴼ יתתב), and inserting לא.

(17) 𝔊 + לאמר, ^ 𝔐.
𝔐 הנני, 𝔪 rightly והנני; *cf.* v. 22; 40,10.16. ו fell out in 𝔐 after י.

41 (21) 𝔐 וַיִּקַץ, 𝔊 + וַיִּישַׁן (vv. 4, 5), which seems necessary to the sense, but must be attached to next verse; cf. 𝔍 *Rursus sopore depressus*; and 𝔖, which begins v. 22: *And again I saw*.

(23) צְנֻמוֹת. 𝔊 𝔖𝔍 omit this Aramaizing ἅπαξ λεγ., which possibly originated in the following צָמְחוֹת. E, no doubt, is fond of occasional Aramaisms; but if this were the original and principal epithet here, why do we find הַדַּקּוֹת, and not rather הַצְּנֻמוֹת, in the reference, v. 24? Moreover, ORIGEN's Hexapla has no remark on the word (NESTLE).
וּשְׁדֻפוֹת, so 𝔊𝔖; and again, v. 27. See v. 6. 𝔐
אַחֲרֵיהֶן, so 𝔐𝔖; vv. 3, 6, 19, 27, 30. 𝔐 ם ; a mere scribal error. See on 31, 9.

(26) 𝔐 פָּרוֹת, 𝔊𝔖 rightly הַפָּרוֹת, as the following clause, and v. 27, indicate.

(27) 𝔐 הָרֵקוֹת הַשִּׁבֳּלִים. The ears of grain have not been so described before רִיק = רֵק *empty*; and 𝔊 naturally points הַדַּקּוֹת. But 𝔍𝔖 are doubtless right with הַדַּקּוֹת; see the same phrase, v. 23.
הֵקִים. We add שֶׁבַע שָׁנִים הִנֵּה, as required by the symmetry of the verse; and read הֵנָּה for 𝔐 יְהִי, which does not agree with its fem. subject, besides being too abrupt.

(33) 𝔐 יֵרֶא, so 𝔊𝔖 יֵרָאֶה לִי; cf. 22, 8.

(34) 𝔐 יַעֲשֶׂה, so 𝔊𝔖𝔍; 𝔊 καὶ ποιησάτω, so 𝔖. For עָשָׂה of creating officers, cf. 1 K. 12, 31. Perhaps יַעַשׂ *let the Pharaoh do it!* or יָשֵׂם *let the Ph. appoint him!* or even יַעֲשֵׂהוּ *let the Ph. appoint him!* see 1 Sam. 18, 1; 21, 14, with DRIVER's notes on the very rare suffix. This seems better than עָשׂהָ.
𝔐 וְחִמֵּשׁ, 𝔊 καὶ ἀποπεμπτωσάτωσαν (cf. 𝔄 *χαμσᾷ*, 𝔖𝔒 וְיַחְמֵשׁ, so 𝔍 וְיִקְבֹּץ, v. 35 ; but the plur. is better, as describing the function of the overseers. So 𝔖𝔒𝔄.
אֶת אֶרֶץ, 𝔊 πάντα τὰ γενήματα τῆς γῆς, paraphrasing; cf. 𝔍 *quintam partem fruc tuum*.

(35) We restore וְיִתְּנוּ, by comparison of וְיִתְּנוּ אֹכֶל בֶּעָרִים, v. 48. 𝔊 corrects thus: אֹכֶל בֶּעָרִים וְשֻׁמָּר. 𝔍𝔖 יִשְׁמְרוּ for the last word, like the foregoing verbs.

(39) 𝔐 בָּמוֹךְ, anciently כָמוֹךָ, 𝔊 סְמַךְ (confusion of כ, ם).

(40) 𝔐 יִשַּׁק. Everywhere in Genesis נשׁק is *to kiss* (27, 27; 29, 13; 31, 28; 32, 1; 45, 15; but construction, context, and the Ancient Versions are against that meaning here. עַל פִּיךָ is *according to thy command, at thy behest*, 45, 21; and we might save the reading by pointing יֻשַּׁק, *shall run to and fro* (cf. v. 44), Joel 2, 9; ψ 119, 32. 𝔊 ὑπακούσεται (cf. 𝔄 suggests יִשְׁמַע or יַעֲנֶה (ὑπακούειν עָנָה some fourteen times ; and if we point יַעֲנֶה Ex. 10, 3), we get an appropriate sense: *to thy com mand all my people shall submit*. (עַ confused with שׁ, as elsewhere; and ח with פ. 𝔖 יתן shall be fed — יִרְעֶה. 𝔍 נסב ישׂפט *shall receive judgment* — יִשָּׁפֵט, which is possibly right; and perhaps פָּנֶיךָ should be read instead of פִּיךָ (cf. ψ 9, 20). The sense would then be: *before thee all my people shall be judged*.

(42) 𝔐 רְבִיד הַזָּהָב, cf. Ezek. 16, 11. 𝔐 perhaps grew out of the graphical mistake רְבִדִי וַזָהָב; the transposed י 'in the old writing' being confused with ה.

(43) 𝔐 וַיִּקְרְאוּ לְפָנָיו אַבְרֵךְ וְנָתוֹן אֹתוֹ וגו. All the verbs up to this point (vv. 41–43) relate actions of the Pharaoh. Probably, therefore, 𝔊𝔖 are right in reading וַיִּקְרָא (Esth. 6, 11). But the sentence is otherwise corrupt; for if אַבְרֵךְ were an impera tive, addressed to the people, it would be plur., not sing. Moreover, וְנָתוֹן is an unusual construction, of which no certain example can be cited from Genesis; and 𝔊 reads וַיִּתֵּן. The term אַבְרֵךְ, which as *Hif'el infin. abs.* would be very strange see Hif'il, 24, 11 causative", has always been supposed to be Egyptian; but none of the attempted identifications is satisfactory (See LE PAGE RENOUF, PSBA Nov. '88, who suggests 𓉢𓏺 𓂋𓎡 𓀀 *abu rek — Thy command is (our) desire!* as alone possible). After וַיִּקְרָא, the phrase לֵאמֹר כִּי, introducing the terms of the proclamation, is not out of place; and אַבְרֻכְנַת is an easy corruption of אַפְרוּכִנָתְ[ךָ].

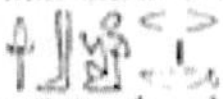

41 It was necessary to inform the people that Joseph had been set over them by the Pharaoh himself (cf. v. 41). The supposed Egyptian salutation thus disappears.

The Versions are hardly worth noticing here. 𝔊 καὶ ἐκήρυξεν ἔμπροσθεν αὐτοῦ κῆρυξ· καὶ κατέστησεν αὐτὸν κτλ. depends apparently on reading אברך or ברא for אברך (Dan. 3, 4; 5, 29); a term which, being of Greek origin, can hardly be right here.

(45) צפנת פענח, 𝔊 Ψονθομφανηχ. It is perhaps the Hebraized form of [hieroglyphs] (*suf'a en pa ankh*). The Protector of Life. Whatever the Egyptian title intended, it is evident that the first element in it has been assimilated to the Semitic root צפן, *to hide*, as was recognized by 𝔖 SA. (Cf. HIERON. *Quaest.* p. 64: *Licet Hebraice hoc nomen absconditorum repertorem sonet*. He adds: *interpretatur ergo sermone Aegyptia Zaphnethfane ... salvator mundi*, which is certainly nearer the mark). [Cf. LAGARDE, *Mitttheil.* iii, 226. 282, also CORNILL, *Einl.*² 51].

ויצא יוסף על ארץ מצרים is clearly not Heb. as it stands. ⁶ We correct וישת את יוסף וגו׳, after v. 33. The error is due to a copyist's eye having wandered to ויצא יוסף in the second member of the verse. 𝔊⁰ inserts שליט after יוסף (42, 6); and so λ (*Waly over all the land of Egypt*).

(48) את כל אכל שבע שנים אשר היו cannot be right, as שנים is definite, and demands the article (see v. 47). But this change alone makes a poor sense. We, therefore, follow 𝔖; cf. v. 53. **S** *all the produce of the seven years of plenty which were &c.*

(50) ילד, 𝔖 plur.

(51) נשני, the antique sound, for the sake of assonance with מנשה. But the pointing is more likely a mere error for שני; cf. 30, 20, and similar instances, which prove that the recognition of likeness between sounds did not depend much on vocalization.

(52) הפרני, 𝔊 ὑψωσεν = הרמני (ם confused with פ, and transposed).

(53) היה, 𝔖 83 היו; but היה refers to השבע, cf. vv. 48. 56.

(54) היה, 𝔊 3 לא היה (a misunderstanding).

(55) תעשון, 𝔖 תעשו.

(56) על פני כל, 𝔖 על כל פני.

אשר בהם is meaningless. את כל, of course, implies a substantive; and 𝔐 is an easy corruption of [אצרת הבר], *the stores of grain.* Cf. 𝔊 τοὺς σιτοβολῶνας, 𝔖 אשר בהם בר, 𝔍 k₃ol; and see Joel 1, 17. The confusion may have begun in the old writing, in which ץ (צ) resembles ש (ם).

𝔐 וישבר, *and he bought grain* (v. 57; 42, 3. 5), should, of course, be וישבר (cf. 42, 6) = 𝔖 וישביר, *and he sold grain.*

42 (1) שבר, *grain*, as sold from the granaries, is not likely to be derived from שבר, in the sense of *that which is crushed in the mill*. It is perhaps from neo Sumerian *širba = nirba*, *nidaba* (ZK ii, 421) the corn-god, Egyptian *nepri*. (*Nirba*, however, is an error for *Nisaba*; cf. DELITZSCH, HWB, p. 471; AW, p. 506. — P. H.). The cuneiform characters for SA and IR are very much alike.

(2) ויאמר. ^ 𝔊 (doubtless feeling its redundancy).

𝔐 משם. 𝔊 μικρὰ βρώματα = מעט אכל (43, 2). As משם is needless after שמה, and ע is often confused with ש, we suppose משם is a corruption of מעט אכל having fallen out.

(6) 𝔐 ויוסף הוא השליט על הארץ וגו׳. 𝔖AJ smooth over the difficulty of the diction by reading והוא in the second instance; but it is evident that the statement הוא השליט על הארץ did not belong to the original sentence. שליט, which is not classical Heb. (𝔊⁰ 41, 45; 42, 6 = Heb. שׁבּל; Eccl. 7, 19; 8, 8; 10, 5; cf. Ezek. 16, 30), is perhaps Grecized as Σάλατις, given as the name of the first Hyksos king by Josephus (*Ap.* 1, 14), but not yet found in the Egyptian Monuments.

42 (9) עֵרְוַת, 𝔊 τὰ ἴχνη = רוֹ עקבת (רו run together?); so again v. 12. Cf. ψ 77, 19.
   (10) 𝔐 וַעֲבָדֶיךָ, 𝔖&𝔙 a (duplication of ע׳, כי rather than ו would have been used, cf. v. 12); but neither is wanted.
   (11) 𝔐 נחנו, 𝔊 אנחנו, which, moreover, immediately follows.
   (13) 𝔐 שנים עשר עבדיך אחים אנחנו. The context shows that the meaning is: We, thy 5 slaves, are twelve brothers; שנים עשר אחים אנחנו עבדיך. 𝔐, however, says: Thy twelve slaves (there) — brothers are we; whereas only ten (v. 3) were addressing Joseph. Ol. still cancels אנחנו, but needlessly. Cf. v. 32.
   (14) 41, 28 shows that הדבר has fallen out; 20, 16; Job 13, 16 are very doubtful parallels for הוא instead of היא.   10
   (16) 𝔐 וִיקַּחוּ, 𝔊 וְקַחוּ.
       After this verse, 𝔖 +: ויאמרו לא יוכל הנער לעזב את אביו ועזב את אביו ומת. See 44, 22. This is by way of a reply to Joseph's proposal; which, however, was an announcement of his intention, from which there was no appeal for the brothers. Their immediate imprisonment, v. 17, finely suggests his despotic power.   15
   (17) וַיֶּאֱסֹף, an unusual term (Is. 24, 22), perhaps with an allusion to the name יוסף. Otherwise, we might correct ויאסף (cf. האספו, v. 16).
   (19) 𝔐 האחד, as in v. 33 (see on 43, 14); but it has not yet been specified which brother is meant.
   (20) 𝔐 ויעשו כן looks like an interpolation of the same character as that of 𝔖 at the 20 end of v. 16. Possibly this phrase belongs to the end of v. 25, and ויעש להם כן belongs here; and thus did he treat them; i. e. in this strange way. Or the sentence is proleptic.
   (21) צָרַת, 𝔖 בצרת is more vivid; see gloated over (ψ 22, 18). 𝔖 also has ב. But cf. 21, 16; 44, 34.   25
       𝔐 באה אלינו, 𝔊&𝔖 +: עלינו; rightly; cf. 32, 9; 34, 27.
   (25) 𝔐 וימלאו את כליהם. We restore למלאות (1 Chr. 29, 5), in accordance with the infinitives that precede and follow. So 𝔊 ἐμπλῆσαι. Or read את for למלא &c.
       𝔐 ויעש להם כן: The plur. ויעשו is required by the context (so 𝔙), while להם is superfluous. 𝔊 καὶ ἐγενήθη κτλ. = ויהי; cf. Esth. 5, 6. 𝔊 wrongly points thus, 30 44, 2. See on v. 20.
   (27) 𝔊 צרור בספו, the former term being introduced from the parallel narrative, v. 35.
   (28) 𝔐 הושב, 𝔊 +: לי. — הנה, 𝔖 and four MSS Heb. +: הוא; so also 𝔊 καὶ ἰδοὺ τοῦτο.
   (30) 𝔐 ויתן אתנו, 𝔊 +: במשמר, which is doubtless correct (40, 3). 1 K. 10, 27 is hardly parallel.   35
   (32) 𝔐 אנחנו אחים, 𝔖&𝔙 reversely. See v. 13.
   (33) 𝔊&𝔖 + שבר, as before v. 19; 𝔐.
   (34) ואת אחיכם, so 𝔊&𝔙; 𝔖 𝔐.
   (35) 𝔐 בשק, 𝔖 חגה כמא — Heb. ב כי אמתחתו v. 27; cf. 𝔖 v. 28, 43, 22.   40

43 (8) אתנו, so 𝔖&𝔙 rightly; cf. v. 9. 𝔐&𝔙 (אתי follow).
   (11) 𝔐 מזמרת, but 𝔊 ἀπὸ τῶν καρπῶν. The term has nothing to do with זמרה liturgical song, but is related possibly to the Arabic ثمر fruit, تمر date, نخل palm, by interchange of dentals and sibilants; cf. כתל, בלק, ברק, and ווד, נד, Aram. רי, ר, and similar instances.   45
       דבש grape syrup, נחל dibs, date juice or honey, and in vulgar Arabic grapes or raisin juice or syrup; cf. Assyrian iv R² 21, 1B, rev. 7: akula ṭâba, šitâ dišpi. Eat the good, drink the sweet! Cf. Neb. 8, 10: אכלו משמנים ושתו ממתקים. The Assyrian dišpu, dašpu, like the Heb. דבש, mean both honey, and honey-sweet liquors or syrups.
   (12) 𝔐 המושב. We point as usual.   50
   (14) האחד, so 𝔊&𝔖; see 42, 19, 33. 𝔐 אחר, which should, at least, be האחר.
   (15) 𝔐 מצרים, 𝔖 מצרימה, 12, 10. The evidence is the stronger, as 𝔖 is apt to omit ה— both in verb and noun.

43 (16) 𝔐 אתם ואת בנימין; so, too, 𝔖. 𝔊 אתם ואת כ׳.

(18) 𝔐 בית, 𝔚 ביתה as in vv. 16, 17.

השב, *which returned*, as though of itself; indicating the mystery of the event. But 𝔊 as before, v. 12.

𝔐 להתגלל ἅπ. λεγ. Cf. Hithpalpel, Job 30, 14. But 𝔊 (τοῦ συκοφαντῆσαι ἡμᾶς) seems to have read להתרגל, and understood this in the sense of לרגל (2 Sam. 19, 2); cf. 𝔍 *ut devolvat in nos calumniam*. 𝔈^S (לאתרברבא; ܠܐܬܪܒܪܒܘ) suggest להתגדל (Is. 10, 15). 𝔖, too, reads להתנבל (37, 18) for the following להתנפל.

(23) אביכם, 𝔊 plur. But cf. 50, 17.

בכספכם בא אלי, 𝔊 τὸ δὲ ἀργύριον ὑμῶν εὐδοκιμοῦν ἀπέχω—בכספכם עבר בא אלי; עבר—δόκιμον, 23, 16, being a gloss in their Heb. text. (For אלי בא = ἀπέχω, cf. Num. 32, 19).

(26) After וישתחוו־לו, 𝔊 + אפים rightly; cf. 42, 6.

(27) השלום אביכם. The term שלום is not an adjective here, any more than in 1 Sam. 16, 4; 25, 6 (see Driv.); cf. the use of אמת, Deut. 22, 20; 2 Sam. 7, 28. The idiom perhaps expresses: *Is your father all well* (or *quite well*)? *Is the visit wholly friendly?* Lit. *Is your father health* (*itself*)? and so on.

(28) חי. 𝔊 + ברוך האיש ההוא לאלהים; perhaps to account for the reverence exhibited by the brothers (ויקדו וישתחו; 𝔚 וישתחוו, as in v. 26), as though it were at the mention of the Deity. On the other hand, it is perhaps more natural to read ויקד וישתחו, referring the act of reverence to Joseph, who bows his head in thankfulness for the good news about his father; cf. 24, 26. The addition will then belong to the original text. So Nestle.

(30) על, 𝔊; cf. 1 Kings 3, 26. 𝔐 אל.

(32) We point למצרים as before. So the Versions. 𝔐 למצרים.

(34) 𝔐 וישא impers.; cf. 42, 25. 𝔊𝔖 plur. Perhaps we should point וישא causative.

44 (1) 𝔐 שאת יוכלון. Verses 22, 26 and 45, 1 suggest יוכלו לשאת.

(4) At end, 𝔊 ἵνα τί ἐκλέψατέ μου τὸ κόνδυ τὸ ἀργυροῦν; למה גנבתם לי את גביע הכסף (or את גביעי גביע הכסף). 𝔖 begins v. 5 thus: *and have stolen that cup in which my lord &c.* 𝔍 *Scyphus quem furati estis &c.* But 𝔐 seems more natural, with its assumption that the culprits are well aware of what is meant by the charge. את—the thing you wot of. *Is it not the very one my lord drinks out of, and which he himself indeed divines with?*

(8) הכסף, 𝔊𝔖; 𝔐 כסף.

(9) 𝔐 ימת, 𝔚 יומת. Cf. verses 10, 31.

(12) 𝔐 כלה ... החל. For infin. abs., cf. 1 Sam. 3, 12; Klostermann on 2 K. 21, 13.

(13) ויעמסו, the usual construction (cf. v. 11); so 𝔊𝔖. 𝔐 sing.

(16) ויאמר יהודה. Wellh. omits the proper name, and corrects ויאמרו, on the ground that Judah does not come forward till v. 18. But if it is not to be supposed that all the brothers spoke at once, they must have had some one spokesman, and why not Judah (especially in the narrative of J)? When his pleading in this character fails, Judah draws nearer, and makes special intercession.

ומה נדבר, so 𝔊𝔖𝔍𝔄. ו 𝔐.—והאלהים, 𝔊𝔖; ו 𝔐, which is more emotional.

(20) 𝔐 לאמו, 𝔊𝔖 לאביו which is perhaps right, as Rachel had so long been dead (35, 16 ff.); cf. 24, 67 confused with ב׳.

(24) אבינו, so 𝔊𝔖𝔄; 𝔐 אבי (𝔚 perhaps fell out here before וו). There seems no reason why the speaker should not say אבי, אבינו, according to context. Here the latter is clearly right, being preceded and followed by 1 plur. Cf. vv. 25, 31. But in v. 32 לאבינו would spoil the sense. Variations of this kind may, of course, be partly due to attempts at uniformity. In v. 30 𝔐 אבי is perhaps preferable to 𝔊𝔖𝔄 אבינו; but in v. 27 𝔊𝔖𝔄 אבינו seems better than 𝔐 אבי (the homœoteleuton with אלינו may have caused the omission of נו—).

44 (30) ᵐ באנו for באו; cf. on v. 24. — אתני, ᵐ אתי (to agree with אבי ... יבאי).
(31) ᵐ⁶ᴮˢᴬ + אתני rightly. ᵐ thought of 42,36. Cf. vv. 30.34.
(32) אבינו, ᵐ אבי; אבי; ᵐ אבי.

45 (5) ᵐ לְמִחְיָה. In Jul. 6,4 מחיה — *a means of subsistence*. Here the sense of *preserver* of life seems necessary לְחַיֹּת; or לִמְחָיָה, 1 Sam. 2,6; cf. v. 7.
(7) ᵐ לפלטה; cf. 32,9. ᵐ⁶ᴮˢᴬ praef.; rightly, as מחיה is always joined with acc.: elsewhere for Gen., see 6,19.20; 19,19; 47,25; 50,20. Otherwise, we might render: *and to preserve 'lit. i. e.* שארית *to you for a great body of survivors*. NESTLE proposes להחית instead of להחיות.
(10) שם, ᵐ⁶⁻¹ Ἀραβίας; cf. 46,34; a gloss which is wanting in 47,1. A السدير Assadir.
For ᵐ בניך ובני בניך ᵐ⁶⁻³ reads حفى حفده حملا, a plausible reading; cf. 15,3.
(11) יורש *come to want*; so ᵐ⁶⁻⁶ תתמסכן. Cf. Prov. 20,13; 23,21; 30,9; 1 Sam. 2,7 מוריש *makes poor*. ᵐ⁶ ἐκτριβῇ (cf. Num. 32,21 ἐκτριβῇ = הורישׁ); ᵐ הל, 3 *pereas*.
(17) ᵐ ולבו באו ᵐ⁶⁻⁸ הביאו, A והביאו, for the second word, which is certainly more tolerable than באו (42,19). But the term was probably copied in from the next line.
(19) ᵐ ואתה עוית את צוית has no syntactical connection with what follows, and is plainly corrupt. ᵐ⁶ Σὺ δὲ ἔντειλαι ταῦτα: ואתה צוה את ואת (עשו, which may be a mere repetition from v. 17). We adopt this, correcting אתם for אתה (cf. Ex. 25,22 for the double accusative). DILLM. ואתה צוה אתם, retaining ᵐ עשו ואת.
23 ᵐ כאת here only. We adopt the usual pointing.
ᵐ⁶ᴮˢ עשרה, as though כאת referred to the presents for the brothers, instead of to what follows.
לחם ᵐ⁶ *vine*. Cf. 27,28.37; Deut. 32,14.
(25) ארצה, as in v. 17; so ᵐ⁶. ᵐ ארץ, with note ארצה סבירין.

46 (1) ᵐ⁶ᴬˢ ובל ᵐ הוא, implying ויבאו plur. Many codd. of ᵐ⁶ ᵃ בא.
ᵐ⁶ᴬˢ + שבע, ᵐ Cf. 1 Sam. 11,15.
(4) ישית ידו וגו׳. A paraphrases rightly يغمضك *shall close thine eyelids* (when thou diest).
(5) ᵐ פרעה, ᵐ⁶ᴬ Ἰωσηφ, (45,27), but Syr. Hexapl. Φαραω = ᵐ.
12 ᵐ חמול, so Num. 26,21. ᵐ⁶ חמואל; cf. ᵐ⁶ Ιεμουηλ.
(13) ᵐ פֻוָה; ᵐ⁶ᴬ פאה; see Jud. 10,1.
ᵐ יוב is certainly wrong; ᵐ⁶ Ιασουφ, Ιασουβ = ישוב (Num. 26,2 f.
(16) ᵐ צפיון, ᵐ⁶ צפון (Num. 26,15).
ᵐ אצבן, ᵐ⁶ᴬˢ אצבען; ᵐ⁶ Θασοβαν, scribal error for Εσοβαν. Num. 26,16 אוזני.
(17) ᵐ וישוי וישוה. The similarity of the two names renders them suspicious. Num. 26,44 omits the first. ᵐ⁶ᴬ καὶ Ιεσσαι καὶ Ιεουλ = יעאל וישוי.
(20) ᵐ⁶ + ἐγένοντο δὲ υἱοὶ Μανασση, οὓς ἔτεκεν αὐτῷ ἡ παλλακὴ ἡ Σύρα, τὸν Μαχειρ· Μαχειρ δὲ ἐγέννησεν τὸν Γαλααδ. υἱοὶ δὲ Εφραιμ ἀδελφοῦ Μανασση· Σουταλααμ καὶ Τααμ· υἱοι δὲ Σουταλααμ, Εδεμ = ויהי בני מנשה אשר ילדה לו פילגשו הארמית מכיר: ומכיר הוליד את גלעד: ובני אפרים אחי מנשה שותלח ותעם ובני שותלח ערן. See Num. 26,35.36.
(21) ואשבל, ᵐ⁶ + ויהי בני בלע; cf. 1 Chr. 8,3 ff.
ᵐ אחי וראש מפים must be corrected after Num. 26,38 10 אחירם ושופם; cf. 1 Chr. 8,4.5. The corruption was perhaps prior to the adoption of the square character; מ and ש in the old script being similar (ᵚ, ᵚ) and liable to confusion. It may, however, be due to mere transposition of the two letters.
ᵐ ארד; ᵐ⁶ ארד את נרא וילד; but see Num. 26,40. *Ard* = *Addar*, 1 Chr. 8,3. So ᵐ.
(22) ᵐ ילדי is ungrammatical. ᵐ⁶ᴮˢ ילדה, as in the same formula, v. 15. ᵍ⁴ᴼ⁴ ילדו, as in v. 27.

46 (23) 𝔐 אַרְבָּעָה עָשָׂר, 𝔊 δέκα ὀκτώ (var. δέκα καὶ ἐννέα; because of additions to v. 20. ᠊᠊᠊ אַרְבַּע עֶשְׂרֵה; cf. vv. 15, 18. So again v. 25; 𝔐 שִׁבְעָה, ᠊᠊᠊ שֶׁבַע.

(23) וּבְנֵי דָן חֻשִׁים. As *Hushim* is formally plur. (i. e. the name of a clan), it is not necessary to suppose the omission of any other name or names. (See also on 36, 25). Num. 26, 42, however, reads שׁוּחָם; and 𝔊 offers yet another inversion Ασομ = חֻשָׁם. The י was not originally written in this name, nor in שֵׁם, חֵפֶס, v. 22. It marks the opinion of those who inserted it that these names are plur. – Cf. 1 Chr. 7, 12.

(24) 𝔐 שִׁלֵּם; cf. ᠊᠊᠊ שַׁלּוּם; so 1 Chr. 7, 13. 𝔊 Συλλημ. 𝔐 שַׁלֵּם.

(26) 𝔐 הַבָּאָה לְיַעֲקֹב מִצְרַיְמָה. We transpose the first two terms, as the sense requires, and v. 27 suggests, 𝔊𝔖𝔍 *with* (μετά, ܥܡ, *cum*) *Jacob*; which shows that the difficulty was perceived.

(27) ᠊᠊᠊𝔊𝔖𝔍 יֻלַּד; 𝔐 יֻלְּדוּ; שְׁנַיִם, 𝔊 ἐννέα (corrupt for ἑπτά, see on v. 20). So 𝔊 adds πέντε, 5, to the total of 70. (Curiously, there are 75 lines in the Blessing of the Tribes, 49, 3–27).

(28) 𝔐 לְהוֹרֹת לְפָנָיו is meaningless. 𝔊 συναντῆσαι αὐτῷ = לִקְרַאת לְפָנָיו (2 Sam. 18, 9; Deut. 22, 6). Jacob sent Judah on before himself, to bid Joseph come to meet him in Goshen. Joseph obeys, v. 29.

In this sense, נק״א is construed with לִפְנֵי as well as אֶל (Num. 23, 16). We therefore further emend 𝔐 וַיֵּרָא אֵלָיו, v. 29, to וַיִּקְרָא אֵלָיו *and he met him*; which follows naturally on וַיַּעַל לִקְרַאת

᠊᠊᠊ לְהֵרָאוֹת (1 Kings 18, 2 *cum* אֶל); and in v. 29 וַיֵּרָאֵהוּ; so 𝔖 ܘܐܬܚܙܝ.

גֹּשְׁנָה. 𝔊 καθ᾿ Ἡρώων πόλιν; and so again, v. 29. May not this reference to Heroöpolis, the Egyptian *Ero* or *Eru*, have originated in a misunderstanding of לְהוֹרֹת (as if, *to Horoth*)? At all events, אַרְצָה גֹּשֶׁן is rendered εἰς γῆν Ῥαμεσσή; cf. 47, 11. — 𝔐 וַיֵּרָא; ᠊᠊᠊𝔖𝔍 *sing*.

(29) וַיֵּבְךְּ עַל צַוָּארָיו עוֹד, 𝔊 καὶ ἔκλαυσεν κλαυθμῷ πίονι (var. πλείονι), omitting the repeated עַל צַוָּארָיו. The term עוֹד is strange, in spite of the parallel adduced from Ruth 1, 14 (𝔊 ἔκλαυσαν ἔτι, as usual). It may be a marginal gloss, noting the repetition of עַל צַוָּארָיו; or referring to the former occasion of Joseph's weeping, 45, 14. At any rate, 𝔊 seems to have read וַיֵּבְךְּ בְּבֶה וְהִרְבָּה.

(30) הַפַּעַם, 2, 23; 18, 32. 𝔊 ἀπὸ τοῦ νῦν = מֵעַתָּה (Mic. 4, 7). Inversion and confusion of letters. — פָּנֶיךָ, 𝔖 + בְּנִי, which may have fallen out owing to likeness to the previous word.

(31) וְאֶל בֵּית אָבִיו ᠊᠊᠊ 𝔊. Perhaps וְכֹל; cf. 𝔖 *et ad omnem domum patris sui*. 𝔐 אֲשֶׁר בְּאֶרֶץ כְּנַעַן, 𝔊 οἳ ἦσαν ἐν τῇ Χαναάν, הָיוּ, which occurs in the next line, may have fallen out of 𝔐. But one would rather have expected אֲשֶׁר מֵאֶרֶץ כְּ׳, *who are of* (= belong to) *Canaan*; cf. Jud. 13, 2; or else, בָּאוּ אֵלַי מֵאֶרֶץ כְּנַעַן, without אֲשֶׁר; cf. 47, 1.

(34) רֹעֵה, so 𝔊; but ᠊᠊᠊𝔊𝔖𝔍 רֹעֵי, as in v. 32. Cf. 47, 3; where the Versions (𝔖𝔊 &c.) rightly read the plur. for 𝔐 רֹעֵה.

47 (1) 𝔐 וַיֹּאמֶר (so ᠊᠊᠊𝔖 + אֵלָיו); 𝔊 λέγων; 45, 26.

(2) ᠊᠊᠊ + עִמּוֹ; cf. 𝔊 παρέλαβε. So 48, 1.

(3) 𝔐 אָחִיו, perhaps a misreading of אֵחָיו י (י being confused with ו). ᠊᠊᠊𝔊𝔖𝔄 אֲחֵי יוֹסֵף as required by context.

𝔐 רֹעֵה, ᠊᠊᠊ rightly רֹעֵי; and so the other Versions. Confusion of ה, ־ֵ ?

(4) וַיֹּאמְרוּ אֶל פַּרְעֹה. Possibly some such question as לָמָּה בָּאתֶם הֵנָּה has fallen out before these words. Otherwise they seem redundant.

לָגוּר בָּאָרֶץ בָּאנוּ. As according to 45, 17 f. (E), the Pharaoh had expressly sent for them, this statement clearly belongs to a parallel narrative or different source (*viz.* J).

(5) The original order is disturbed, and the text abridged in 𝔐 5ᵇ. 6. We follow the

47 text of 𝕲, which is self-evidently preferable. According to Syr. Hexapl., however, 𝕲 omitted 5ᵇ.6ᵃ.

(6) 𝔐 ואם ידעת ויש בם איש for the third word (cf. Eccl. 2,19, ומי יודע החכם). 𝕲 sometimes wrongly has ה for אם (e. g. 19,2; 30,32); and seversely אם for ה (22,9.24); but here אם is preferable: *if thou knowest whether there are* &c. We, however, divide: ואם ידעתה יש (*plena scriptio*); *and if thou knowest there are* &c. For the construction, cf. 12,13; 21,7.

(9) 𝔐 מעט ורעים. For מעטים, see ψ 109,8. 𝕲𝕾𝕺𝕵 *adj. plur*.

(12) לפי הטף, 𝕲 κατὰ στόμα, reading פי for טף. But στόμα may be a corruption of στόμα.

(13) 𝔐 ותלה ἅπ. λεγ.; an Aramaism (לאה=להה). We prefer ונתלא; cf. 19,11. But 𝕲 ἐξέλιπεν (21,15) suggests ותכלה (=יתכל). 𝕾 probably ותשש (v. 19).

(15) 𝔐 כסף, ונ𝕲 הכסף. So again v. 16 *ad fin*.

(16) ו𝕲𝕵+לחם, which has fallen out in 𝔐 after להם.

(17) 𝔐 וינהלם is very strange in the sense of *he supported them*. 𝕲 καὶ ἐξέθρεψεν αὐτούς=וילכלכם (45,11; cf. 50,21. But in ψ 23,2 ἐξέθρεψεν με =ינהלני). 𝕾 ܘܢܗܠ (=וינהלם, v. 12); 𝕺 הנהיג (so also in v. 12).

לא נהר, 𝕲 μὴ ποτε ἐκτριβῶμεν, wrongly pointing נָהַר (Ex. 9,15).

(18) 𝔐 אל אדני ומקנה הבהמה. If אל אדני be not a spurious interpolation, a word must have fallen out; and בא (or הבא) is naturally suggested by יוסף ויביאו את מקניהם אל יוסף, v. 17. אל אדני is not the same as (לאדני); so that we cannot render 𝔐: *and the cattle are my lord's*).

(19) 𝔐 ונזרע ונתן, 𝕲+ונזרע *that we may sow*; which might have fallen out through homœoteleuton. Cf. v. 23 *ad fin*.

(21) 𝔐 העביר אתו לערים, *he made them go and live in the towns*; an unlikely statement. We follow ונ𝕲: העביד אתו לעבדים, *he reduced them to the condition of serfs*; doing, in fact, what they had themselves suggested, v. 19; cf. v. 23.

(24) 𝔐 בתבואת, *at the ingatherings* or *harvests*; cf. 𝕺 באעולי עללתא *when they bring in the crop* (so 𝕾). But תבואה means *proventus* — *yield*, *produce* of the soil; and אנ reads בתבואתה *in the yield thereof*, i. e. of the land, v. 23; cf. Ex. 23,10. *A fifth in the yield* — a fifth of the yield.

ולאכל לכם ולאכלכם ולאשר בבתיכם ולאכל לטפכם is rather incoherent. Correcting ולאכל לכם *and for food for yourselves* (= 𝕲 καὶ εἰς βρῶσιν ὑμῖν), and pointing וְלֶאֱכֹל instead of וְלֶאֱכָל, we at least get a well-knit clause. 𝕲 ולאכל לטפכם; but *those who are in your houses* — your dependents, clansmen, slaves, &c. (=𝕺 אנש בתיכון). Possibly we should correct: ולאבו ולאכל בבתכם at the end. 𝕾 apparently ולאכל ולאכל בתיכם וטף.

(26) 𝔐 לפרעה לחמש does not suit the context syntactically. After לקח...וישם an infin. is expected, if anything; and 𝕲 actually gives ὑπομείματον τῷ Φαραώ (𝕾𝔐); but 𝕺ⁿ τῷ Φαραω ἀπομεικτόν). חמש ל *to pay fifth to*... is like עשר ל *to pay tenth or tithe to*... (28,22); although in 41,34 acc. acc. pers. is *to exact a fifth from*... cf. עשר, Neh. 10,38. DILLM. לפרעה החמש; cf. 𝕾 ܠܦܪܥܘܢ ܚܡܫܐ. This is quite possibly the true reading; but the superfluous character of the statement (cf. 1 Sam. 30,25, and the use of חמישית, not חמש, in v. 24, indicate the presence of a marginal gloss.

𝔐 לבדם, ונ𝕲 לברם.

(28) 𝔐 ויחי, ונ𝕲 rightly ויהי.

(29) After this verse we venture to insert 48,7, which is quite out of place where it stands in 𝔐 but perfectly appropriate here (see BRUSTON, ZAT '87, p. 206ff); replacing 𝔐 בבאי, ונ𝕲+ארם by מחנן, with KAUTZSCH-SOCIN, and adding אסך after יחל (ונ𝕲𝕾). We follow אנ in בברית הארץ for 𝔐 בברית ארץ (cf. 35,16) and אפלתה for אפרת (cf. 35,19).

𝕲 κατὰ τὸν ἱππόδρομον χαβραθα τῆς γῆς is *conflate*. The rendering ἱππόδρομος indicates a conjecture רכבת for בברת.

47 (30) בִּקְבֻרָתָהּ; the original reference being to Rachel's grave (see last note). 𝔐 בְּקֻבְרָתָם.
(31) 𝔐 הַמִּטָּה, *the bed*, is certainly right, as the parallel 1 K. 1,47 וַיִּשְׁתַּחוּ הַמֶּלֶךְ עַל הַמִּשְׁכָּב shows. Moreover, the bed הַמִּטָּה — is mentioned again almost immediately, 48,2. So 𝔊ᴼ (ערסא), and 𝔍. 𝔊 τῆς ῥάβδου αὐτοῦ (=מַטֵּהוּ), pointing הַמַּטֶּה, so 𝔖. and Heb. 11,21.

48 (1) 𝔐 אַחֲרֵי, ᴊᴜ אחר (as in the same phrase, 22,1).
𝔐 אֶפְרָיִם, 𝔊 + ἦλθεν πρὸς Ιακωβ = וַיָּבֹא אֶל יַעֲקֹב; which is implied by וַיִּקַּח (cf. 11,31; 12,5), and by the בָּא אֵלֶיךָ of v. 2.
(7) 𝔐 פִדָּן, ᴊᴜ פדן + ארם.
(8) לָךְ, ᴊᴜ לִי; 𝔐.
(11) As the rare פלל seems doubtful in the sense of *to suppose, believe*, we might conjecture חִלַּלְתִּי (Job 35,14); cf. 𝔊ᴼ כבדית, 𝔖 ܣܒܪܬ: *to see thy face I did not hope*. סִלַּלְתִּי (21,7) also seems possible.
(12) 𝔐 וַיִּשְׁתַּחוּ לְאַפָּיו אָרְצָה, cf. Num. 22,31 (same source); 1 Sam. 25,23. 𝔊 implies the reading וַיִּשְׁתַּחוּ לוֹ אַפִּים אָרְצָה. So also 𝔖.
(13) אֹתָם, so 𝔊𝔖𝔍𝔄 rightly; cf. v. 10. ∧ 𝔐.
(14) יד, ᴊᴜ ידו; cf. v. 17. ∧ 𝔐.
שִׂכֵּל *he crossed* or *laid crosswise*, ἅπ. Cf. شكل *to shackle* (horse or camel); *to plait* (two locks of hair) *on the right and left of the forehead* (LANE).
(15) 𝔐 אֶת יוֹסֵף; 𝔊 αὐτούς = אֹתָם, i. e. the two boys; cf. v. 16. בְּנֵי may have fallen out in 𝔐; cf. 𝔍 *filiis Joseph*.
𝔐 מֵעוּרִי; cf. Num. 22,30 (E). ᴊᴜ מֵעֹדֶנִי; 𝔊 ἐκ νεότητός μου = מִנְּעֻרַי (so 𝔖𝔍).
(16) הַמַּלְאָךְ, הַמֶּלֶךְ, *the King*; an interesting variant; but cf. Hos. 12,3.4.
𝔐 יִרְבּוּ ἅπ., 𝔊 πληθυνθείησαν = יִרְבּוּ (1,22; 3,16 *et saep*.); which is much more likely, and adds force to the following לָרֹב (𝔊 εἰς πλῆθος πολύ = לָרֹב מְאֹד, 2 Chr. 9,9). So apparently 𝔖 (cf. 1,28).
(17) 𝔐 עַל רֹאשׁ מְנַשֶּׁה. But cf. 19,2.3; 2 Sam. 6,10 for אֶל (so 𝔄). 𝔊ᴼ𝔖 prefix לְשׁוּמָהּ.
(20) 𝔐 בְּךָ, 𝔊 ἐν ὑμῖν = בָּכֶם. 𝔐 is perhaps due to יִשְׂמְךָ.
𝔐 יְבָרֶכְךָ, 𝔊 εὐλογηθήσεται = יְבֹרַךְ; (due to memory of the other passages 12,3; 18,18; 28,14 &c.) and so 𝔖𝔍𝔄.
(22) 𝔐 שְׁכֶם אַחַד. 𝔊 Σίκιμα ἐξαίρετον. The peculiar epithet may indicate the pointing אֶחָד; the term being understood as an Aramaism (אֶחָד = אַחַד). More probably, אַחַד (ᴊᴜ אחת) was taken to mean *unicus, sole of its kind, unmatched, unequaled*; cf. Ezek. 7,5; Judg. 16,28 (?). This was natural enough, as the *one shoulder* of the Heb. (*sh'chem*) really denotes the site of Shechem, which lay on the *shoulder* or slope of Mt. Gerizim, in a situation of peerless beauty. See the *Dict. Bibl*. GEORGE ELIOT speaks of *the shoulders of the Binton Hills* (Adam Bede, c. liii).

49 (2) וְהַקְשִׁיבוּ. Or וְהַאֲזִינוּ. 𝔐 וְשִׁמְעוּ; probably an inadvertent repetition. 𝔊𝔄 vary the verb.
(4) 𝔐 פַּחַז כַּמַּיִם. The Versions give a verb: 𝔊 ἐξύβρισας (Σ ὑπερζέσας) ὡς ὕδωρ; ᴊᴜ פחזת כמ׳; 𝔍ᵀ אִתְבַּעַת כְּמֵי = *ebulliisti instar aquarum*; 𝔖 ܚܛܝܬ *errasti*; 𝔍 *effusus es*. This seems better than פַּחַז, which is awkward in junction with כַּמַּיִם. The form פָּחֹת, moreover, suits the octosyllabic rhythm of the triplet. But as neither פחה nor any form of פחז occurs elsewhere, except the part. (Jud. 9,4; Zeph. 3,4), we prefer פָּחַז here; which suits the rhythm quite as well, if we point תּוֹתַר at the end of the stichus.
𝔐 אַל תּוֹתַר. The Hif'il of יתר occurs 23 times besides; always transitively, in the sense of *letting remain over and above*, e. g. leaving food after a meal, or letting men survive (in two places, Deut. 28,11; 30,9, of *causing people to abound* in various goods). We therefore point תּוּתָר; cf. Dan. 10,13. 𝔊 μὴ ἐκζέσῃς, perhaps reading אַל תָּרוּם (see 𝔊 at Ex. 16,20). 𝔖 ܠܐ ܬܘܬܪ *thou shalt not remain!* 𝔍 *non excusas!* = אַל תּוּתָר.

49 𝔐 אז חללת יצועי עלה is certainly corrupt; for ᾳ⁾ חלל is always transitive, e. g. Lev. 19, 8, and יצועי is most naturally its object here; ƀ⁾ the sing. יצוע is never found, though the word, which is poetical, occurs four times besides, e. g. ψ 132, 3; ς⁾ the parallel passage 1 Chr. 5, 1 has וּבְחַלְּלוֹ יְצוּעֵי אָבִיו; and ⟨d⟩ instead of יצועי עלה *my couch he climbed!* which, as a sort of *sotto voce* addressed to the audience, is almost comic, besides being abrupt and unmetrical — the parallelism demands a phrase corresponding to משכבי אביך, just as חללת corresponds to עלית. All the conditions are satisfied by יצועי יולדך *the couch of thy sire* (ו run together were misread ק; and ך, ה). 𝔊 τότε ἐμίανας τὴν στρωμνὴν οὗ ἀνέβης implies יצועי עלית (so also 𝔖᷍ʸ); which is at least nearer the mark than 𝔐. Better still, 𝔍 *et maculasti stratum ejus*. 𝔖 אך for אז, perhaps rightly; 29, 14; 44, 28. As כ and אך are sometimes confused, we might even restore כ.

(5) 𝔐 כלי חמס מכרתיהם. A *prima facie* objection to the rendering *weapons of violence are their swords* (or *daggers*), is that all swords and daggers are instruments of violence. Court swords were hardly in fashion in those days. Nor does it seem likely that מכרות = *shepherds' staves* (see ψ 23, 4 שבטך ומשענתך); especially as Simeon and Levi are expressly said to have been armed with swords (חרב) at the massacre of Shechem, 34, 25 f. *Cf.* also 48, 22; which proves that other weapons besides shepherds' crooks were familiar to the pastoral nomads of Canaan.

Again, even if מכרות could mean *compacts* or *contracts of marriage*, with reference to 34, 13 ff., it is questionable if a nuptial agreement could be called a כלי; a term which, occurring some 320 times besides, is always used of material objects (*cf.* 27, 3; 24, 53; 31, 37; 42, 25; 43, 11; 45, 20). We follow 𝔘 כלו חמס מכרו, ᾗ συνετέλεσαν ἀδικίαν ἐξ αἱρέσεως (var. ἐξαιρέσεως) αὐτῶν; so 𝔈᷍⁰ כלו עבדו (= כלי). The expression ἐξ αἱρέσεως αὐτῶν occurs 1 Macc. 8, 30; ποιήσονται ἐξ αἱρ. αὐτ. AV *they may do it at their pleasures* ⟨ Heb. יעשו ברצונם; *cf.* Neh. 9, 24. It looks as if 𝔊 read מִבְחָרָם instead of מכרתם, and interpreted: *they accomplished violence in consequence of their choice* (= at their pleasures). A noun ἐξαίρεσις does not, I believe, recur in 𝔊 or NT; but בחר is rendered ἐξαιρεῖσθαι, Job 36, 21, and αἱρεῖσθαι, 2 Sam. 15, 15, &c. Or, ἐξ αἱρέσεως may represent מגרבתם as NESTLE suggests. However all this may be, the rhythm of the parallel stichus favors מכרם instead of מכרתיהם; as does also the fact that 𝔊 renders in the *sing*.

The ἅπ. μεκέρα, *scheme, plot*, may fairly be derived from כרה *to dig*, in a metaphorical sense; *cf.* ψ 7, 16; Prov. 16, 27: *The wicked man* digs *(contrives) mischief*. 35 So חפש, חפר, *to dig, search*, and then *devise*, ψ 64, 6 (?). Or we may accept Di. DIEZ's reference to مكر *to practice deceit, lay plots, stratagems* &c. (see LANE); Eth. መክር: The idea of plots and stratagems, with reference to the crafty ruse by which the two brothers fatally deceived the Canaanite chiefs, is almost demanded by the context. Simeon and Levi are very brothers (in guile); their schemes are lawless and cruel; the patriarch washes his hands of their nefarious conspiracies — this is what the first four lines seem to declare. (As אחים is not quite satisfactory, and as five of the other tribes are figured as animals, we should perhaps point אחים, *hyenas*, Is. 13, 21). 𝔖 ܡܕܢܒܐ *from their nature* = מִקְבְרָתָם ?; *cf.* Ezek. 16, 3; 21, 35.

(6) 𝔐 תֵּחַד: Is. 14, 20 only. 𝔊𝔖 seem to have read either תרד or תחת *descendat!* יחד (𝔊 ἐρίσαι is obviously wrong. Deut. 33, 5 (point יחד) perhaps justifies 𝔐. As כבד is masc. in Lam. 2, 11, we have read יֵחַד, but the term may be fem. here, as in Arab., Syr., Eth., and Talmudic use.

𝔐 כבדי *my glory*, 𝔊 τὰ ἥπατά μου = כְבֵדִי, *my liver*; *cf.* Lam. 2, 11; and Assyr. *kabittu*, liver, as a synonym of *mind, heart, disposition*. See also ψψ 16, 9; 57, 9, &c. where the same pointing is probably right, as HITZIG noted.

𝔐 וברצנם. We might omit the unrhythmical ו; *cf.* בקהלם *supra*, where 𝔘𝔖𝔍

49 ובק'. But further, רצון itself is an unsatisfactory parallel to אף, and in a bad sense is late. We therefore restore בעברתם, after v. 7^b, where we should expect וברצונם, if that term were original here. The term שור is collective, as in 32,6.

(7) ארור, so 𝔊. 𝔐 אדיר is due to mere confusion of ד, ר, and ו, י, rather than design; just as 𝔐 חברתם for עברתם is due to the common Samaritan confusion or interchange of the gutturals.

The alliterations ארור אפם, עז ועברתם, and cases of internal alliteration like אחלקם ביעקב (ק-ק), should be noticed.

(8) 𝔐 ידך בערף איביך; 𝔊𝔐 ידיך; but *cf.* 16,12. The (octosyllabic?) rhythm of the triplet seems to require a term like תאחז, which we supply as predicate to ידך; 25,26; Job 16,12.

(9) מטרף בני עלית, 𝔊 ἐκ βλαστοῦ υἱέ μου ἀνέβης = *From a shoot* (*cf.* 8,11 טָרָף = κάρφος, *a twig*; Ezek. 17,9 טַרְפֵּי), *my son, thou growest up!* (41,5; *cf.* Hif'il, Ezek. 19,3). But this does not suit the context, Judah being compared to a lion, not a plant, in the preceding and following lines. As גור is strictly *a cub, whelp*, we might perhaps render 𝔐: *Through prey, my son, thou growest up!* = On prey thou wast reared: (*cf.* v. 12; Job 14,9 for מן). But the use of the term עלה suggests other possibilities. It is the term used, Jud. 1,1 ff. of Judah's *going up* to the conquest of the hill-country which was to become his permanent home. And there may be an intentional contrast between the sensual behavior of Reuben (עלית משכבי אביך, v. 4) and the martial vigor of Judah (בטרף בני עלית *Against the prey, my son, thou wentest up!* Or, *On the prey ... thou sprangest*; *cf.* 31,10). This would still be the case, if we read לטרף; *cf.* 𝔍 *ad praedam, fili mi, ascendisti!* But the nearest verbal parallel, Jer. 4,7, עלה אריה מסבכו, suggests that מטרף may conceal a local determinative; and this idea derives some confirmation from the echo of the present passage in Deut. 33,22: דן גור אריה ‖ יזנק מן הבשן; *Dan is a lion's whelp* ‖ *That leapeth forth* from Bashan! Possibly therefore we should restore מערב, *From the desert* (Zeph. 3,3); from which Judah went up to the conquest of his mountain home. After all, however, inasmuch as the succeeding couplet *He crouched, he couched, like a lion* ‖ *Or a lioness — who durst rouse him?* represents him as lying down to doze, as these animals do, when sated with food (*cf.* Num. 23,24; 24,8.9); the common reading and interpretation may be right: *A lion's whelp was Judah;* ‖ *From the prey, my son, thou wentest up!* (*scil.* to thy mountain lair; Cant. 4,8). *Cf.* 17,22 ויעל וגו'.

(10) לא יסור שבט מיהודה; *cf.* Zech. 10,11: ושבט מצרים יסור; an apparent imitation, which shows how the passage was understood in later times. *Cf.* also the Chronicler's paraphrase of vv. 8.10 (1 Chr. 5,2), with 1 Sam. 9,16; 13,14 (לנגיד occurs in all three places; see also Dan. 9,25). 𝔊 οὐκ ἐκλείψει ἄρχων ἐξ Ιουδα, apparently reading יסוף and שליט (= ἄρχων, 42,6). For שבט, see Num. 24,17 (where שבט is probably, like Sumerian MULMUL, *a lance*; or else *a club, mace,* or *maul*, with a spiked head); Is. 10,5.15; ψ 2,9; Ezek. 19,11 שבטי משלים; as well as Jud. 5,14; ψ 23,4.

ומחקק מבין רגליו. 𝔊 καὶ ἡγούμενος ἐκ τῶν μηρῶν αὐτοῦ = 𝔍 *et dux de femore ejus* (*cf.* 𝔗O ומספרא מבני בנוהי), see 𝔊 at 46,26; Deut. 28,57. The Chronicler understood the words in the same way, 1 Chr. 5,2. His ולנגיד ממנו is as clearly a paraphrase of this line, as the preceding כי יהודה גבר באחיו is of ישתחוו לך בני אביך, v. 8. But evidently מבין רגליו, which is parallel to יהודה in the former stichus, depends on יסור; and מחקק is not *leader* (Jud. 5,14; Is. 33,22), but synonymous with שבט, as the parallelism requires (Num. 21,18; ψψ 23,4; 60,9). And as, Jud. 5,27, בין רגליה means *before her, at her feet,* מבין רגליו here may denote *from before him*; referring to the actual position of the long staff, grasped in the right hand, as the chief walks or stands still.

מבין רגליו rather than מבין ידיו; because it is not a short ornamental sceptre, such

49 10 as the kings and gods of Assyria and Babylonia bore for state, that is intended; but a long staff reaching to the ground; *cf.* (URA) *great man, chief, king*, a common Egyptian hieroglyph. The Bedouin sheiks and headmen of villages still carry such insignia of authority. The idea of a sitting figure, with the staff held between the feet, as seen in some ancient sculptures, does not harmonize with the context, which suggests movement.

𝔐 עַד כִּי יָבֹא שִׁילֹה would naturally mean *Until he come to Shiloh* (1 Sam. 4, 12); which is unsatisfactory, if only on the ground that Shiloh was an Ephraimite not a Judean sanctuary. Nor, considering the actual history of the place, is TUCH's *As long as men come to Shiloh (to worship)*, at all more probable; especially in the mouth of a Judean poet. If we must have a local name, it would be better to emend שָׁלֵם, *to Salem, i. e.* Jerusalem (14, 8; ψ 76, 2). In Jer. 41, 5 (= 𝔊 48, 5) 𝔐 שִׁלוֹ = 𝔊 Σαλημ. David's reign over all Israel is dated from his entry into Jerusalem, 2 Sam. 5, 5 ff.; *cf.* also 2 Sam. 7, 10. Thus the sense of the quatrain would be:

The rod of rule shall not depart from Judah,
Nor the staff of sway from before him,

that is, he shall retain the position of leading tribe, the hegemony in place and war

Until he come to Salem (in triumph),
Having the submission of peoples.

Or שָׁלֵם might be regarded as a secondary predicate: *Until he come home scatheless*; Judah being personified, like Benjamin in Jud. 5, 14, as a warrior who has gone forth to battle in the common cause (Jud. 1, 1. 2); *cf.* Ahab's words עַד בֹּאִי בְשָׁלוֹם, 1 Kings 22, 27, and (perhaps) וַיָּבֹא יַעֲקֹב שָׁלֵם, 33, 18.

Another not essentially dissimilar view is suggested by a comparison of Deut. 33, 7: שְׁמַע יְהוָה קוֹל יְהוּדָה וְאֶל עַמּוֹ תְּבִיאֶנּוּ (*cf.* Ges.-Buhl[13] 730) יָדָיו רָב לוֹ וְעֵזֶר מִצָּרָיו תִּהְיֶה. The resemblance between עַד כִּי יָבֹא שִׁילֹה and וְאֶל עַמּוֹ תְּבִיאֶנּוּ can hardly be accidental; especially as Deut. 33 imitates Gen. 49 in many other respects. And the likeness becomes more striking if, with all the old Versions, except 𝔗° and 𝔍, we read not שִׁילֹה but שֶׁלֹּה (= אֲשֶׁר לוֹ), and render: *Until he come to his own.* So C. VON ORELLI; and perhaps John 1, 11 εἰς τὰ ἴδια ἦλθε may depend on this view of the passage. The Song of Deborah, which in other respects has served the author for a model, sufficiently authenticates the ancient poetical use of the relative שֶׁ (Jud. 5, 7).

𝔊 ἕως ἂν ἔλθῃ τὰ ἀποκείμενα αὐτῷ may be thought to indicate something more than שֶׁלֹּה (= אֲשֶׁר לוֹ) in the original text. Hence CHEYNE's suggestion of יֻשַׂם לֹה or יֻשַּׁת לֹה. In 24, 2 אֲשֶׁר לוֹ = 𝔊 τῶν αὐτοῦ. Κεῖμαι and its compounds are rare in 𝔊. For ἀποκεῖσθαι, see Is. 10, 17, Σ (שִׁיתוֹ); Hos. 6, 11 (שָׁת); *cf.* Job 34, 23 יָשִׂים, Σ κεῖται; 2 Sam. 13, 32 שׂוּמָה, 𝔊 κείμενος. If then 𝔊 be supposed to indicate שָׂם לֹה, this might be regarded as a transposition of מְשָׁלֹה, *i. e.* either מֹשְׁלֹה *his ruler*, or מֶמְשַׁלְתּוֹ *his dominion*. As מ and שׁ resemble each other in the old writing (𝔪, w), the omission of one of them on that ground in some MSS would account for שלה. The passage would thus become similar to Zech. 9, 9: הִנֵּה מַלְכֵּךְ יָבוֹא לָךְ; and the suggestion of relationship is strengthened by the context; *cf.* v. 11 .. עִירֹה בְּנִי אֲתֹנוֹ with Zech. *l. c.* עַל חֲמוֹר וְעַל עַיִר בֶּן אֲתֹנוֹת; and our next line, וְלוֹ יִקְּהַת עַמִּים, with Zech. 9, 10 וְדִבֶּר שָׁלוֹם לַגּוֹיִם, which is followed by a definition of the extent of the king's *dominion* (מָשְׁלוֹ). *Cf.* also Jer. 30, 21; Mic. 4, 8; 5, 1; and the petition *Thy kingdom come!* Yet all this is very precarious; and ΑΣ, ᾧ ἀπόκειται, with which the Oriental Versions agree, seems to prove that שֶׁלֹּה was the only known ancient reading and punctuation, though this rendering implies שֶׁלֹּה הוּא, *whose it* (the שֵׁבֶט) *is*; 𝔄 الذى هو له.

49 11 וְלוֹ יִקְּהַת עַמִּים, ⅏ 𝔊 καὶ αὐτὸς προσδοκία ἐθνῶν = וְהוּא תִקְוַת עַמִּים (Job 14,7 תִּקְוָה, Σ προσδοκία, Lam. 2,16). A verb would be natural in place of יקהת, which is only vouched for by Prov. 30,17 לִיקֲּהַת אֵם, *obedience to a mother*. Accordingly, 𝔊° יקהת ᵂ ישתמעון; 𝔖ᴴ יתכנשון *adducentur*, which suggests יִקָּהֵל. A جَمَعَ, *i.e.* יִקְוּ; see A at Jer. 3,17 and Gen. 1,9. 𝔖 ܢܣܟܐ 'and 𝔊 προσδοκία may be 5 a trace of the same reading; see note on 1,9. If the quatrain really expresses the prophetic hope of Judah's universal sway, this correction would suit very well:

> *Sceptre shall not depart from Judah*
> *Nor staff of rule from before him,*
> *Until his Ruler come,*
> *And to Him the peoples flock!*

(11) ⅏ סותה, 𝔐 כסותו. 𝔊 τὴν περιβολὴν αὐτοῦ also favors כסות, for which in four places it gives περιβόλαιον, *e.g.* Ex. 22,27 (26), where 𝔖 ܬܟܣܝܬܐ as here.

(12) חכלילי, *dark*, from a root חכל, as the Assyrian *eklitu*ᵐ 'darkness' shows. See 15 DELITZSCH, *Assyr. Wörterb.* p. 385, No. 185; *Handwörterbuch*, p. 55.

(13) ⅏ והוא לחוף אנית = 𝔊 καὶ αὐτὸς παρ᾽ ὅρμον πλοίων, is tautologous and pointless after the previous line; and further objectionable because חוף, which recurs five times, is always joined either with הים (prose; *e.g.* Deut. 1,7) or with ימים (poetry; Jud. 5,17 only). We might restore וִיהִי חֹל אנ׳ or יְהִי חוֹבֵל אנ׳; *cf.* Jon. 1,6; Ezek. 27,8. 20 27 29. But the parallel passage, Jud. 5,17, suggests וְהוּא יָגוּר אֳנִיּוֹת. For והוא, *cf.* v. 20.

⅏ וירכתו על צידן. A marginal gloss, specifying Zebulun's point of contact with the sea-board, about which some difficulty was felt. As a local determination, it is without parallel in the entire poem, and is, besides, thoroughly prosaic. (For 25 על, ܢܥܒܪܘܢ עַד is preferable). In Deut. 33,18.19 Zebulun and Issachar are coupled together (*cf.* v. 14), and it is said of them that *They shall suck the abundance of seas* ‖ *And treasures hid in the sand*. It is a curious indirect confirmation of this, in the case of Issachar, that תולע *purple fish*, was the name of his chief clan, 46,13; *cf.* Jud. 10,1. 30

(14) ⅏ חמור גרם. 𝔊 τὸ καλὸν ἐπεθύμησεν = הֶמֶד חָמַד (*cf.* Is. 27,2, where חָמַד has the double rendering καλός ἐπιθύμημα; Num. 16,15 ⅏ המיד 𝔊 ἐπιθύμημα); 𝔖 ܚܡܪ ܓܪܡܐ, *a stout male ass*; not, as 𝔗ᴶ, *an ass of sojourners* (תותבים = גרים); *cf.* Ar. جِرْم, *large bodied*; a term applied to camels, *e.g.* جَمَل جِرْم. But the phrases فرس جرم (= חמור גרם), cited GES. *Thes.* from SCHULTENS, appear to 35 find no support in the native lexical works (A. G. ELLIS). 𝔙 *asinus fortis*, correctly; A, ὄνος ὀστώδης.

𝔊 does not imply חמור גרם, as GEIGER suggested; for in ψ 119, 20 גֵּרְסָה = ἐπεπόθησεν, and τοῦ ἐπιθυμῆσαι corresponds to לְתַאֲבָה, which 𝔊 read לְאַהֲבָה.

(15) ⅏ טוב כי ⅏ܒ; but the concord might be restored by pointing מנוחה = מְנֻחָה 40 מנחו, *his resting place*, (from מָנָה 8,9); 𝔖 ܢܝܚܐ.

⅏ נעמה, 𝔊 πίων = שמנה (v. 20); Num. 13,20; so 𝔗° מעברא פירין, 𝔗ᴶ שמינה (*cf.* 𝔗°). נעם is not used elsewhere as here (yet *cf.* בנעימים, ψ 16,6); and ש, ע are sometimes confused. Rich pasture would be more attractive to the eye of an ass than a lovely landscape. 45

(17) שפיפן, 𝔊 ἐγκαθήμενος = יֹשֵׁב (Ex. 23,31), not understanding the ἅπ. λεγ.

⅏ ויפל רכבו אחור, 𝔊 καὶ πεσεῖται ὁ ἱππεὺς εἰς τὰ ὀπίσω = ויפל רכב לאחור; *cf.* ψ 114,3.5; and for the sense, Jer. 8,16. As the bitten horse *throws* his rider, 𝔖 ܢܥܒܪ, *i.e.* וַיַּפֵּל, *ita ut dejiciat*, seems preferable.

⅏ לישועתך קויתי יהוה. 𝔊 τὴν σωτηρίαν περιμένων Κυρίου, referring the line to 50 Dan, as if מקוה stood in the text. This shows that the exclamation was felt as an interruption. It is out of rhythm and asymmetrical, the lines about Dan forming a hexasyllabic hexastich. It is probably the aspiration of some margi-

nal annotator, writing after the fall of the Northern Kingdom, and sighing for the fulfilment of this prophecy, which makes of Dan a true bulwark of Israel.

(19) 𝔐 עָקֵב; 𝔊 αὐτὸν (𝔊^AC αὐτῶν) κατὰ πόδας = עֲקֵבָם (𝔄 ܐ, 𝔍 اعقبا), which is certainly right. In 𝔐 the ם has unhappily been connected with אשר in the next distich; to the detriment of both sense and form:

> *Gad — raiders will raid upon him;*
> *But he will raid upon their rear.*

(20) 𝔐 מֵאָשֵׁר, against the analogy of all the other cases, which have no prefix to the proper name; see last note. §JA, פ.

𝔐 שְׁמֵנָה לַחְמוֹ. As the subst. is elsewhere masc. (𝔐 שֶׁמֶן here), and as the line is metrically short, its fellow being octosyllabic, the ה (ﬣ) may represent an old misreading of י (ﬧ); a relic or abridgment of (יהיה)ת. But 𝔊^O בבא ארעיה (so also 𝔖) suggests חֶלְקוֹ or נַחֲלָתוֹ in place of לחמו.

מַעֲדַנֵּי מֶלֶךְ. 𝔊 generalizes with τρυφήν ἄρχουσιν; but cf. 1 K. 4,7.16; 10,5. The mention of the king certainly bears on the question of date.

(21) 𝔐 נַפְתָּלִי אַיָּלָה שְׁלֻחָה הַנֹּתֵן אִמְרֵי שָׁפֶר; a greatly corrupted distich. 𝔊 Νεφθαλι στέλεχος ἀνειμένον · Ἐπιδιδούς ἐν τῷ γενήματι κάλλος, on the ground of which OLSHAUSEN and most moderns point אֵלָה, *terebinth*, and אִמְרֵי *branches* (?). But (a) אלה, *terebinth*, is not elsewhere rendered στέλεχος, *stump*, *trunk*; (b) אָמִיר *top, crest*, of a tree or a mountain (Is. 17,6.9 only), is not found in the plur., which, moreover, is plainly inappropriate in the case of a single tree (though this difficulty might be evaded by suggesting אַמִּיר, as a poetic survival like אַבִּיר, v. 11); (c) נתן is not used of putting forth branches (= שלח), even if אמרי could mean branches, but of yielding fruit (ψ 1,3); and (d) the symmetry of the couplet almost demands הַנְּתָנָה or הַנֹּתֶנֶת in place of הנתן (cf. v. 17).

Recurring now to 𝔊, we note that in some ten places γένημα = 𝔐 פְּרִי *fruit*, e.g. Is. 65, 21; so that ἐν τῷ γενήματι may represent בְּפִרְיוֹ. The corruption of an original (? מִנִּי; cf. Deut. 33, 13 ff.) הַנֹּתֵן פרי into either הַנֹּתֵן בְּפִרְיוֹ or הַנֹּתֵן אִמְרֵי would not be difficult (cf. 𝔊^O פירין מצברא תהי אחסנתיה). And as the second line refers to fruit-bearing, it is evident that στέλεχος in the first must denote some other tree than the terebinth. But whatever the tree referred to, it must be one to which the epithet שְׁלֻחָה is appropriate. Now שלח is specially used of the vine (ψ 80,11; Ezek. 17,6 ותשלח דליות *and shot forth sprigs*). The term שֹׂרֵקָה, moreover, is twice rendered στέλεχος (Ezek. 31,12.13). We conclude, therefore, that פֹּרַת, *a fruiting vine*, which now appears in v. 22, originally stood here, while אַיָּלָה *hart* really belongs to Joseph's Blessing. (𝔊 perhaps confused פרת with מארה; cf. the proper name פֹּרָה = מארה, Jud. 7,10). We thus recover the excellent sense:

> *Naphtali is a branching vine,*
> *That yieldeth comely fruit.*

The name of Naphtali — from פתל, *to twist and twine* — may have suggested *vine tendrils* to the poet; cf. the uses of the Ar. افتل, فتلة. At all events, the sole allusion, as in the case of Asher, is to the fertility of Naphtali's land; which agrees with Deut. 33, 23. Naphtali is mentioned by name among the tribes that supplied Solomon's table; and its importance in the matter is perhaps reflected in the fact that the deputy who ruled there for this purpose was the king's son in law.

(22) 𝔐 בֵּן פֹּרָת יוֹסֵף. 𝔊 υἱὸς ηὐξημένος Ἰωσήφ shows that the text was already corrupt, for αὐξάνεσθαι is the usual equivalent of פרה *to be fruitful* (1, 22; cf. 47, 27). If פרה (פֹּרָה) or פֹּרָת was repeated by a transcriber whose eye fell on the פרה or פרי of the previous distich, and some one afterwards wrote אילה as a correction in the margin, the latter term might easily have been inserted by mistake in the first line of Naphtali's couplet, in place of פרת, by some subsequent corrector or copyist. However it happened, it seems clear that the transposition was effected.

49 People do not shoot (v. 23) at vines; at harts they do. The expression בן איּלה resembles בן ראמים‎, ψ 29,6; and it is perhaps worth noting that a town איּלון belonged to *the House of Joseph*, Jud. 1,35.

𝔐 בן פרת עלי עין‎, 𝔊 υἱὸς ηὐξημένος μου ζηλωτός; = עין פרה לי עין‎. The recollection of the envy of Joseph's brothers suggested this strange connection of עין with the denominative עין‎, 1 Sam. 18,9.

𝔍 *et decorus aspectu* = בן פרי עדי עין‎, is interesting as an attempt at textual correction. עדי‎, Ezek. 16,7. 𝔖 renders the couplet: *A son of increase* (ابجلا = αὔξησις, Eph. 4,16) *is Joseph, A son of increase! Go up, O fountain* differing from 𝔊 only in pointing עלי‎, owing to the recollection of Num. 21,17, עלי באר‎. The hart at a spring (*cf.* ψ 42,1) is an admirable symbol for Joseph, whose hill-country (Ephraim) was full of streams and springs.

𝔐 בנות צעדה עלי שור = 𝔍 *filiae* (*cf.* 30,13) *discurrerunt super murum*; a statement which obviously fails to harmonize with the context. 𝔊 υἱός μου νεώτατος, πρός με ἀνάστρεψον! = בני צעירי עלי שוב‎; *cf.* 𝔖 בני צעירי עלי שור שוב‎, where שור is doubtless an error for שוב‎, the Samaritan ב, ר (ב ר) being very similar. The line thus becomes an ill-placed reference to Jacob's yearning after his lost favorite. (This is but one of many indications of 𝔊's influence on the editors of 𝔖). 𝔖 ܓܕܡܠ ܨܥܕܬ ܗܦܢܝ܂ = בְּנֵי צִעַר הֶעָלָה שׁוּר‎; which hardly improves matters. What we want is something to connect the hart standing by the spring with his enemies, the archers (v. 23). Now שור may mean *insidiari* (Jer. 5,26; Hos. 13,7), and עלי is an easy corruption of עלו *ascenderunt*. They *went up to lie in wait* at least supplies the link of connection we desiderate. The two preceding terms (בנות צעדה 𝔐) must in some way qualify this statement; and as ܒܢܝ 𝔊 בני may be corrupted from בם‎, we suggest בְּמִצְעָדָיו (or בְּמִצְעָדוֹת‎; though the sing. מצעד is not found), *in his tracks* or *spoor* (*cf.* Dan. 11,43; ψ 37,23; Prov. 20,24).

(23) 𝔐 וַיְרֹבּוּ is clearly ungrammatical, occurring as it does between two imperfects with ו *consecutive*. Syntax and symmetry would require וַיְרִיבֻהוּ‎. But in place of the questionable verb רבב *to shoot*, we prefer וַיְרִיבָהוּ = 𝔊 ἐλοιδόρουν (Ex. 17,2), 𝔍 *jurgati sunt*; which is quite as congruent with בעלי הצים as the preceding (Ex. 1,14) and following verb (27,41; 50,15). Otherwise we might suggest וַיְרִיפֻהוּ (Jer. 4,29; *cf.* ψψ 11,2; 64,5).

(24) 𝔐 ותשב באיתן קשתו *But his bow dwelt in a rock* (Num. 24,21 איתן מושבך); which is strange enough, apart from the strangeness of a bow and hands being assigned to a hart, as though some centaur-like figure were intended. 𝔊 καὶ συνετρίβη μετὰ κράτους τὰ τόξα αὐτῶν = ותשבר בא' קשתם is in harmony with the context, with common sense, and with the *usus loquendi* elsewhere (ψψ 46,9; 76,3; Hos. 1,5; Jer. 49,35; 1 Sam. 2,4). Further, it is not impossible that באיתן is a corruption of מיתר *bowstring* (ψ 21,12 *plur.*); *cf.* ψ 11,2 = ΣΑ νευρά. This at all events would account for the enigmatical τὰ νεῦρα of the next line in 𝔊, which might thus be due to incorporation of ΝΕΥΡΑ (*i. e.* νευρά), written as a marginal correction of μετὰ κράτους. 𝔖 ܝܬܒܬ (= 𝔐); but ܫܘܡ ܩܫܬܗ‎, pointing וַתֵּשֶׁב (WALTON ܘ).

𝔐 ויפזו זרעי ידיו‎. 𝔊 καὶ ἐξελύθη τὰ νεῦρα βραχιόνων χειρός (χειρῶν, 𝔊 ACM) αὐτῶν. *Cf.* 27,16 τοὺς βραχίονας αὐτοῦ = 𝔐 ידיו‎. The verb פז (2 Sam. 6,16) is quite inappropriate; we want a parallel to ותשבר‎. Now JHVH is often said to *break the arm* of his foes (ψψ 10,15; 37,17; Ezek. 30,22.24); and פור *to scatter*, originally meant *to split, shatter*, like the Arabic فزّ; *cf.* the imprecation فزّ الله ظهورهم *Allah break their backs!* This sense of פור‎, moreover, is suitable in ψ 89,10.11: *Thou brakest Rahab in pieces* (דכאת); *cf.* Job 22,9; *With Thine arm of might Thou didst shatter* (פורת) *Thine enemies! cf.* ψ 53,4, where פור עצמות is syn. with שבר עצמות (ψ 34,20; Is. 38,13), and with דכא עצמות (ψ 51,9); ψ 141,7.

𝔖 ܘܐܬܦܠܠܘ may indicate ויפלו‎; *cf.* Jer. 3,13 𝔐 ותפזרי‎, 𝔖 ܒܕܪܬ‎. 𝔍 thinks of פז and

49 שׁוּפוּ בֶּן (1 K. 10,18): בֶּן יִתְרְמָא דְהַב עַל דְרֹעוֹהִי *therefore gold was laid upon his arms* (!) as if 𝔐 = *and the arms of his hands were gilded*. 𝔊 καὶ ἐξελύθη = וַיִּרְפּוּ (2 Sam. 4,1), a common phrase; but the subject is always יָדַיִם not רֹעִים (Zeph. 3,16; Jer. 6,24; 50,43; Ezek. 21,12). The expression זְרֹעֵי יָדָיו means *the arms of their might*; and the restored line is octosyllabic like the preceding one. Otherwise, וַיָּרֻבּוּ (= וַיְרַבָּא) would be a good parallel to וַתֵּשֶׁב, and might easily have been misread וַיִּרְפּוּ.

𝔐 בִּקְרָב אֲבִיר מִידֵי. The line is metrically too short; and as יד is not found again before a Divine title, we suggest מִיד אֲבִיר יְ' וְגוּ , *By the hand of JHVH, the Hero of Jacob*. 𝔗, which usually has תַּקִּיפָא for אָבִיר (ψ 132,2.5; Is. 1,24; 49,26), here has אֵל תַּקִּיפָא. LAGARDE, *Onomast.* 2,96, proposed מִשְּׁדַי for מִידֵי.

𝔐 מִשָּׁם רֹעֶה אֶבֶן יִשְׂרָאֵל; a disjointed sentence, which violates the parallelism, however it be translated, and is certainly corrupt. The line ought to correspond to the second of the quatrain, and parallelism requires מֹעֲלֵי or מֹעֲזֵי instead of מִשָּׁם, which 𝔊𝔒𝔖 point כְּשֵׁם *By the name* (cf. ψ 20,1.2). 𝔊 ἐκεῖθεν ὁ κατισχύσας Ἰσραήλ = מִשָּׁם עֹז יִשְׂרָאֵל (κατισχύειν = עֹז, 2 Chr. 14,11, and in several other places); or perhaps מִשֵּׁם הַמַּאֲמִין יִשְׂרָאֵל (cf. ψ 89,22 וּרוֹעֵי הַאֲמִיצוֹ). If מִשָּׁם רֹעֶה represent an original מֹעֲזֵי, אֶבֶן may equally well be a distortion of יְעֻזֶּךָ. On the other hand, יְעֻזֶּךָ in the next line may be a natural repetition of עֹז in this; and אֶבֶן was perhaps originally written in the margin by some one who remembered אֶבֶן הָעֵזֶר (1 Sam. 4,1; 5,1; 7,12).

𝔊𝔒 seems to take אֶבֶן in the sense of בֵּן (cf. ψ 118,22, אֶבֶן, 𝔗 טַלְיָא); rendering דִי בְּמֵמְרֵיהּ אִתְבְּנִין וּבְנִין וְרַעְיָא דְיִשְׂרָאֵל. Or perhaps אֶבֶן suggested אָב וּבֵן = אִבֵּן יְ'. A *essence, self.* 𝔖 ܡܝ ܗܘ ܐܗܠܘ ܪܥܼܐܐ ܘܐܠܡܣܒܠܐܵ ܠܗܘܢ (so 𝔖) *By the name of the Shepherd of the stone of Israel*. LAGARDE: מִשֵּׁם עֲדַת בְּנֵי יִשְׂרָאֵל.

(25) 𝔐 וְאֵת שַׁדַּי. Some MSS, and 𝔘𝔊𝔖 but not 𝔄; cf. Ex. 6,3; וְאֵל שַׁדַּי 𝔊 ὁ θεὸς ὁ ἐμός *implies* this reading; cf. 17,1; 28,3; 35,11; 43,14; 48,3; Ex. 6,3.

The present passage suggests that אֵל שַׁדַּי was the god of fertility, both of the soil and of men and animals; the chief blessing in the eyes of pastoral and agricultural communities. Cf. especially the line בִּרְכֹת שָׁדַיִם וָרָחַם; also 20,17.18; 35,11, בִּרְכֹת רַחַם וָרָחַם; Hos. 9,14.16. The Ephesian Artemis with her many breasts שָׁדַיִם, illustrates the same idea.

בִּרְכֹת הֲרָרִי עַד תַּאֲוַת גִּבְעֹת עוֹלָם, *i. e.* the springs and streams, with which Joseph's land — the hill-country of Ephraim — abounded. Cf. Deut. 33,13. 𝔊 καὶ εὐλογίαν γῆς ἐχούσης πάντα = וּבִרְכַת מָקוֹם רַב כֹּל; or perhaps rather מָקוֹם וּבִרְכַת מָקוֹם בְּעַלַת כֹּל (= יָם, Ex. 23,20) is sometimes fem., *e. g.* 18,24. 𝔊 perhaps read the closing ת of תַּחַת as מ; for it renders the following בִּרְכֹת by ἕνεκεν εὐλογίας (*i. e.* מִבִּרְכַת).

(26) אָבִיךָ. 𝔘𝔊 + אִמְּךָ, καὶ μητρός; spoiling the rhythm. It perhaps originated in 𝔊; as mere dittography of the καὶ μήτρας of the previous line. It would thus be an interpolation in 𝔘. 𝔖𝔒 interprets בִּרְכֹת שָׁדַיִם וָרָחַם by בִּרְכָתָא דְאָבוּךְ וְאִמָּךְ. The second בִּרְכֹת cannot be right. תַּאֲוַת *apices, cacumina*, in the parallel stichus, requires a corresponding term, and Deut. 33,15 has רֹאשׁ. Cf. Is. 37,24 מְרוֹם הָרִים. 𝔐 הֲרָרִי עַד is evidently corrupt. The parallel phrase גִּבְעֹת עוֹלָם justifies 𝔊 ὀρέων μονίμων = הֲרָרִי עַד (Hab. 3,6; 𝔊 τὰ ὄρη βίᾳ, absurdly reading עֹז); as does also the imitative passage, Deut. 33,15, where הֲרָרִי קֶדֶם is the parallel to גִּבְעֹת עוֹלָם. Cf. הוֹי for הֲרָרִי, 36,2.

נָזִיר may be considered a natural metaphor. 𝔊 read נָגִיד ὧν ἡγήσατο ἀδελφῶν; cf. 2 Sam. 5,2; but 𝔐 is preferable. Joseph might perhaps be called the *Nazarite* of his brothers, as being the comeliest in person cf. Lam. 4,7, and from his youth the chosen of Heaven. Cf. also Am. 2,11; Jud. 13,5; 16,17. 𝔖 ܡܟ݂ܠܠܐ *crown*, pointing נֵזֶר. But it is strange to meet even a metaphorical allusion to the institution of Nazaritism in such a context; and it is not Joseph but Judah who is promised the sovereignty. We therefore suggest that נְזִיר אֶחָיו = *the hated*

49 *of his brothers*; *cf.* מוזר לאחי ψ 69,9; and for the form נזיר from זור. The Assyrian *zâru, izir*, to hate, shows that the verb was *med.* י. Otherwise, we might read נזור Nif'al part.; a ἅπ. λεγ., like מוזר in ψ *l. c.*

(28) שבטי ישראל, 𝔊 υἱοὶ Ιακωβ; *cf.* v. 33.
ויברך אותם, 𝔊 + אביהם.
𝔐 איש אשר כברכתו. 𝔖𝔞𝔪𝔊𝔖 ‸ אשר, which may have originated in dittography. Or the true reading might be איש איש, as DELITZSCH suggested; *cf.* 2 Sam. 23,21 Q'rê.

(29) 𝔐 עמי sing.; but see v. 33; 25,8; 35,29; Jud. 2,10 (אבותיו).

(32) 𝔐 מקנה, 𝔊 ἐν κτήσει. The verse is too far off to be regarded as an apposition to v. 29, or as a parenthesis referring to v. 30. We therefore correct נקנה; *cf.* Jer. 32,43 ונקנה השדה.

(33) עמיו, 𝔖𝔞𝔪𝔊𝔗°𝔖𝔍𝔄 עמו; see on v. 29. —

At the last moment my attention has been called to an article by Professor ZIMMERN, entitled *Der Jacobssegen und der Tierkreis*, ZA vii,2, p. 161. One's judgment is so apt to be overborne by almost everything that one reads in German, that I cannot but feel glad that I did not see this paper until my own independent study of the text was completed, and my notes, such as they are, finally revised for press. ZIMMERN lays stress on the four names Simeon and Levi, Judah, Joseph. Following a suggestion of NORK, he supposes a relation between the "brethren" Simeon and Levi, who alone are coupled together in this peculiar manner, and the Gemini or Twin Brethren of the Zodiac. Thus, he thinks, we get new light on the obscure statement הרגו איש ועקרו [sic] שור, which, he says, strikingly recalls the fact that the celestial Bull (like Pegasus) is mutilated, ἡμίτομος, *i. e.* only the forehalf of the animal is represented in the heavens; an appearance which must go back to Babylonian times, as it is alluded to in the Epic of Gilgameš (Nimrod) and elsewhere. Further, in this Epic it is Gilgameš and Eabani that answer to the Twins who mutilate (*verstümmeln*) the celestial Bull. The killing of the Man by Simeon and Levi corresponds to the killing of the tyrant Ḫumbaba by Gilgameš and Eabani; and the curse on Simeon and Levi may be compared with Ištar's curse on Gilgameš and Eabani for having mutilated the celestial Bull.

There is no *à priori* ground for rejecting combinations of this kind. We have already seen some traces of mythological influence in Genesis; and others remain to be noticed in connection with our English translation of the book. But here the differences seem to be greater and more important than the resemblances. Simeon and Levi do not cut the ox in twain; they merely hough or hamstring it (עקרו): a common proceeding in warfare, as regards the horses of the vanquished (Josh. 11,6.9; 2 Sam. 8,4). It was perhaps considered specially heinous that they treated *oxen* so. At all events, ἡμίτομος is not the same as νενευροκοπημένος. ZIMMERN's objection to regarding איש and שור as collectives may be met by reference to 32,6, where שור = בקר; while such expressions as איש ישראל *the men of Israel* are common. The two tribes seem to be taken together (*a*) because of their common action which is the subject of the curse (*cf.* 34,25.30); and (*b*) because Simeon, who is not mentioned at all in the so-called Blessing of Moses, Deut. 33, was not important enough for separate mention at the time when the poem was written. But if we point אחים, and understand *howling creatures, i. e.* hyenas or jackals or something similar, the basis of the comparison with the heavenly Twins disappears. And some kind of savage animal seems almost required by the context (see note on v. 5). Lastly, we observe that, whether the narrative of 34 be based on the Curse here pronounced on Simeon and Levi, or *vice versa*, the general analogy of the poem undoubtedly favors the supposition of an historical rather than a mythological reference (see my paper on the *Testament of Jacob*, PSBA, May 1895).

49 The Lion, again, is one of the most prominent constellations of the Zodiac, and the great tribe of Judah is here called a lion, or rather a lion's whelp. Moreover, the principal star in the Lion is Regulus, the "Royal Star" of the Babylonians and of the Arabian astronomers, whose position is on the breast of the Lion between his forefeet (the Arabs say, "in the Lion's heart"). GUNKEL, quoted by ZIMMERN, sees here the ultimate source of the expression רגלי מבין יחקק. But מבין רגליו seems to mean *from before him* (see note on v. 10), just as לרגליו or ברגליו means *behind him* (Ex. 11, 8; Hab. 3, 5). And it is surely strange that the ancient poet of Deut. 33 should have so far missed the meaning of his model, and the supposed connection of ideas between the lion and sovereignty, as to transfer the image from Judah, not to Joseph, but to the small though martial tribe of Dan. It would seem that he understood the lion's whelp, not as a symbol of royal sway, but of warlike fierceness and vigor. Hence also he compares Gad to a lioness.

ZIMMERN thinks that his hypothesis throws light on the enigmatical עד כי יבא שילה (where we might read שלה, if we agreed with WELLHAUSEN and CORNILL that v. 10 is a later insertion). He renders the verse: *Nicht wird, bis er eingeht in die Scheol (d. h. zeitlebens), das Scepter von Juda weichen, noch der Herrscherstab von zwischen seinen Füssen, während er den Gehorsam von Völkern hat,* suggesting that שילה or שלה = שאלה, and that שילה might even be a by-name for the underworld, in the special sense of the region where the stars are, after their setting in the west, and therefore equivalent to the Assyrian *šûalu*, with which JENSEN has compared שאול. He adds that the Chaldeans connected the stars below the horizon with the realm of the dead, according to Diod. Sic. ii, 31.

True as all this may be of the stars (*cf.* the Egyptian ideas about Amenti), it is difficult to believe that שילה or rather שאלה = שלה in this passage: (*a*) A reference to Sheol would surely be strange in such a context, even if it would not have been avoided as ill-omened. — (*b*) The tribes, rather than their individual eponyms, are really the subjects of the poet's utterances; and he would hardly think of a tribe as *entering Sheol*, like an individual man. Nor would a Judean author be likely to contemplate the entire extinction of his own tribe, which was the principal theme of his panegyric. — (*c*) The phrase יבא שאלה is against usage; it should be ירד שאלה (37, 35; Is. 14, 15). — (*d*) The line ולו יקהת עמים is not a fitting sequel to עד כי יבא שאלה, as ZIMMERN himself seems to have felt, if we may judge by the curious inversion of the members of the verse in his translation, which makes the line *As long as (?) he holds the obedience of peoples* parallel to *Until he enter Sheol* (*i. e. during his life-time*); a construction of the Hebrew text which is quite impossible.

On the Blessing of Joseph, ZIMMERN remarks that the sense *fruit-tree* for פרת is assumed on the ground of this passage only. It has, however, the virtual support of all the Versions from 𝔊 downwards, inasmuch as their renderings presuppose the root פרה ($ perhaps pointed פֹּרָה or פֹּרֶה); and פֹּרָה = פָּרָה = פְּנָיָה cannot be regarded as an inexplicable anomaly (see the Grammars). Next, on the ground of Deut. 33, 17, ZIMMERN thinks that Joseph must have been compared with an ox here also. He supports his case, further, by a reference to Num. 23 f., "where Israel repeatedly appears under the image of the lion and the wild ox," *and Israel denotes Judah and Ephraim.* But in Num. 23, 24 there is no indication whatever of such a division of peoples and symbols. On the contrary, in Num. 23, 23, 24 Israel, as a whole, is obviously intended; and the same must be said of Num. 24, 8. 9. And as to Deut. 33, 17, that passage does not say Joseph *is* a young bull or a young wild ox, but — as I read the text —

   He is stately as the firstling of an ox,
   And the horns of the wild ox are his;

49 *With them let him butt the peoples,*
And thrust them to the ends of earth!

an obvious metaphor, like that of 1 Kings 22, 11 (see my paper on Deut. 33 in PSBA, April 1896). The imitation of our passage by the later poet is confined to vv. 25. 26; and neither this verse, nor the line ורצון שכני סנה, has any parallel in the older poem.

ZIMMERN's not too poetical emendation of v. 22 is בן פָּרָת יוסף בן פרת עֲלִי ראם בני צעיר עֲלִי שור *A young bullock is Joseph, a young bullock, a wild-ox calf* (Wildstierjunges); *my late-born son is an ox-calf.* Against this we observe: (*a*) that there is no proof that פָּרָת (פָּרָה) ever meant the female of the wild species; (*b*) that שור denotes the domestic animal, and ראם the wild, and the poet would hardly mix them in this incongruous fashion. Deut. 33, 17 is certainly not a parallel in this respect; (*c*) בני צעיר would naturally mean *my youngest son*, that is, Benjamin, not Joseph; (*d*) the transition to the following verses, though easier than in the case of the Masoretic text, is still not without difficulty, inasmuch as a young bullock or ox would not be a likely object for the archers to aim at, though a young wild-ox might be; (*e*) the term עֲלִי (should it not be pointed עֲלִי? *cf.* Prov. 27, 22) *young one*, from עלה *to grow up*, is extremely doubtful, in spite of the Assyrian *alû*, the designation of the celestial Bull in the Epic of Gilgameš. Indeed, to those who have not adopted HALÉVY's paradoxical views about the Sumerian language, it may seem that *alû* is only an Assyrianized form of the Sumerian ALA (= GALA) *demon*.

Passing over other debatable points, I observe, lastly, that if the reading of 𝔊 in v. 24ab, which at least has the merit of yielding a natural sense, coherent with v. 23, be correct as we have seen reason to believe, Joseph is *not* represented as *defending himself, bow in hand, against the archers who assail him*; and if my transposition of the terms פרת and אילה in vv. 21. 22 be accepted, the fact that the Zodiacal Archer — *the shooting Scorpion-Man* of the Babylonians — stands exactly opposite the Bull in the starry heavens, is quite irrelevant to the Hebrew poet's picture of the hart beside the spring, who is the mark for the shafts of the ambushed hunters.

In conclusion we may ask how it is, if there is any real relation between the Zodiacal symbols and those of this poem, that four of the five animals mentioned, *viz.* the ass, the hart, the wolf, the serpent, are not found among the twelve signs of the Zodiac? The second animal of the Chinese (Tatar) Duodenary Cycle is the Ox, and the sixth and seventh are the Serpent and the Horse (*cf.* Dan's Blessing), while the eighth is the Goat; but would Professor ZIMMERN admit any relation between this scheme and the imagery of the Blessing of Jacob? The metaphorical characterization of the Tribes was the poet's aim; and the lion, the wolf, &c. assign well-known traits to particular Tribes. Being merely metaphors drawn from animals existing in the country, they could be differently applied by the later poet, Deut. 33, so far as he chose to use them at all. [April 6, 1896].

50 (3) 𝔐 יִמְלְאוּ; *cf.* 25, 24; Esth. 2, 12. 𝔊 καταριθμοῦνται; perhaps יִמְנוּ (13, 16) or יִמְנָאוּ by Aramaism.
𝔐 מצרים, so 𝔊 Αἴγυπτος; Sam מצרימה, perhaps an inversion of המצרים.

(4) דברו נא, 𝔊 + περὶ ἐμοῦ = על אודותי (Josh. 14, 6) or עלי. But the addition is not necessary.

(5) Sam + לפני מותו (so 𝔊A; but not 𝔊V nor 𝔍).
Sam + כאשר השביעני (*cf.* v. 6).

(7) ויקני. 𝔊𝔖𝔍 ווקני is hardly right, as that would imply וכל זקני.

(8) רק טפם. 𝔊 καὶ ἡ συγγενία αὐτοῦ (var. τὴν συγγένειαν) is an error, due to recollection of the common association of בית אב with מולדת (*e. g.* 12, 1).

50 (11) 𝔐 שָׁ֑מָּה; 𝔊 τὸ ὄνομα αὐτοῦ = שְׁמָהּ; cf. ͏ ܫܡܗ. The reference, of course, is to the גֹּרֶן. Jer. 51, 33 (fem.), Hos. 9, 2 (masc.) seem to be the only passages indicating the gender.

אָבֵל מִצְרַיִם was doubtless a real local name, meaning *Meadow of Egypt*, like אָבֵל הַשִּׁטִּים, *Meadow of the Acacias*, and similar known designations. The writer naturally suggests a connection with אָבַל *to mourn*; as though the name meant *Egypt mourns*. 𝔊 πένθος Αἰγύπτου = אֵ֫בֶל מִצְ׳; so the other Versions. Cf. LA-GARDE, *Übersicht* 44.

(12) 𝔊 καὶ ἐποίησαν αὐτῷ οὕτως οἱ υἱοὶ αὐτοῦ, καὶ ἔθαψαν αὐτὸν ἐκεῖ, omitting כַּאֲשֶׁר, and reading שָׁם for צִוָּם. Καὶ ἔθαψαν αὐτόν = וַיִּקְבְּרוּ אֹתוֹ, from v. 13.

(13) For the transposition, see 23, 17. 19; 49, 30. Cf. also 25, 9.

(14) אַחֲרֵי קָבְרוֹ אֶת אָבִיו. 𝔊 (owing to homœoteleuton).

(16) 𝔐 פָּקַד אֶל יוֹסֵף. The verb is clearly wrong; being an accidental anticipation of the following צִוָּה. 𝔊 καὶ παρεγένοντο = וַיָּבֹאוּ 47, 13, *et passim*. We might also correct וַיִּשְׁלְחוּ (cf. 44, 18; 18, 2?) = 𝔖 ܫܕܪܘ. Even if וְצִוּוּ could mean *they sent a message*, it would still be unsuitable, as the context implies an interview between the brothers and Joseph.

(18) 𝔐 וַיֵּלְכוּ could only mean *they went away*, not, as 𝔍 renders, *veneruntque ad eum*. We restore וַיָּבֹאוּ, after VATKE.

(20) וֵאלֹהִים, 𝔐𝔊𝔍𝔄; 𝔐 very abruptly אֱלֹהִים. 20

(21) וְעַתָּה; 𝔊 εἶπεν δὲ αὐτοῖς = וַיֹּאמֶר אֲלֵיהֶם.

(23) בְּנֵי שִׁלֵּשִׁים, 𝔐𝔖𝔊𝔒 (בְּנֵי תְלִיתָאִין) 𝔄; cf. 𝔊 παιδία ἕως τρίτης γενεᾶς; so 𝔍. See Ex. 20, 5; 34, 7. 𝔐 שִׁלֵּשִׁים carries the descent a step further. גַּם בְּנֵי מָכִיר בֶּן מְנַשֶּׁה יֻלְּדוּ עַל בִּרְכֵּי יוֹסֵף is a bad correction. *Were born upon Joseph's knees* = were laid at birth upon his knees; like a Roman father, he received and 25 formally owned them as his legitimate descendants. Cf. note on 30, 3. 𝔒 אֶתְיַלִּידוּ וְרָבֵי יוֹסֵף *were born, and Joseph brought them up*. The Assyrian phrase *aplu rêštû tarbit birkia* (the firstborn son, the nursling of my knees) is similar (Sennacherib 3, 64). Cf. also the Egyptian *sat Ra ḫert mentuf*, the daughter of Ra, who is on his knees (Pyramid of Pepi II.); see PSBA, Nov. 1895, p. 256. 30

(24) 𝔐 אֱלֹהִים, 𝔐𝔊 וֵאלֹהִים. 𝔐 יִפְקֹד, 𝔊 + ὁ θεὸς τοῖς πατράσιν ἡμῶν.

(25) מֹשֶׁה, 𝔐𝔊𝔍𝔄 + אַחֲרַי. 𝔐, owing to previous אֶתְכֶם (homœoteleuton of clauses).

(26) 𝔐 וַיִּישֶׂם is possibly an error of writing for וַיּוּשַׂם (impers. use of 3 sing.). But ͏ ܫܝܡ (passive); so 𝔍 *repositus est*, and 𝔄. See 24, 33. 𝔊 καὶ ἔθηκαν = וַיָּשִׂימוּ; so 35 𝔒 and 𝔖. We adopt this, as the Hif'il and Hof'al forms of שִׂים appear to be very doubtful.

Addenda

2 (4) The unusual ארץ ושמים of 𝔐 is probably right.

(6) [For אֵד, see my paper on *The Beginning of the Judaic Account of Creation* in the *Proceedings of the American Oriental Society*, April 1896. We must read: ואד יעלה ‹על› הארץ; *cf.* MERX, *Chrestomathia Targumica*, p. 61. — P. H.].

(19) הארמה, add ‹ואת כל הבהמה›, and read ‹‹את›› for ‹את›; *cf.* v. 20. So GRÄTZ, whose *Emendationes* I have just seen (July 26, 1896), through the kindness of the General Editor.

In a good number of instances I am so happy as to find myself in independent agreement with GRÄTZ, *e. g.* 14,14 ויפקד; 20,4 חָנֵם (see my note); 27,33 f. ברוכה: ויהי; 49,24 (ו)ישבר, where also GRÄTZ omits אבן as dittography of אביר. And I now very much incline to adopt in 9,26 בָּרֵךְ יהוה אָהֳלֵי שם, with GRÄTZ after SCHUMANN; חרן for נחור in 22,10; and נֹפֵל for נפל in 25,18, with KROCHMAL and GRÄTZ. In 19,29 המהפכה is probably correct (*cf.* Is. 1,7); in 21,28 f. ויצג and הצגת (*cf.* 43,9; 47,2); in 26,22 HITZIG's ופרצנו for ופרינו; and the additions שָׁנָה עָשׂרִי after אחת 29,14, and ונפל after וצאן in 32,6.

On the other hand, GRÄTZ's use of the Versions, especially 𝔊, leaves something to be desired; *e. g.* in 6,5 his note runs: "רק: dg. Sp. P" (*i. e.* dittography, Septuagint, Peshita). But 𝔊 has ἐπιμελῶς, corresponding to רק. Again, in 9,7 𝔊 did *not* read ורדו, though it seems the right reading. Nor did 𝔊𝔖 read יָחַד instead of אחד in 48,22. As to 𝔊, see my note. 𝔖 has [illegible], and the term [illegible] is simply exegetical of על. In 49,14 חֲמֹר for חמור seems peculiarly unhappy; and the idea that 𝔖 read גבורים for גרם rests on a misapprehension of the translator's methods. [illegible] is a paraphrase of חמור גרם (*bony he-ass* = *strong man, giant*, 2 Sam. 21,20), somewhat like [illegible] for אַיָּלָה שְׁלֻחָה in v. 21 (*hind sent* = *fleet messenger*; because deer are swift runners). Otherwise, we might think 𝔖 read גִּבֹּר or גִּבּוֹר for חמור.

4 (1) [אֶת־יהוה seems to mean here *just as well as JHVH* (*cf.* עִם in Eccl. 2,16; 7,11) or *in spite of JHVH*, את = עם in עם־זאת (مع هذا) Neh. 5,18 &c. Eve boasts herself of having produced a new human being in spite of JHVH, *i. e.*, although JHVH had commanded them not to eat from the forbidden fruit, *viz.* sexual intercourse. The question is discussed in a special paper which will be published in the *Journal of the American Oriental Society*. — P. H.].

(8) Instead of 𝔐 ויאמר we should, perhaps, read ויארב, and omit ‹נלכה השדה›.

(21) 𝔐's אהל ומקנה agrees better with the parallel expressions of the next two verses.

6 (3) I now think that 𝔐 בשגם originated in dittography of the following בשר. The sense is complete, and seems to me more solemn and emphatic without it.

7 (11) Instead of 𝔐 בשבעה עשר we should, perhaps, read בשבעה ‹ועשרים›, following 8,14. This gives exactly a lunar year for the duration of the Flood, instead of a year and eleven days, for which there seems no reason. Such errors in numerals are common enough.

14 (2 ff.) [I can hardly believe that the "glosses" הא צער &c. are due to R^P or to a special editor of c. 14; it seems to me more natural to suppose that the author of the chapter made those explanatory additions himself to heighten the artificial antique flavor of the narrative. They should, therefore, have been printed in *orange* without overlining. — P. H.].

(5) For 𝔐 בִּשְׁנַת we should, perhaps, read בשנה.

18 (12) [It is not impossible that the original reading of the passage was אחרי ‹בלתי› אחרי חדל להיות לי ‹ב›ארח נשים = היתה לי עֶדְנָה (*cf.* عِدّة, *ʿidde*, עדים Is. 64,5) in the preceding verse. It is true that אחרי בִּלְתִּי is unparalleled, but we have עַד בִּלְתִּי in the phrase עַד בִּלְתִּי השאיר להם שריד ופלים, Josh. 8,23 &c. חדל להיות לשרה

18 אִישׁ נַעַשִׂים seems to be a gloss on הָיְתָה עֶרְיָה לִי בִּלְתִּי אַחֲרֵי, which afterwards crept into the text. Before עֶרְוָה לִי הָיְתָה בִּלְתִּי אַחֲרֵי we must, of course, supply הָאַף אָמְנָם אֻלַי (cf. v. 13). For the ellipsis, see BÄTHGEN ad ψ 2.6. The alteration of the original text עֶרְיָה לִי הָיְתָה בִּלְתִּי אַחֲרֵי was no doubt intentional. — P. H.

19 (16) [NESTLE, ZAT '96, 321 proposes to read וַיְמַהֵר; but this would require חוּצָה instead of פֶּתַח after it. On the other hand, cf. 2, 15; וַיִּתְאַחֲרוּ בְּנֵי עֵדֶן, also in J. [Cf. also NESTLE's remarks on 19, 36, l. c., p. 322. — P. H.]

36 (24) [אֶת־חֻשִׁים may be either a corruption of אֶת־חֻשִׁים (cf. GROTIUS ad loc.), or יָמִם may be a dialectic by-form of הַמִּים, just as we have جمل (cf. the name of Job's first daughter, יְמִימָה = حمامة, pigeon (cf. הַמִּימְתָא pigeons, Gitt. 69ᵇ); cf. also Assyr. emmu 'hot,' ummu 'heat' DELITZSCH, Assyr. Gramm., § 34, ז; Handwörterbuch, p. 85ᵇ below; ZIMMERN, Babyl. Relig., p. 46). The reading of הָאֵמִים, supported by the interpretation of ℭ', כַּדְיָא, would seem to suggest a pronunciation em{m}im. Assyr. emmu 'hot' = ḫammu, just as emu 'father-in-law' = ḫamu; eqlu 'field' = ḫaqlu; ebru 'companion' = ḫabru; ešlu 'new' = ḫadšu, ḫadašu (see HAUPT, Familienges. 26, 3; E-vowel, 26, 10). חֻשִׁים might either be plural = הַמִּים (cf. חַם עִבְרִית Chull. 8ᵃ, or singular = (pl. حمائم) hot spring, cf. حمم hot water (הַמִּימָא Chull. 46ᵇ), hot bath حمام ḫammām, hot spring حمة ḫammē. The Arabs call the ruins north of Ma'ān (= מְעִינִים; cf. KIETEL on 1 Chr. 4, 41) Lammām 'the Bath' (cf. BUHL, Edomiter, p. 41). If יָמִם = הַמִּים, it is not impossible that the name תֵּימָן is to be explained in the same way. תֵּימָן could be a form with prefixed תָּ and affixed ן from חמם, like תַּרְגְּמָנָא 'interpreter' (DELITZSCH, AG, § 65, No. 35). It is by no means certain that the name of the Edomite district תֵּימָן is identical with תֵּימָן south. DOUGHTY combines חַמַּת תֵּימָן with حمّى (cf. BUHL, l. c. 41). This combination seems to me improbable, but I believe that הַמִּים in v. 24 has probably been influenced by the proper name הַמִּים in v. 22. — P. H.]

49 (3) יֶתֶר שְׂאֵת וְיֶתֶר עֹז is perhaps preferable, as agreeing better with the previous lines.
(10) שִׁי in אֲשֶׁר לוֹ = שִׁילֹה 'p. 109, l. 32' may be an older form of שֶׁ, שַׁ (see Johns Hopkins University Circulars, No. 114, July, 1894, p. 111ᵃ); cf. דִּי in Biblical Aramaic = ד in Syriac. — P. H.]
(16ᵇ) Perhaps מָאֳהָ, or בִּיתָהּ (see Deut. 33, 5 and PSBA, April '96, p. 121). GRÄTZ proposed שַׁבְטֵי for שִׁבְטֵי; which is plausible, but hardly convincing.
P. 80, l. 17 add: Perhaps it has supplanted a ἅπαξ λεγόμενον עָשֵׁשׁ or אֲשֻׁשָׁה hairy.

·≈❀· Corrigenda ·❀≈·

Page 1, line 7: For יְהִי בֶן read (וַיְהִי בֶן).
Page 1, line 8: After [] insert :.
Page 2, line 22: For הוא read הִוא.
Page 7, line 23: For הַמִּים לְמַבּוּל read הַמַּיִם לְמַבּוּל; cf. l. 19.
Page 8, line 5: For וַיְלַהוּ read וַיְלוּ.
Page 10, ll. 9-20: should be overlined (J²).
Page 11, line 2: For עֶטְרָה read עֲטָרָה, without Dagesh.
Page 12, ll. 25.26: should be overlined (RJE).
Page 12, line 31: For לְחִי read לְחָי.
Page 14, line 1: For בְּעֵת read בָּעֵת.
Page 18, line 40: For הַכְּיָנָה read הכינה.
Page 23, line 22: For מַעַל read מִמַּעַל; cf. p. 44, l. 12.

Page 27, line 5: For אמר read יֹבֵּ֫א; *cf.* p. 26, l. 41.
Page 31, line 6: For ·מחלת· read בשמת as 𝔐; so, too, in ll. 7.15.19.26.
Page 31, line 24: For קְנַז׃ [] אלוף עמלק read קְנַז׃ [] אלוף עמלק·׃·.
Page 31, line 34: For הַמִּם read ה·מִּ·ם; see notes on p. 93, l. 39; p. 119, ll. 8 ff.
Page 33, line 5: For וּצְרִי read וְצָרִי; *cf.* p. 38, l. 18.
Page 33, line 23: For ·בכזב·ה· read ·בְּכְזִב·ה· *in Cozeba*.
Page 35, line 38: Omit ·פרעה·.
Page 40, line 26: For ·שם· read ·שם·.
Page 41, ll. 38.39: For ·הֲיֵש ידעת· read ידעת·ה· יש; see note on 45,5[a] on p. 105, l. 6.
Page 42, line 32: Overline הא בית לחם; [See, however, *ad* 14,2 on p. 118.]
Page 43, line 16: For וַיְבָרְכֵם read וִיבָרְכֵם.
Page 43, line 19: For אֶחָר read אחר (or אַחַר).
Page 44, line 12[b]: For מעל read ·ממעל; *cf.* p. 23, l. 22.
Page 44, line 16[b]: For ·מְרוֹם· read ברכת, with 𝔐; see PSBA, April '96, p. 127.
Page 47, line 40: For *only* read *generally*.
Page 47, line 41: Deut. 33,26 ·:·, *dele* ·:·.
Page 49, line 22: For לְבַתֵּר read לְבַתַּר.
Page 51, line 51: For τῶν read τῶν.
Page 52, line 49: For ἅπαξ read ἅπαξ.
Page 54, line 23: For *ušesi-ma* read *ušeṣi-ma*.
Page 54, line 30: For *the the* read *the*.
Page 57, line 33: For ἐγεννήθησαν read ἐγεννήθησαν.
Page 60, line 29: For *the the* read *the*.
Page 61, line 15: For ὅθεν read ὅθεν.
Page 68, line 14: For πρὸς read πρός.
Page 68, line 45: For וגו read וגו'.
Page 69, line 10: For ᾔδειν read ᾔδειν.
Page 75, line 9: For *obscure* read *corrupt*.
Page 76, ll. 18.19: Omit the words "Possibly also .... *hear me!*".
Page 76, line 50: For παρά read παρά.
Page 77, line 9: For J (4,4.5), read J (4,4.5)., with full stop instead of comma.
Page 82, line 19: For 𝔐 read 𝔐.
Page 85, line 19: After Palestine, *dele* stop.
Page 88, line 12: For αὐτὸν read αὐτόν.
Page 91, line 31: For בְּשָׁלֵם read בְּשָׁלֵם.
Page 97, line 17: For כעיני read בעיני.
Page 98, line 24: For λεπτοὶ read λεπτοί.
Page 104, line 11: For μετά read μετά.
Page 104, line 23: For Ἡρωων read Ἡρώων.
Page 105, line 18: For μὴ read μή.
Page 106, line 21: For αὐτοὺς read αὐτούς.
Page 106, line 32: For Σίκιμα read Σικιμα.
Page 109, line 19: For *place* read *peace*.
Page 111, line 33: For ותשלח פארת read ותשלח פארת.

PRINTING BY W· DRUGULIN
POLYCHROMY BY J· G· FRITZSCHE
D. R. G. M. No. 28784
PAPER FROM FERD· FLINSCH

Leipzig

THE
Book of Genesis

CRITICAL EDITION OF THE HEBREW TEXT

PRINTED IN COLORS

EXHIBITING THE COMPOSITE STRUCTURE OF THE BOOK

WITH NOTES

BY

The Rev. **C·J·BALL**, M. A.
CHAPLAIN OF LINCOLN'S INN, LONDON,
FORMERLY CENSOR AND LECTURER IN KING'S COLLEGE,
AND THEOLOGICAL EXAMINER IN THE UNIVERSITY OF DURHAM.

Leipzig
J·C·HINRICHS'SCHE BUCHHANDLUNG
1896

Baltimore
THE JOHNS HOPKINS PRESS

London
DAVID NUTT, 270-271 STRAND

THE SACRED BOOKS

OF

The Old Testament

A CRITICAL EDITION OF THE HEBREW TEXT

PRINTED IN COLORS, WITH NOTES

PREPARED

By eminent Biblical scholars of Europe and America

UNDER THE EDITORIAL DIRECTION OF

PAUL HAUPT

PROFESSOR IN THE JOHNS HOPKINS UNIVERSITY, BALTIMORE

※

PART 1

The Book of Genesis

BY

C · J · BALL

Leipzig

J. C. HINRICHS'SCHE BUCHHANDLUNG

1896

Baltimore
THE JOHNS HOPKINS PRESS

London
DAVID NUTT, 270-271 STRAND

The Book of Genesis

BALL.

THE present Edition of the *Sacred Books of the Old Testament* in Hebrew exhibits the reconstructed text on the basis of which the new translation of the Bible has been prepared by the learned contributors mentioned on the other page of the cover. It is, therefore, the exact counterpart of the English edition. Wherever the translation is based on a departure from the Received Text, the deviation appears here in the Hebrew text. Transpositions in the translation are also found here in the original.

Departures from the Received Text are indicated by diacritical signs: ·· (*i. e.* V = *Versions*) designates a reading adopted on the authority of the Ancient Versions; ·◦ (*i. e.* c = *conjecture*), conjectural emendations; and ·ⁿ (*i. e.* נ = נקוד), changes involving merely a departure from the Masoretic points, or a different division of the consonantal text (*e. g.* ובוּ יָמוּת, Eccl. 10,1). A פסק ׀ indicates transposition of the Masoretic פסוק סוף; ·· is used in cases where the קרי has been adopted instead of the כתיב, and · for changes introduced on the strength of parallel passages. Doubtful words or passages are marked with notes of interrogation (·). Occasionally two diacritical marks are combined, *e. g.* ··, *i. e.* deviations from the Received Text suggested by the Versions as well as by parallel passages; or ◦·, *i. e.* departures from the Masoretic points supported by the Versions, &c. — [] calls attention to transposed passages, *e. g.* 8,8, the traditional position of the words in the Received Text being marked by [] while the transposed words are enclosed in [ ]. In cases where two or three consecutive words are transposed the traditional sequence is indicated by ¹ ² ³ &c. respectively prefixed to the individual words (*e. g.* 15,2). Hopelessly corrupt passages are indicated by ....., while asterisks * * * point to *lacunæ* in the original.

The Ancient Versions are referred to in the *Notes* under the following abbreviations: 𝔐 = Masoretic Text; 𝔊 = LXX; 𝔗 = Targum; 𝔖 = Peshita; 𝔄 = Saadya's Arabic Version; 𝔍 (*i. e.* St. Jerome) = Vulgate; 𝔄 = Aquila; Θ = Theodotion; Σ = Symmachos. 𝔐 denotes the Samaritan recension of the Pentateuch; 𝔐ᵀ = Samaritan Targum. 𝔊ᴬ means Codex Alexandrinus (A), 𝔊ᴮ = Bodleianus (E); 𝔊ᶜ = Cottonianus (D); 𝔊ᴸ = Lucianic recension (A); 𝔊ᴹ = Ambrosianus (F); — M = Mediolanensis; 𝔊ˢ = Sinaiticus (א), 𝔊ⱽ = Vaticanus (B); 𝔗ᴼ = Targum of Onkelos; 𝔗ʲ = Targum of Pseudo-Jonathan (תרגום ירושלמי). The symbols 𝔖ᴱᴹ and 𝔖ᵂ are explained pp. 51, l. 30; 66, l. 35 respectively. It has not been deemed necessary to classify all the divergences exhibited by the Ancient Versions. As a rule, only those variations have been recorded on the authority of which an emendation has been adopted by the editor of the text.

The heavy-faced figures in the left margin of the *Notes* (1, 2, 3, &c.) refer to the chapters, the numbers in ( ) to the verses of the Hebrew text. The mark ∧ means *omit(s)* or *omitted by*. † indicates that the references given comprise all the passages where the respective words or phrases occur in OT.

www.ingramcontent.com/pod-product-compliance
Lightning Source LLC
Chambersburg PA
CBHW021938160426
43195CB00011B/1134
* 9 7 8 3 3 3 7 2 5 1 9 8 7 *